이 책은 저자의 전작 『목회, 위험한 소명』(*Dangerous Calling*)을 완벽히 보완해주는 책이다. '복음에 관한 기억 상실증'이라는 표현은 이 책이 필요한 이유를 잘 담아내고 있다. 지금 리더들에게 필요한 것은 더 많은 도구가 아니라 더 많은 은혜다.

———— 대니얼 애킨(Daniel L. Akin), 사우스이스턴 침례신학교 총장

이 책의 강점은 두 가지를 바탕으로 리더십을 다루는 데 있다. 하나는 복음에 대한 깊은 이해이고, 다른 하나는 교회의 유기적 본질에 관한 완벽한 이해다. 어떤 면에서 이 책은 편하게 읽을 수 있다. 하지만 다른 한편으로는, 현실을 고통스러울 정도로 날카롭게 파헤치는 책이다.

———— D. A. 카슨(Carson),
트리니티 복음주의 신학교, 명예 신학 교수, 복음 연합(The Gospel Coalition) 공동 설립자

트립은 리더의 마음과 상처를 잘 안다. 그는 경험에서 비롯한 절절한 연민과 깊은 성경적 지혜에서 비롯한 확신으로 이 책을 쓰고 있다. 이 책은 내가 읽은 사역 리더십에 관한 책 중에서 단연 최고다. 두고두고 읽을 참이다.

———— 마크 베일리(Mark Bailey), 댈러스신학교 총장이자 성경 강해 수석 교수

와! 이 책의 원고를 읽는 시간이 개인적으로 이토록 큰 깨달음의 시간이 될 줄은 미처 몰랐다. 죄의 자각으로 내 영혼을 개복한 뒤에 은혜로 봉합한 리더십의 수술이었다고나 할까. 트립은 투명하고도 분명한 메시지로 교회의 리더들을 복음의 변화로 이끄는 일에 경험이 많고 뛰어난 능력을 갖춘, 몇 안 되는 인물이다. 하나님이 나를 비롯한 모든 이에게 이 진리를 들을 귀를 주시고, 더 나아가 이 진리를 삶과 사역에 용감하게 적용할 수 있게 해주시기를 기도한다.

———— 데이브 하비(Dave Harvey),
GCC(Great Commission Collective) 대표, 『나는 여전히 아내를 사랑한다』(*I Still Do*)의 저자

이 책은 주로 목사와 사역 리더를 위해 쓰였지만, 세속 사회와 거룩한 교회를 막론하고 모든 크리스천 리더에게 적합한 책이다. 비즈니스 영역에서 30년간 경영자로 일했고, 4년간 글로벌 복음 사역 리더로 일해본 내가 자신 있게 말할 수 있다. 이 열두 가지 복음의 원리는 완벽하다. 비즈니스 세계에 몸담았든 복음 사역을 하든, 이 책을 읽고 소화하라고 모든 리더에게 강권하고 싶다.

——스티브 섀클퍼드(Steve Shackelford),

리디머 시티 투 시티(Redeemer City to City)의 CEO

더 겸손하고 온유하고 은혜로운 그리스도의 종이 되고 싶은 사람만 이 책을 읽으라. 교계에서 명성이 높은 목회자의 자리를 목표로 하고 있다면 이 책은 맞지 않는다. 이 책은 희생적이고 겸손한 자기 부인의 리더십에 관한 내용이 담겨 있다. 자기중심적이고 피상적이며 자신을 높이고 자기애에 빠진 권위주의에 관한 책이 아니다. 트립은 페이지마다 철저히 성경적인 리더십의 접근법을 회복하라고 외치고 있다. 바로 그런 접근법이 전쟁터를 방불케 하는 사역 현장에서 사람들을 이끄는 리더에게 필요하다. 오직 하나님께만 모든 영광을 돌리고자 할 때 우리의 기쁨, 인내, 삶, 가족, 우리가 섬기는 사람들을 지켜내기 위한 전쟁에서 승리할 수 있다.

——버크 파슨스(Burk Parsons),

플로리다주 샌퍼드 소재 성 안드레 교회 담임목사이자 〈테이블토크〉(Tabletalk) 편집자

트립이 쓴 책들은 내 인생에 가장 큰 영향을 미친 책 중에서 손꼽는다. 이 책도 예외는 아니다. 이 책에서 다른 사람을 이끌고 섬기는 데 필요한 실질적이고도 복음 중심적인 도움을 얻을 수 있을 것이다.

——제니 앨런(Jennie Allen),

뉴욕 타임스 베스트셀러 『당신의 머릿속에서 나오라』(Get Out of Your Head, 두란노 역간)의 저자

이자 이프: 개더링(IF: Gathering)의 설립자

이꿈

Lead: 12 Gospel Principles for Leadership in the Church

ⓒ 2020 by Paul David Tripp
Originally published in English as *Lead* by Crossway, a publishing ministry of Good News
Publishers, Wheaton, Illinois 60187, USA.
All rights reserved.

This Korean translation edition ⓒ 2022 by Timothy Publishing House, Inc., Seoul, Republic
of Korea
Published by arrangement with Crossway through rMaeng2, Seoul, Republic of Korea.

이끎: 교회 리더십을 살리는 복음의 원리 12가지

1쇄 발행   2022년 11월 4일

지은이   폴 트립
옮긴이   정성묵
펴낸이   고종율

펴낸곳   주)도서출판 디모데〈파이디온선교회 출판 사역 기관〉
등록   2005년 6월 16일 제 319-2005-24호
주소   서울특별시 서초구 서초대로 141-25(방배동, 세일빌딩)
전화   마케팅실 070) 4018-4141
팩스   마케팅실 02) 6919-2381
홈페이지 www.timothybook.com

값 15,000원
ISBN 978-89-388-1690-0 (03230)
ⓒ 2022 도서출판 디모데 All rights reserved. 〈Printed in Korea〉

· 교 회 리 더 십 을 · 살 리 는 · 복 음 의 · 원 리 · 12 가 지 ·

LEAD
· 이 끎 ·

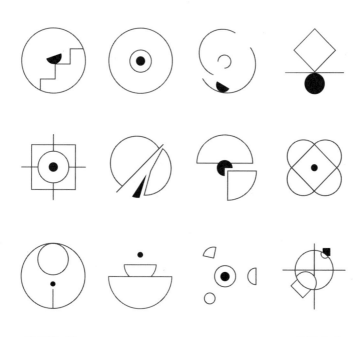

폴 트립 지음 ——————————————— **정성묵** 옮김

◆

내게 투자하고,
나를 이끌어주며, 질책하고, 나를 위해 기도해주며,
내 구주의 인내하고 용서하고 변화시키는 은혜를 삶으로 보여준
모든 리더에게 이 책을 바친다.

◆

저자의 글

책을 쓰는 일은 내게 분에 넘치는 귀한 특권이자 기쁨 중 하나다. 나는 책을 쓰는 훈련도 받지 못했고, 책을 쓰리라고 예상하지도 못했다. 그래서 내가 책을 쓰고 있다는 사실이 지금까지도 도무지 믿기지 않는다. 나는 복음의 메시지를 끊임없이 글과 책으로 옮기는 일로 부름받았다. 그 소명을 감당할 생각에 아침마다 기대감과 감사함으로 눈을 뜬다. 처음에는 글쓰기가 자연스럽지 않았다. 그저 겨울의 낭만에 빠져 난생처음으로 스케이트를 타기 시작한 사람처럼 아무런 자신감 없이 펜을 들었다. 나의 첫 원고는 온통 빨갛게 된 교정지에 덕지덕지 메모지를 단 채 나에게 돌아왔다. 그 모습은 마치 혈관을 찾지 못해 주사 자국이 가득 남은 팔처럼 보였다! 하지만 나는 계속해서 쓰고 또 썼다. 결국 글쓰기를 평생의 일로 삼을 수 있어서 얼마나 감사한지 모른다.

내가 이 책에서 제시할 것은 하나뿐이다. 그것은 지금 이곳에 적용되는 우리 주 예수 그리스도의 복음의 진리다. 내가 책을 쓰는 것은 복음의 안경을 쓰고 신자의 삶이나 교회 문화 속에서 또 다른 주제를 살펴보는 일이나 다름없다. 나는 지금까지 책을 한 권밖에 쓰지 않았다는 농담을 자주 한다. 그 책에 매년 다른 제목을 붙였을 뿐이다. 내가 이렇게 말하는 이유는 복음이 무한히 깊어서 평생을 파 내려가도 바닥에 이르지 못한다는 것을 잘 알기 때문이다. 또한 일상의 삶에 적용되는 복음의 메시지가 너무도 방대하고 다양해서 복음의 시각으로 살펴보면 새로운 것들이 무한대로 나온다는 사실을 알기 때문이다.

알다시피 복음은 단순히 역사적 사실들만 나열한 것이 아니다. 물론 복음은 역사적 사실이다. 복음은 하나님이 실제로 개입하시고 대속하신 일에 관한 소식이다. 복음이 실질적이고 역사적이지 않다면 신뢰성을 잃게 될 것이다. 그런데 복음은 역사적 사실의 집합일 뿐만 아니라 현재에도 진행 중인 구속 사역이라는 현실의 총합이기도 하다. 어떤 내용은 지금도 진리이며 모든 신자에게 여전히 적용된다. 하나님이 역사 속에서 행하셨던 일을 지금도 여전히 우리 가운데서 행하고 계시기 때문이다. 그뿐만이 아니다. 복음은 모든 믿는 자의 살아 있는 정체성이다. 우리는 그리스도 안에서 새로운 잠재력으로 가득한 영광스러운 새 피조물이 되었다. 복음의 신학은 단순히 하나님이 누구시며 우리를 위해 어떤 일을 행하셨는지 정의하는 데서 끝나지 않는다. 그것은 그분의 자녀로서 우리가 누구인지 정의해준다.

마지막으로 하나 더 말하고 싶은 것이 있다. 앞서 말했듯이 복음은 삶을 제대로 보기 위해 모든 신자가 써야 하는 새로운 안경이다. 달리 표현하면, 우리는 예수 그리스도의 복음을 통해 우리 삶을 해석하고 이해해야 한다. 이것이 중요한 이유는 인간이 경험이라는 사실에 근거해 사는 것이 아니라 그 사실에 대한 나름의 해석에 따라 살아가는 존재이기 때문이다. 의식하든 의식하지 않든, 모든 인간은 의미를 찾는 신학자요 철학자이며 인류학자다. 그래서 언제나 상황을 분석해서 그 의미를 찾아내려고 한다. 사역 리더인 우리는 설교하거나 가르치거나 다른 사람을 이끌 때만 신학적인 작업을 하는 것이 아니다. 자신에 관해 생각하고, 자기 목회를 이해하며, 동료 리더들과 관계를 맺을 때도 신학적으로 접근한다. 이렇게 내가 책을 쓰는 것도 사람들이 인생이나 사역의 면면을 복음의 렌즈로 보도록 돕기 위해서다.

때로 집필이라는 놀라운 일이 쉽게 풀릴 때가 있다. 마치 물 흐르듯 원활하게 진행된다. 키보드에 손가락만 올리면 글이 술술 나와 페이지가 채워진다. 하지만 글이 풀리지 않아 화면만 들여다보다가 사람들에게 조언을 구하기도 하고, 내게 없는 지혜와 능력을 달라고 기도할 때도 있다. 그런 날에는 한계를 느낀다. 내 글이 얼마나 형편없는지를 깨닫고 괴로워진다. 과연 내가 이 주제를 다룰 수 있을지, 아슬아슬한 균형을 잘 잡을 수 있을지 걱정되기 시작한다. 하지만 일이 힘들어도 낙심하지는 않는다. 내가 이 일로 부름받은 것은 내 은사와 지혜가 뛰어나서가 아니라, 모든 면에서 영광스러우신 주님이 나의 약함 가운데 오직 그분만이 주실 수 있는 능력을 부어 주시리라고 깊이 확신하기 때문이다.

나는 언제나 목회자로서 글을 쓴다. 이것이 이상하게 들릴지 모르지만, 성도들을 떠올리며 그들을 사랑하는 마음으로 글을 쓴다는 의미에서 그렇다. 그들이 예수 그리스도의 놀라운 은혜와 무한한 사랑 가운데 받은 것의 깊이와 넓이를 온전히 알기를 바라는 마음으로 글을 쓴다. 그리고 나를 위한 예수님의 역사가 절대적으로 충분함을 잘 알기에 모든 글을 솔직하게 쓸 수 있다. 죄가 나에게 가하거나 앞으로 가할 모든 타격은 이미 그분의 삶과 사역, 약속, 임재를 통해 완벽히 해결되었다. 우리에 관한 모든 치부가 그리스도 대속의 역사로 완벽히 해결되었기 때문에, 신자들의 공동체가 세상에서 가장 솔직한 공동체가 될 수 있다고 믿는다.

결국 나의 글이 성경에서 발견되는 복음의 정보를 바라보는 새로운 시각을 제시하고, 궁극적으로는 이것이 사람들의 마음과 삶의 변화로 이어지리라고 믿는다. 나는 믿음, 사랑, 소망, 용기, 기쁨, 겸손, 인내, 자비, 후함을 촉진할 것을 기대하며 글을 쓴다. 평신도의 삶과 관계만이 아니라 교회를 이끄는 소명을 받은 이들의 관계와 사역에도 이런 열매가 나타나기를 바라며 글을 쓴다.

이런 소망을 품고 이 책을 당신에게 제시한다. 목회자들을 사랑하는 목회자로서 이 책을 썼다. 모든 사역 리더가 예수 그리스도의 복음과 하나님 백성의 영적 건강을 위해 매일 감내하는 희생에 감사하는 마음을 담았다. 내가 썼던 다른 모든 책과 마찬가지로, 나는 이것을 복음의 책으로 생각한다. 이 책은 사역 리더들을 비판하기 위해서가 아니라 철저히 예수 그리스도의 복음에 따라 자신을 바라보고, 동료 리더들과 관계를 맺으며, 사역 리더의 일을 감당하라고 권면하기 위해 쓰였다. 안타까운 현실을 조명해야 했기에 이 책을 쓰는 작업이 결코 쉽지는 않았다. 그러나 이 책에 복음의 소망과 사랑을 담아내려고 노력했다. 솔직함이 소망을 잠식하거나 소망이 솔직함을 희석하기를 바라지 않았다. 당신이 이 책을 읽는 동안 소망을 얻을 뿐 아니라, 바로잡고 보호하며 새로운 방향으로 인도하는 은혜를 경험하기를 바란다.

당신과 당신이 주님의 이름으로 하는 모든 일에 큰 복이 임하도록 기도한다!

폴 데이비드 트립
2019년 5월 13일

위기

나는 교회를 사랑한다. 교회의 예배를 사랑한다. 교회의 설교를 사랑한다. 교회의 복음 신학을 사랑한다. 교회의 공동체를 사랑한다. 교회의 증언을 사랑한다. 교회의 자비 사역을 사랑하고, 교회의 리더들을 사랑한다. 교회의 리더들이 모인 자리에서 앞에 서는 특권을 누릴 때마다 나는 깊은 존경심과 감사를 느낀다. 나는 모든 목사가 걷는 길을 잘 알고 있다. 나 또한 오랫동안 그 길을 걸어왔기 때문이다. 교회를 이끄는 일이 얼마나 힘든 짐인지도 잘 알고 있다. 그래서 목회에 대한 부르심에 순종한 이들을 더없이 존경한다. 대부분의 목사가 도와주는 사역자도 별로 없이, 쥐꼬리만 한 사례비를 받으며 과중한 업무에 시달리고 있는 줄 잘 안다. 그래서 이 길을 선택한 그들을 실로 높이 평가한다. 나는 정말 멋진 교회의 일원이다. 우리 교회에는 복음을 열심히 전하는 경건하고 헌신적인 리더들이 포진해 있다. 이런 공동체에 속한 것은 내 인생의 큰 기쁨이다.

내가 교회의 리더들을 걱정하는 것은 교회를 그만큼 사랑하기 때문이다. 『목회, 위험한 소명』*을 출간한 후 전화가 빗발치면서 내 걱정은 점점 더 깊어졌다. 한번은 우리 교회와 파트너십을 유지하던 한 교회 위원회 회장에게서 전화가 왔다. 그의 말에는 충격과 상처, 분노, 혼란이 뒤섞여 있었다. 그가 도움을 구하려고 전화를 걸었다고 하는데, 실제로 내 도움을 원했는지는 잘 모르겠다. 적어도 내가 제시하는 도움을 받아들일 생각은 없어 보였다. 대화하던 중에, 그의 분노가 갑자기 내 쪽으로 향했다. 나는 이후 몇 달간 그를 비롯한 교회 리더들이 걸어야 할 어둡고 험난한 길을 예상하고 도움을 주고 싶었는데, 그가 그렇게 분노하는 것을 보니 내가 끼어들 자리는 없는 것 같았다. 결실 없는 통화 후에 전화기를 내려놓는데 걷잡을 수 없는 슬픔이 밀려왔다. 그런 일이 처음도 아니고 마지막도 아닐 테지만, 생각할수록 안타까웠다. 그 순간 나는 기도하며 하나님의 은혜를 떠올렸다. 그러고는 우리가 더 잘할 수 있고, 더 잘해야겠다고 마음을 다잡았다.

그날 받은 전화뿐 아니라 그와 비슷한 수많은 전화 통화에서 가장 마음에 걸린 점은 상대방이 충격과 상처와 분노에 휩싸여 있었다는 사실이 아니다. 그날 전화를 준 회장은 담임목사의 이중생활

---

* Paul David Tripp, *Dangerous Calling: Confronting the Unique Challenges of Pastoral Ministry* (Wheaton, IL: Crossway, 2012). 『목회, 위험한 소명』(생명의 말씀사 역간)

이끎

에 충격을 받은 상태였다. 담임목사가 돌보아야 할 양 떼보다도 자신의 쾌락을 더 사랑했으니 그가 충격과 상처를 받을 만했다. 그런데 내가 생각하기에, 그는 하나님이 설계하신 교회의 모습이 무너진 것에 의문을 느껴야 마땅했다. 그날 내가 전화를 받고 걱정과 슬픔을 느꼈던 것은, 그에게서 반성이나 성찰의 기미를 볼 수 없었기 때문이다. 그는 무너진 담임목사를 둘러싼 리더 공동체의 본질에 대해 고민하지 않았다. 분노하며 담임목사의 처분에 대해서만 이야기했을 뿐 다른 것을 논할 의지는 전혀 없어 보였다.

이 대화만 그랬다면 좋겠지만 전혀 그렇지 않다. 우리는 막대한 영향력과 명성을 지닌 목사들이 몰락하는 모습을 지켜보았다. 하지만 대중에게 드러난 몰락 뒤에는 더 많은 이름 없는 목사들의 몰락이 있다. 그들의 몰락은 교회 리더들과 교회 전체를 위기에 빠뜨린다. 더 나아가 예전에 몰락했던 목사들의 영적 파편도 고스란히 남아 있다. 유명 인사의 우상숭배, 목사의 부도덕, 권력의 유혹에 넘어간 이야기로 세상이 떠들썩했다. 하지만 내가 이 책을 쓴 것은 목사의 실패 이면에 리더 공동체의 약함과 실패가 있는 경우가 너무 많기 때문이다. 목회자 개인의 위기만 있는 것이 아니다. 수많은 목사와 그들이 속한 리더십 그룹과 대화를 나누고서 내린 결론은 '리더 공동체의 위기'가 있다는 것이다.

우리가 교회의 리더들을 세우고 조직하는 방식과 리더들이 상호작용하는 방식, 또 우리가 리더의 직무를 정의하는 방식과 리더 공동체가 형성한 라이프스타일이 목사의 실패에 일조하고 있는 것은 아닐까? 목사를 징계하고 그로 인해 받은 상처를 추스르며 회복을 향해 나아가되, 그의 실패가 우리 리더들에게 무엇을 말해주는지 철저히 점검해봐야 하는 것은 아닐까? 우리가 잘못된 모델을 보며 리더십을 이해하고 있는 것은 아닐까? 혹은 기업의 리더십 모델에 매혹되어 더 깊은 복음의 통찰과 가치를 보지 못한 것은 아닐까? 그리스도의 교회를 이끄는 소명이 단순히 매주 종교적인 모임과 행사를 조직하고 운영하며 재정을 조달하는 것이 전부가 아니라는 사실을 잊은 것은 아닐까? 또 많은 교회 리더 공동체가 실제로는 공동체처럼 기능하지 않는 것은 아닐까? 많은 교회 리더가 사실은 다른 리더의 지도를 받기를 원하지 않고, 리더십 공동체의 많은 사람이 진정한 성경적 공동체를 가치 있다고 생각하지 않는 것은 아닐까?

목사라면 마주하게 될 독특한 시험을 다룬 책 『목회, 위험한 소명』을 쓰던 당시, 목사를 둘러싼 리더 공동체에 관한 책을 써야겠다는 생각이 들었다. 하지만 『목회, 위험한 소명』이 출간된 후 그 주제를 다룬 책을 쓰기까지 슬프고 힘든 전화 통화를 수없이 해야 했다. 그러면서 수많은 목회 초년병, 베테랑과 마주했다. 리더들의 현 상황을 성찰하고 숙고하는 긴 시간이 필요했던 것이다. 하지만 그 고통의 시간은 헛되지 않았다. 내가 낸 목소리로, 우리에게 꼭 필요하지만 좀처럼 나누기 어려웠던 대화를 나눌 수 있게 되어 무척 기쁘다.

이 책은 음울한 비판서가 아니다. 비판은 SNS에서 얼마든지 볼 수 있다. 은혜보다 비판을 적나라하게 드러내고 싶다면 SNS에 글을 올리는 편이 낫다. 나는 이 책에서 교회나 사역 단체의 리더들을 위한 긍정적인 모델을 제시하고 싶다. 사실 리더의 재능을 발굴하는 방법, 적재적소에 적절한 인물을 배치하는 노하우, 리더십 구조를 개선하는 법, 결정을 내리고 비전을 추진하는 방법에 관한 책은 시중에 많이 나와 있다. 물론 이 모든 것이 다 중요하기는 하지만, 가장 중요하지는 않다. 그래서 이 책에서는 건강한 교회 리더 공동체가 세워지는 데 필요한 기초적인 인격과 라이프스타일에 초점을 맞추고자 한다. 이 책을 통해 독자들이 통찰을 얻고, 진심 어린 고백을 하며, 자신이 속한 공동체의 변화를 이루기를 간절히 소망한다.

앞서 말한 위원회 회장이 내게 전화를 한 이유는 담임목사의 은밀하고 지저분한 사생활이 드러났기 때문이다. 흔히 그렇듯이 컴퓨터에서 그 비밀이 드러났다. 처음에는 회장을 비롯한 모든 리더가 현실을 부인했다. 자신들이 수년 동안 철석같이 믿고 동역해온 사람의 삶에 이런 일이 벌어지고 있다는 것을 도무지 믿을 수 없었다. 담임목사의 컴퓨터가 해킹당했을지도 모른다는 생각도 했으나 담임목사를 직접 찾아가 정황을 물어본 뒤에는 생각이 바뀌었다. 그는 모든 것을 알면서도 사실을 부인했다. 결국 리더들은 충격에 빠졌다. 담임목사는 그럴듯한 변명을 늘어놓았고, 리더들은 그 말을 믿으려 했다. 하지만 파헤칠수록 진실은 더 명확해졌다. 진실이 밝혀지자 리더들은 자신들이 이 목사에 대해 제대로 아는 것이 별로 없었다는 사실을 인정할 수밖에 없었다. 그들은 4인용 카누를 타고 급류에 휩쓸려 폭포로 향하는 열 명의 사람과도 같았다.

이 위기는 그들을 혼란에 빠뜨렸을 뿐만 아니라 그들의 연합도 깨뜨렸다. 아니, 그들의 연합이 얼마나 약하고 피상적이었는지가 드러났다고 말하는 편이 더 정확할 것이다. 담임목사에게 충성했던 리더들은 다른 리더들이 섣불리 판단한다고 손가락질했다. 조직을 중요시하는 리더들은 목회자를 더 중시하는 리더들과 언쟁을 벌였다. 이 모든 논쟁에서 다른 사람의 동기를 정죄하고 비난하는 일이 난무했다. 그리고 그 속에서 큰 충격과 상처를 받은 회중은 자신들의 리더들에게 마땅히 받아야 할 양육을 받지 못하고 있었다.

이런 슬픔과 혼란의 시기에 그 교회의 리더들과 함께하며 수많은 대화를 나눈 끝에, 그들이 눈앞의 상황을 다룰 근본적인 준비가 되어 있지 않다는 사실이 명확하게 드러났다. 단순히 구조적인 측면에서 준비가 안 된 것이 아니었다. 더 중요하게는, 인격과 관계 측면에서 준비가 안 되어 있었다. 그런 기본적인 부분이 결여되어 있었기에, 어려운 시기가 왔을 때 교회를 이끄는 일을 제대로 감당할 수 없었다. 위기와 그 중심에 있는 인물을 어떻게 처리해야 할지 논의하는 자리에서 매번 논쟁만 반복되었다.

잘 알려지지 않은 작은 교회들만 준비가 안 된 게 아니다. 우리가 잘 아는 대표적인 교회에서도 목회자와 관련한 비슷한 위기를 겪는 것을 본다. 그 교회들도 섣불리 행동하고 발언했다가 그것을 철회하고 다른 관점과 행동을 제시하지만, 얼마 가지 않아 그것도 철회하기를 반복한다. 이런 교회의 리더들도 대중의 이목이 쏠린 가운데 서로 삿대질한다. 성경적인 지혜보다 파벌에 대한 충성과 권력 다툼, 분열이 가득한 모습만 보인다. 얼마나 더 많은 목사가 실패해야, 얼마나 더 많은 교회가 망가지고 상처로 신음해야, 우리는 겸손히 질문을 던지기 시작할까? '구주께서 우리에게 맡겨주신 교회를 어떻게 이끌 것인가?'

물론 나는 건강하고 멋진 교회들과도 협력해왔다. 우리가 교회 개척과 부흥에 쏟는 열정이 너무 아름답고, 목소리를 내지 못하는 이들을 위해 정의를 외치는 복음 중심의 교회들을 보기만 해도 가슴이 벅차오른다. 전혀 낙심할 필요가 없고, 오히려 희망으로 넘친다. 하지만 더없이 건강해 보이는 교회의 기능과 증언을 약화하는 리더 공동체의 약함이 자꾸만 신경 쓰인다. 이런 약함은 교회를 순식간에 구렁텅이로 빠뜨릴 수 있다. 그러면 그 교회의 사역은 오랫동안 정체하고 퇴보하게 된다. 그리고 어떤 경우에는 절대 회복할 수 없을 것이다.

내가 이 주제를 다룰 용기를 낸 것은 내 지혜나 경험을 믿기 때문이 아니다. 내 구속자의 임재와 능력, 지혜와 은혜를 믿었기 때문이다. 이 책을 쓰기 시작하면서 『목회, 위험한 소명』을 집필할 때 소망과 용기를 주었던 구절을 다시 떠올렸다. 그 구절은 바로 마태복음 28장 16-20절이다.

열한 제자가 갈릴리에 가서 예수께서 지시하신 산에 이르러 예수를 뵈옵고 경배하나 아직도 의심하는 사람들이 있더라 예수께서 나아와 말씀하여 이르시되 하늘과 땅의 모든 권세를 내게 주셨으니 그러

므로 너희는 가서 모든 민족을 제자로 삼아 아버지와 아들과 성령의 이름으로 세례를 베풀고 내가 너희에게 분부한 모든 것을 가르쳐 지키게 하라 볼지어다 내가 세상 끝날까지 너희와 항상 함께 있으리라 하시니라.

당시 제자들은 상상도 못 할 일의 소용돌이를 겪은 후였다. 한밤중에 메시아가 체포당하신 사건, 예수님의 재판과 고문, 공개적인 십자가 처형, 빈 무덤 그리고 부활 후에 나타나신 예수님…. 이 모든 일을 겪은 그들이 어땠을지 상상해보라. 혼란스러움, 내부 갈등, 의심과 두려움, 미래에 대한 불안 가운데 있었을 그들을 상상해보라. 그런데 기적과 신비를 보고도 믿기 어려워하는 제자들 앞에 예수님이 나타나셨다. 얼마나 기뻤을까? 당시 제자들의 정서적, 영적 상태를 염두에 두고 그다음에 이어지는 상황을 생각해보라.

그들에게 의심과 믿음이 혼재해 있음을 아신 예수님은, 두려움에 떠는 그들에게 부활의 복음을 온 세상에 전하라는 명령을 내리셨다. 예수님은 지각 변동의 상황 속에서 제자들을 파송하셨다. 나라면 이렇게 생각했을 것이다. '저들은 아직 준비되지 않았어. 아직은 일러. 배워야 할 것이 너무 많아. 방금 일어난 상황을 더 깊이 이해할 시간이 필요해. 성숙해질 시간이 필요해.' 하지만 역사상 가장 놀랍고 혼란스러우며 정신이 아득해지는 순간에 예수님은 조금도 지체하지 않고 담담하게 말씀하셨다. "가라."

그다음 말씀은 읽을 때마다 놀랍다. 이 말씀은 예수님이 왜 그 순간 제자들에게 자신 있게 전 세계적인 복음 전도의 사명을 위임하셨는지를 보여준다. 예수님은 제자들 속에 있는 것과 제자들이 할 일 때문이 아니라, 그분 자신 속에 있는 것과 그분이 하실 일 때문에 자신 있게 말씀하셨다. "하늘과 땅의 모든 권세를 내게 주셨으니." 이는 그분의 권위와 주권적인 통치 밖에 있는 상황이나 장소나 지역은 없다는 뜻이다. 예수님은 하늘과 땅에 있는 모든 것이 그분의 통치 아래 있음을 제자들이 이해하기를 원하셨다. 이 사실이 왜 제자들에게 그토록 중요했는지를 생각해보라. 그들이 은혜의 메시지를 열국에 전하기 위해서는 그분의 은혜가 절실히 필요했다.

혹시 이런 생각을 해본 적이 있는가? 은혜를 베푸시겠다는 하나님의 약속은 얼마나 믿을 만한가? 그분의 주권만큼만 믿을 만하다. 하나님은 스스로 통치하시는 영역에 대해서만 약속 이행을 보장하실 수 있다. 내 집 안에서만큼은 내가 당신에게 하는 약속을 지킬 수 있다고 확실하게 보장할 수 있다. 나의 집에서 나는 권위 있는 사람이기 때문이다. 하지만 이웃의 집에서는 같은 약속을 해도 확실히 지킬 수 있다고 보장할 수 없다. 이웃집은 내 권한 밖에 있기 때문이다. 그러므로 예수님은 이렇게 말씀하신 것과 같다. "내가 세상 모든 곳을 다스리고 있으니 어디서든 내 약속이 이루어질 줄 믿고서 가라." 하나님의 주권은 완전하기에 은혜에 관한 그분의 약속도 확실하다.

하지만 예수님의 말씀은 여기서 끝나지 않는다. 예수님은 의심과 믿음 사이를 오락가락하고 있는 제자들을 보시며 이렇게 말씀하셨다. "볼지어다 내가…너희와 항상 함께 있으리라"(Behold, I am with you always). 이 말씀은 단순히 '내가 너희를 위해 그곳에 있을 것이다'라는 뜻보다 훨씬 더 깊은 의미를 담고 있다. 여기서 예수님은 하나님의 이름 중 하나를 사용하셨다. 바로 "스스로 있는 자"(I Am)라는 이름이다. "내가 너희와 항상 함께 있으리라"는 말은 이런 뜻이다. "네가 어디를 가든지 스스로 있는 자, 곧 아브라함과 이삭과 야곱의 하나님, 모든 언약의 약속을 이루는 나, 어제나 오늘이나 영원토록 있는 나, 알파요 오메가인 내가 너와 함께 있을 것이다. 나는 스스로 있는 자다. 내가 능력과 영광과 지혜와 은혜로 너와 함께 가지 않을 일도, 너만 홀로 보낼 일도 절대 없을 것이다." 제자들은 자신들을 보내시는 분의 능력과 임재와 은혜 안에서 맡은 임무를 수행하는 데 필요한 모든 것을 얻을 수 있었다.

예수님이 제자들에게 주셨던 그 확신으로 나도 이 책을 썼다. 그리스도의 권위가 완전하고, 그분의 임재에서 피할 길은 없으며, 그분의 약속이 확실하기 때문에 우리 자신의 약함과 실패를 돌아보기를 두려워할 필요가 없다. 그분의 임재와 능력과 은혜의 복음 덕분에 우리는 현실을 축소하거나 부인하지 않아도 된다. 또한 우리는 세상에서 가장 솔직한 공동체가 될 수 있다. 그리고 자신의 전적을 따질 필요도 없고, 우리의 보잘것없는 힘에 의지할 필요도 없다. 하나님이 가장 좋은 선물로 그분 자신을 우리에게 주셨으므로, 우리의 잠재력은 더없이 크고, 얼마든지 변화할 가능성이 있다. 변화가 필요한 한 가지 중요한 영역에 관해 이 책을 쓰기 위해서는 큰 용기와 소망이 필요했다. 하나님의 임재와 능력, 은혜의 복음이 내게 그런 용기와 소망을 주었다. 당신이 이 책을 읽는 내내 같은 은혜가 임하기를, 하나님이 당신에게 열린 마음을 주시기를 간절히 기도한다.

모델

이 책은 예수 그리스도의 교회를 이끄는 리더 공동체의 형성, 특징, 기능을 다루고 있다. 이 책에서 제안하는 모든 것의 근간은 이것이다. 즉, 교회 공동체, 가장 중요하게는 그 안의 리더 공동체를 위한 모델이 예수 그리스도의 복음이라는 점이다. 물론 이 말이 자명하면서도 막연하게 들릴 수 있다는 점을 잘 안다. 하지만 사실 그렇지 않다. 만약 전 세계 교회의 리더십이 그 어떤 것보다 예수 그리스도의 복음을 중심으로 움직였다면, 분명 그들의 삶과 교회 안에서 일어났던 슬픈 일들은 일어나지 않았을 것이다.

평신도부터 문화와 사명을 형성하는 데 큰 영향을 끼치는 리더까지 교회 안의 모든 관계를 위한 복음의 초석을 놓는 성경 구절 하나를 함께 살펴보고자 한다. 하지만 이 구절을 살펴보기 전에 강조하고 싶은 점이 있다. 바로 복음의 가치와 부르심이 아닌 조직과 성과 중심의 리더십 모델이 교회와 기독교 사역 리더들의 조직적이고 기능적인 핵심 모델이자 정체성이 돼서는 안 된다는 것이다. 이 구절을 묵상하는 내내 전 세계 수많은 목사와 사역 리더, 장로와 집사에 관한 생각을 했다. 과연 그들이 이 구절에서 묘사하는 공동체의 모습을 갖추고 있을까?

> 그러므로 주 안에서 갇힌 내가 너희를 권하노니 너희가 부르심을 받은 일에 합당하게 행하여 모든 겸손과 온유로 하고 오래 참음으로 사랑 가운데서 서로 용납하고 평안의 매는 줄로 성령이 하나 되게 하신 것을 힘써 지키라(엡 4:1-3).

바울이 이 본문 바로 앞에서 강해한 복음의 진리를 가장 먼저 무엇에 적용하는지를 눈여겨보자. 바울은 에베소 교인들이 이 진리를 통해 자신과 다른 사람의 관계를 바라봐야 한다는 점을 가장 먼저 이야기한다. 그들이 어떤 공동체 구조를 세우든지 그 초석은 이 진리가 되어야 한다는 것이다. 예수 그리스도의 복음의 진리를 적용해야 할 많은 영역 가운데 우리가 그리스도 몸의 지체로서 함께 살아가고 관계 맺으며 협력하는 방식보다 더 중요한 영역은 별로 없다. 이 구절은 물론이고 이와 비슷한 어느 구절에도 목사나 장로, 집사 등을 위한 예외 조항이 없다는 점도 기억해야 한다. 회심 이후의 '이미'와 마지막 본향에 들어가기 전의 '아직' 사이에서, 어떻게 살고 관계 맺으며 리더십을 발휘할지가 철저히 우리 생사의 소망인 복음에 따라 이루어져야 한다.

여기서 내 목적은 에베소서 4장 1-3절을 상세히 탐구하는 것이 아니다. 교회 리더로서 우리가 어떻게 복음의 가치에 따라 기능하고 서로 관계를 맺을지를 보여주는 것이다. 우리가 받은 복음에 걸맞게 다른 사람들과 관계 맺기를 진정으로 원한다면, 겸손과 온유, 오래 참음과 관대한 사랑, 평안을 중요하게 여겨야 한다. 또 이런 복음의 특성을 중시한다면 이렇게 물어야 한다. "지위, 권력, 성취, 찬사, 성과보다 복음에 부합하는 것을 진정으로 중시하는 공동체는 어떤 모습이 되어야 할까요?" 복음의 가치에 따라 형성된 리더 공동체의 여섯 가지 특성을 제시함으로써 답을 대신하고자 한다.

겸손

겸손이란 리더가 다른 리더들과 관계를 맺는 모습을 통해 자신이 지위에 따른 인정이나 권력, 영향력을 받을 자격이 없다고 인정하는 것을 의미한다. 겸손한 사람은 자기 안에 늘 죄가 있음을 알기에 평생 자기 자신에게서 구원받아야 한다는 사실을 안다. 또 남들을 이끌려고 하기보다는 섬기려고 하며, 자기 능력을 자랑하기보다는 부족함을 받아들인다. 겸손은 자신의 성공을 위해 동료 리더들의 섬김을 받기보다는 우리 모두를 부르신 분을 섬기는 것을 의미한다. 동료 리더들이 자신에게 충성하기보다는 그리스도께 헌신하기를 바라는 것을 뜻하기도 한다. 그리고 겸손한 사람은 어떤 자리에서 나오는 권력을 갈망하기보다는 두려워한다. 남들에게 보이기 위해 섬기는 것이 아니라, 섬기는 것 자체에 의미를 두는 것이다. 겸손은 다른 이들의 우려에 언제나 귀를 기울이고, 그들을 통해 하나님이 밝혀주시는 것을 고백하며, 변화하기로 결심하는 것이다. 겸손한 사람은 판단하는 자리에서 내려와 변화시키는 은혜의 힘에 늘 자신을 연다.

의존

의존은 리더로서, 나와 하나님의 동행이 공동체적인 일이라고 믿는 것을 의미한다. 하나님께 의존하는 리더는 자기 안에 남은 죄가 눈을 멀게 한다는 점을 이해하고, 나보다 나를 잘 아는 사람은 없다는 생각을 버린다. 또 의존하는 리더는 자신에 관해 드러날 수 있는 모든 부분을 예수님이 이미 다루셨음을 진정으로 믿기에, 자신을 드러내기를 더는 두려워하지 않는다. 하나님께 의존하는 리더는 분리되고 개인화되고 독립적인 기독교 신앙은 좋은 열매를 맺지 못함을 잘 안다. 또한 모든 리더가 지도를 받고, 모든 목사가 목양을 받아야 한다는 사실을 인정하며, 리더가 신학적 이해, 성경 지식, 사역 은사, 사역 경험과 성공 경험을 갖추었다고 해서 더는 그리스도의 몸 안의 사람들을 성화시키는 사역이 필요 없는 것은 아니라는 사실을 인정한다. 의존은 자기 안에 죄가 있는 한, 죄로 치닫는 자신을 저지하는 하나님의 은혜와 주변 사람들의 돕는 사역 없이는, 내가 나 자신에게 위험할 수 있음을 고백하는 것이다.

준비된 즉흥성

잔재하는 죄의 문제 그리고 그 죄의 유혹하고 속이는 힘을 인정한다면, 리더들이 쉽게 넘어지는 것을 이해할 수 있을 것이다. 죄는 크든 작든 리더 공동체를 오염시키고, 공동체의 사역을 방해한다는 점을 알아야 한다. 또 리더도 구원하고 성화시키는 은혜가 필요하다는 점을 인정해야 한다. 따라서 언제 추악한 고개를 쳐들지 모르는 죄와 약함과 실패를 다룰 계획을 세우라. 하나님이 은혜로 밝혀주시는 죄에 충격받거나 그것을 부인하거나 축소하지 말고, 성경적인 사랑과 은혜의 정신 안에서 즉시 그것을 다루어야 한다. 실패를 다루는 것보다 리더 공동체의 평판을 지키는 데 더 신경을 써서는 곤란하다. '준비된 즉흥성'이라는 말은 모든 리더의 마음속에서 끊임없이 벌어지는 영적 전쟁에 관한 성경의 가르침을 진지하게 받아들여서, 하나님이 앞으로 무슨 일을 펼치실지 모르지만 그분이 은혜로 밝혀주시는 죄를 즉각 다룰 준비를 하는 것을 의미한다.

점검

점검은 우리 스스로 볼 수 없는 것을 보기 위해 다른 사람에게 우리의 삶을 들여다봐달라고 하는 것을 의미한다. 동료 리더들에게 우리의 영혼을 지켜봐달라고 부탁하는 것이다. 점검은 사적인 대화를 나눌 때 우리를 보호하는 성경적 통찰과 우리를 회복시키는 복음의 진리로 우리를 깨우치게 해달라고 의탁하는 것이다. 또한 사실상 위험한 상황인데도 괜찮다고 착각할 수 있기 때문에 자기 진단이 공동체 전체의 책임이라는 점을 인정하는 것이기도 하다. 따라서 모든 리더는 사랑, 은혜, 인내, 용서를 바탕으로 한 성경적 점검을 기꺼이 받아들일 수 있어야 한다.

보호

우리는 모두 죄를 짓지만 똑같은 죄를 짓지는 않는다. 이력, 경험, 재능이나 생물학적 특징 등 다양한 이유로 우리는 똑같은 것에 유혹받지 않는다. 어떤 이는 권력의 유혹에 취약하지만, 어떤 이는 쾌락의 유혹에 취약하다. 또 물질의 유혹에 잘 넘어가는 사람도 있다. 이렇게 죄의 유혹이 다양하고 각 사람에게 다른 영향을 미친다는 점을 이해하는 것이 교회 리더 공동체가 건강을 유지하고 복음의 열매를 맺기 위해 매우 중요하다. 진정한 성경적 사랑은 단순히 상대방을 받아주고, 인내로 참아주며, 실패를 용서해주는 것이 아니다. 그렇게 하는 것은 물론, 상대방이 마음의 약한 부분 때문에 유혹에 빠지지 않도록 보호해주는 것이다.

히브리서 13장 17절은 분명하게 말한다. "너희를 인도하는 자들에게 순종하고 복종하라 그들은 너희 영혼을 위하여 경성하기를 자신들이 청산할 자인 것같이 하느니라." 리더들은 자신이 맡은 사람들의 영혼을 보호할 책임이 있다. 위의 구절은 구체적이면서도 도발적이다. 이 말씀은 리더들에게 다른 사람의 행동을 주시하라고 말하지 않는다. 물론 다른 사람의 행동도 지켜봐야 하지만, 이 구절은 더 깊고 근본적인 무언가를 가리키고 있다. 리더들이 보호해야 할 것은 바로 영혼이다. 여기서 '영혼'이란 속사람을 가리키는 것으로, 사람의 생각, 욕구, 동기, 약점, 강점, 성숙의 정도, 취약한 정도 등을 뜻한다. 이는 어떤 사람이 하나님의 지혜로운 경계선을 넘을 때 당신이 예측할 수 있도록, 그의 마음을 깊이 알아야 한다는 뜻이다.

이 구절에서 묘사하는 리더십은 깊은 관계 속에서만 가능한 보호하는 리더십이다.

그리스도의 몸 안에서 모든 사람이 이런 보호를 받아야 하는데, 하물며 리더는 어떻겠는가? 그런데 안타깝게도 몰락한 리더의 문제로 도와달라는 전화를 받고서 상담을 진행해보면, 그 리더 공동체 안의 누구도 보지 못하는 취약점을 발견하는 경우가 너무 많다. 리더가 항상 자신을 정확히 볼 수 있는 것은 아니며, 우리도 자기의 약한 영역을 항상 볼 수 있는 것이 아니기 때문이다. 따라서 우리는 모두 스스로 우리가 제대로 보지 못할 때라도 우리를 지켜봐줄 보호하는 공동체가 필요하다. 보호받으려면 유혹이 가장 강하게 작용하는 곳, 바로 마음을 다른 사람들에게 열어 보여야 한다.

회복

성경 전체를 관통하는 가장 아름답고 기대되는 주제 중 하나는 새로운 시작이라는 주제다. 새로운 시작은 하나님 은혜에 담긴, 구원하고 용서하며 회복시키고 변화시키는 힘의 결정적 특징이다. 모세에게 새로운 시작은 불타는 떨기나무 속에서 들려오는 목소리였다. 그 목소리는 이번에는 애굽으로 돌아가 하나님의 능력으로 그분의 백성을 해방하라고 명령했다. 다윗은 선지자의 지적으로 자신이 저지른 끔찍한 죄를 고백하고 새롭게 출발했다. 요나는 물고기의 배 속에서 해변으로 토해진 뒤 니느웨에 하나님의 메시지를 전하라는 명령을 다시 받고 새롭게 출발했다. 베드로의 경우에는 갈릴리

해변에서 자신이 배신했던 메시아를 만나, 그분께 용서받고 다시 부름을 받았다. 그리고 바울의 새로운 출발은 다메섹 도상에서 강한 빛에 눈이 먼 뒤 다소 두려움에 떠는 사자를 통해 용서와 사명 위임의 말씀을 들은 것이었다.

은혜는 우리가 내린 최악의 결정 때문에 최악의 순간에 매였거나 저주받은 상태에 있는 것이 아님을 뜻한다. 은혜는 우리 구주께 부활의 능력이 있으므로 리더들이 죄의 잿더미에서 다시 날아오를 수 있다는 뜻이기도 하다. 하지만 리더와 리더의 역할을 바라보는 우리 시각을 고려할 때, 우리라면 과연 앞에 나열한 성경 인물들을 원래 자리로 회복시켰을까? 리더의 죄와 약함과 실패를 바라보는 우리의 시각과 하나님의 시각은 어떻게 다른가? 위에서 언급한 성경의 모든 사례에는 죄를 부인하거나 은폐하거나 축소하는 모습은 나타나지 않는다. 각 인물의 죄질이 너무 무거워 그들에게 미래에 대한 소망이 전혀 없는 듯이 보인다. 이런 상황에서 우리는 하나님이 놀라운 은혜로 죄인을 용서하시기는 하지만 "안타깝게도 내 나라의 일에 너는 더 이상 쓸모가 없다"라고 말씀하실 것으로 여긴다. 하지만 이 성경 인물들은 모두 영적 리더의 자리로 회복되었다.

이어지는 장에서 이에 관해 자세히 살펴보겠지만, 일단 여기서는 이렇게 묻고 싶다. 우리의 리더 공동체가 복음에서 나온 회복의 정신으로 기능하고 있는가? 몰락한 리더들이 쫓겨나서 텔레마케팅, 건설 현장 노동, 인터넷 쇼핑몰 운영 등으로 생계를 유지하는 경우를 너무 많이 보았다. 물론 리더의 죄를 축소해서는 안 된다. 마음의 죄를 제대로 다루지 않은 사람을 성급하게 리더의 자리로 회복시켜서는 곤란하다. 그리고 아예 리더를 원래 위치로 회복시키지 말아야 하는 경우도 있다. 하지만 회복시키시는 하나님의 능력과 은혜가 지금 여기에 나타날 수 있다는 믿음 자체는 잃지 말아야 한다.

교회는 효율성만 추구하는 것이 아니라 예수 그리스도의 복음에 따라 기능하는 리더 공동체가 절실히 필요하다. 인간 삶의 다른 모든 관계도 그렇지만 당신의 리더 공동체를 예수 그리스도의 복음을 통해 바라보면, 당신의 기대와 헌신과 행동, 힘든 시기에 보일 반응이 달라질 수밖에 없다. 이 책에서 교회를 이끄는 리더 공동체의 형성과 기능이 복음을 중심으로 이루어져야 한다는 식의 막연한 말을 할 생각은 없다. 리더십에 관한 복음의 구체적인 부르심에 초점을 맞출 것이다.

열두 가지 복음의 원리

나는 열 명의 젊은 목사와 사역 리더를 개인적으로 그리고 정기적으로 만난다. 사역과 관련해 내게 이것만큼 중요한 일도 없고, 이것만큼 즐기는 일도 별로 없다. 이들은 매우 실질적인 의미에서 내 영웅이다. 교회라는 영적 전쟁터의 참호 속에서 평생을 함께하기로 한 사람들이기 때문이다. 그들은 목회에 필연적으로 따르는 수많은 기쁨과 고통을 겪고 있다. 메시아가 그러셨듯이, 그들은 복음을 전할 뿐 아니라 복음을 위해 고난받는 삶으로 부름받았다. 그들과 함께 굽은 길과 가파른 언덕과 골짜기를 걷는 것이 얼마나 감사한지 모른다. 햇빛이 쨍쨍한 낮과 풍랑이 몰아치는 밤이 반복되는 영적 리더의 삶을 그들과 함께 살아갈 수 있어서 감사하다. 하지만 동시에 그들에게 복음 충만한 공동체가 부족한 현실이 너무도 안타깝다. 모든 목사나 리더가 영적으로 건강하고 사역자로서 오랫동안 섬기려면, 그런 공동체가 꼭 필요하지만, 그런 공동체를 찾아보기 힘든 현실이 나를 슬프게 한다. 그들을 만날 때마다 그런 공동체는 어떤 모습이어야 할지 고민할 수밖에 없다.

그 고민 끝에 리더 공동체에 필요한 열두 가지 복음의 원리를 책으로 쓰게 되었다. 이 원리는 매우 관계적이다. 그것은 복음이 관계적이기 때문이다. 하나님 은혜의 복음은 마음과 손의 근본적인 변화가 관계 속에서 일어난다는 사실을 가르쳐준다. 이 책에서 소개하는 열두 가지 원리는 목회의 길을 함께 걸으며 내가 깊이 사랑하는 리더들에게 보내는 사랑의 편지다. 이 원리가 그들을 보호하여, 그들이 목회의 삶을 건강하고도 오래 영위할 수 있기를 바란다. 그리고 당신, 더 나아가 다음 세대의 크리스천 리더들도 그렇게 되기를 간절히 원한다.

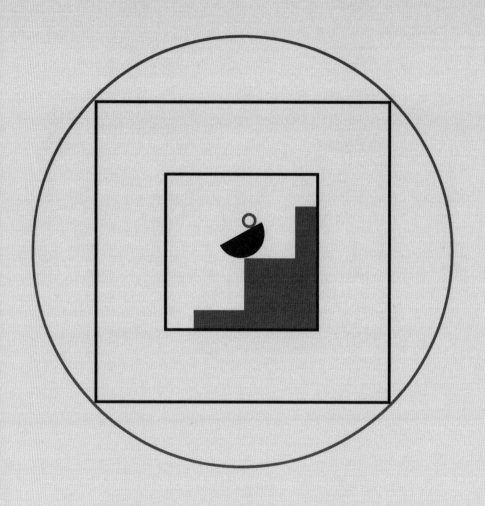

원리 1

성과를 내는 데만 집중하는 리더 공동체는
영적으로 병들기 쉽다.

1장

성과

   모든 리더는 하나님이 은혜로 공급하시는 자원이 절실히 필요한 상태에서 다른 사람들을 이끈다. 이 피할 수 없는 현실이 리더가 자신을 보고 처신하며, 하나님이 맡기신 일을 하는 방식에 큰 영향을 미쳐야 한다. 젊은 목사나 위기에 처한 목사 혹은 몰락한 목사만 은혜가 필요한 것이 아니다. 은혜는 시대와 나이, 장소와 사역의 종류를 막론하고 모든 사역자의 성공에 필수적인 요소다.

   다음 장에서는 리더 공동체가 하나님이 원하시는 복음의 공동체로 기능하는 것이 무엇을 의미하는지를 파헤칠 것이다. 이번 장에서는 성취라는 좋은 것이 어떻게 리더에게 나쁜 것이 될 수 있는지를 살펴보려고 한다. 성취가 우리 사역을 지배하면 나쁜 것이 된다. 물론 성취 자체는 훌륭한 것일 뿐만 아니라 꼭 필요한 것이다. 구원은 무엇보다도 성취에 관한 것이다. 만유의 주님만이 성취하실 수 있는 일, 즉 백성에게 은혜를 베풀고 신음하는 세상을 구속하며 회복시키는 일에 대한 불굴의 야망이 그분께 없었다면, 우리는 용서나 현재의 도움이나 새 하늘과 새 땅에 대한 그 어떤 소망도 품을 수 없었을 것이다.

하나님의 구원하는 은혜는 모든 자녀의 마음에 포부로 가득 찬 급진적 변화를 일으키도록 불을 붙인다. 멋대로 정의한 개인적인 행복을 성취하려고 고민하고 바라며 말하고 행동하던 데서 이제는 하나님이 이루시려는 일을 이루겠다는 마음을 다지게 된다. 그전에는 우리가 원하는 것에 야망을 품었다면, 이제는 하나님의 뜻을 행하겠다는 야망으로 불타오른다. 더 나아가, 하나님은 회심이라는 '이미' 이루어진 상황과 본향 입성이라는 '아직'의 상황 사이에서 하나님나라를 확장하는 일에 야망을 품으라고 말씀하신다. 인간은 성취하는 존재다. 즉, 건설하고 다시 건설하며, 키우고 확장하며, 뿌리를 뽑고 또 심으며, 허물고 세우고, 꿈꾸며 그 꿈을 성취하는 존재라는 뜻이다. 하지만 인간의 모든 야망과 성취는 주 예수 그리스도의 주 되심과 영광 아래에 놓여야 한다.

단, 무엇을 성취할지에 관해 우리가 품어야 할 마음을 올바른 방향으로 회복하는 일은 평생 지속해야 할 과정이다. 내가 하는 사역과 말이 언제나 하나님의 영광을 드러내고 그분 나라를 확장하고자 하는 진심 어린 열망에서 비롯된 것이라고 말할 수 있다면 얼마나 좋을까? 언제나 위의 것을 생각하는 마음으로 내 돈과 시간을 사용한다고 말할 수 있으면 얼마나 좋을까? 내 모든 생각과 포부의 중심에는 언제나 하나님이 계신다고 말할 수 있다면 얼마나 좋을까? 살아가며 성취하는 모든 일이 하나님의 존재와 영광을 가리키는 손가락이 되기를 원한다고 말할 수 있다면 얼마나 좋을까? 그러나 현실은 전혀 그렇지 못하다. 따라서 내게나 당신에게나 야망이 자리 잡은 마음속은 영적 전쟁터가 될 수밖에 없다. 교회 리더 공동체 안에서 하나님의 영광과 그분의 나라를 위한 야망은 부지불식간에 다른 무언가로 변형되기 쉽다.

어떤 영광인가?: 한 성공 스토리

그들은 젊고 야심 찼다. 복음을 사랑했고, 자신들이 사는 도시를 사랑했다. 하나님을 위해 위대한 일을 이루기를 간절히 소망했다. 복음을 말로만 전하는 것이 아니라 복음대로 사는 사람이 되고자 했다. 다양한 사람들의 복잡다단한 인생과 지역 사회를 예수님의 은혜로 온전히 변화시킬 수 있다고 믿었다. 또 악의 세상으로 끌려간 포로들을 구해내기 위한 하나님나라의 역사에서 크게 쓰이는 자들이 되고 싶었다. 그들은 교만하지 않았고, 언제나 하나님의 임재와 능력, 약속을 의지했다. 또 모일 때마다 복음의 메시지를 분명하고도 설득력 있게 전했다. 그 덕분에 많은 사람이 하나님을 높이는 예배 현장으로 모였다. 그들은 복음을 들고 거리로 나갔다. 거기서 은혜를 선포하기만 한 것이 아니라 지역 사회의 특정한 고통을 직접적으로 해결하는 구제 사업에 힘썼다. 열심히 사역하고, 큰 계획을 세웠으며, 하나님이 열매를 맺어주실 줄 믿어 의심치 않았다.

그들은 복음을 위해 큰 성취를 이루겠다는 계획을 세웠고, 그 계획을 끊임없이 보완하고 수정을 거듭하자 결과가 눈에 보이기 시작했다. 처음에는 작은 성과가 나타났다. 하지만 오래되지 않아 많은 사람이 그리스도께로 나아왔고, 지역 사회를 위한 사역이 주목과 환영을 받기 시작했다. 건물과 사역자 규모도 커졌다. 그래서 달성하려는 교인 숫자에 맞게 훨씬 더 큰 시설을 물색하고, 그 목표를 달성하기 위한 인력을 고용했다. 조직 안에서 아무도 눈치채지 못했지만 변화가 일어나고 있었다. 성취에 대한 교만이 하나님의 역사에 대한 감사를 넘어서기 시작한 것이다. 리더 모임에서 교제와 예배에 할애하는 시간은 줄어들고, 통계를 분석하고 전략을 다듬는 시간이 늘어났다. 리더들은 그리스도의 몸에서 점차 분리되었다. 그들은 속을 알 수 없고 다가가기 힘든 존재가 되어갔다. 그러다 보니 교인들은 리더들에게 문제가 있는지 알아챌 수도 없었고, 문제가 있음을 봐도 책임을 물을 수 없었다.

주일마다 여러 예배당에 수천 명이 모이고, 매년 수백만 달러의 헌금이 들어왔다. 리더 공동체는 기존의 겸손하고 은혜로운 문화와 전혀 다른 문화를 형성하게 되었다. 장로들은 더는 목사들의 목사나 교인들의 영적 지도자요 상담자가 아니게 되었다. 이 교회 위원회와 기업 이사회의 유일한 차이점은 모임 전에 짧게 말씀을 읽고 기도하는 것뿐이었다. 그리고 집사들은 구제에 힘쓰는 이들이 아니라 교회의 회계사나 자산 관리사처럼 보였다. 모든 토론과 비전의 중심은 성장과 돈이었다.

사역자들은 뭐든 성과를 떨어뜨릴 만한 일은 안 하려고 했다. 개인적인 문제나 사역의 실패를 용감하게 털어놓는 목사와 사역자는 별로 없었다. 성과를 내지 못하거나 리더 공동체 전체의 결정이나 가치에 의문을 제기하는 사역자는 재빨리 가지치기를 당했다. 많은 사역자가 낙심하고 지쳤지만 아무도 대놓고 불만을 토로하지는 못했다. 지쳐버린 목사와 사역자는 아예 사역을 그만둘 생각으로 사임했다. 리더 공동체가 더는 복음의 공동체로서 기능하지 못하는데 어떻게 교회가 신약에 나오는 교회처럼 될 수 있겠느냐고 묻는 사람은 아무도 없었다.

이런 일은 하루아침에 벌어지지 않았다. 의식적으로 혹은 의도적으로 이루어지지도 않았다. 미묘한 변화가 쌓이고 쌓여서 리더 공동체의 문화와 정신 자세, 가치가 완전히 바뀌어버렸다. 갈급한 사람들이 교회에 계속 찾아오고, 많은 사역이 꾸준히 성장하다 보니 점점 곪아가는 알맹이가 가려졌다. 교회는 단순히 옛 교회에서 덩치만 커진 상태가 아니라 전혀 다른 무언가로 변해 있었다. 리더들의 마음 자체가 변한 것이다. 성과를 이루었다는 교만과 특권 의식에 빠져 변질한 리더 공동체는 하나님이 은혜 가운데 키워주신 것을 망가뜨렸다. 혹시 당신의 리더 공동체는 하나님의 영광보다 성과의 영광을 더 추구하고 있지는 않은가? 리더들의 마음 그리고 리더들이 계획을 세우고 일하는 방식에서 하나님의 영광을 추구하는 모습을 찾아보기가 힘들지는 않은가?

복음 중심의 성과는 아름다운 것이다. 하지만 성과에 대한 욕구가 리더들의 마음을 지배하면 위험해진다. 성과를 추구하는 것이 위험 수준에 이르렀음을 알려주는 신호 아홉 가지를 소개하겠다. 이런 신호를 잘 보고 당신의 리더 공동체를 평가하라. 그리고 리더들은 이 신호를 솔직하게 자신을 평가할 도구로 삼으라.

성과의 욕구가 리더 공동체를 지배하면 위험하다

하나님이 우리에게 맡기신 일에 돈과 비즈니스적인 측면과 전략적인 계획이 필요하다는 점은 인정해야 한다. 교회가 수적으로 성장하면 더 큰 부지와 건물, 더 많은 시설 관리 비용, 관리자가 필요하다. 이것 자체가 나쁘거나 위험하지는 않다. 왜냐하면 이런 부분은 성장하는 사역을 지혜롭게 관리하기 위해 필요하기 때문이다. 하지만 이런 것들이 주가 되어서 우리가 변질되고, 우리 자신과 사역에 관한 생각이 바뀌어서는 안 된다. 목사와 사역 리더들이 종교를 표방한 기업의 이사회가 돼서는 안 된다. 또 우리가 교인들이 쉽게 다가갈 수 있는 겸손한 복음의 종에서 교만하고 다가가기 힘들며 조직적 성과만 추구하는 자들로 변해서는 안 된다.

교회의 성과를 내기 위한 계획이 항상 겸손한 복음 중심의 사역과 반대되는 것은 아니다. 하지만 사역의 성공과 수적 성장을 경험하면 적절한 균형을 유지하기가 쉽지 않다. 복음의 열정을 품은 겸손한 목사와 설교자와 리더들이 조직에 초점을 맞춘 행정가나 비전

가로 변질되면, 복음의 열정을 잃고, 그로 인해 교회나 사역이 휘청거리게 된다. 물론 하나님나라를 넓히려는 야망은 품어야 한다. 하지만 동시에 우리의 마음속에 죄가 있는 한, 성과는 목사와 리더들의 사상자가 널려 있고, 여전히 사역하는 많은 리더는 절뚝거리는 부상자로 쇠약해지는 영적 전쟁터임을 기억해야 한다. 이스라엘의 영적 역사가 던지는 경고에 귀를 기울이라. 이스라엘 백성은 약속의 땅이 주는 성공과 풍요를 맛본 뒤에 어떻게 되었는가?

> 내가 광야 마른 땅에서 너를 알았거늘 그들이 먹여 준 대로 배가 불렀고 배가 부르니 그들의 마음이 교만하여 이로 말미암아 나를 잊었느니라(호 13:5-6).

당신이 속한 사역 공동체에서 조직적인 성공을 추구하는 것이 주요 목표가 되었는가? 너무 빨리 대답하지 말고 깊이 고민해보라.

성과에 따라 리더를 정의하면 위험하다

예수 그리스도의 교회에서 사역자의 자격 요건은 우리가 흔히 진정한 리더의 요건으로 생각하는 것과 완전히 다르다. 교회나 사역 단체에서 누군가가 진정한 리더의 자질을 갖추었다고 선포했다고 가정해보자. 이 말을 사람들은 진정한 리더의 자질이 뭐라고 생각할까? 그 이야기를 들어보고 싶다. 사역에서 성과를 거둔 사람, 일을 추진하는 능력이 있는 사람, 재정을 잘 다루는 사람, 언변이 좋은 사람, 이력서가 화려한 사람에게 리더의 자리를 주어야 할까?

하나님이 디모데전서 3장 2-7절에서 밝혀주신 충성스러운 리더의 자질과 세상의 시각이 어떻게 다른지를 잠시 살펴보자. 영향력 있는 교회나 사역 단체에 꼭 필요한 리더는 어떤 자질을 갖추어야 할까?

- 책망할 것이 없음
- 한 아내의 남편
- 절제함
- 신중함
- 단정함
- 나그네를 대접함
- 가르치기를 잘함
- 술을 즐기지 않음
- 폭력적이지 않음
- 관용함
- 다투지 않음
- 돈을 사랑하지 않음
- 자기 집을 잘 다스림
- 새로 입교한 자가 아님
- 외인에게서도 좋은 평판을 얻음

사역의 장기적인 성공에 관해서 두 가지 점을 말하고 싶다. 첫째, 하나님은 그분의 나라와 신부인 교회를 사랑하시기 때문에 기본적으로 목사와 리더들이 성공하기를 원하신다. 다만 하나님의 눈에 목회에서 열매를 맺는 장기적인 충성은 겸손하고 경건한 인격에서 비롯한다. 이 리더십 품성들이 말해주는 두 번째 사실은 궁극적으로는 하나님이 성과를 이루신다는 것이다. 우리의 소명은 그분의 강하신 손에 들린 유용한 도구가 되는 것이다. 우리는 사역의 상황을 주권적으로 통제할 수 없다. 우리에게는 사람들의 마음을 변화시킬 능력이 없고, 우리가 하나님의 역사를 돕기보다는 오히려 방해될 때가 많으며, 미래를 예측할 수도 없고, 그래서 우리 스스로 사역의 성장이나 성공을 이룰 능력이 없기 때문이다. 우리는 인격 면에서 충성하도록 부름받았으며, 이 인격은 오직 하나님만이 우리 안에 맺어주실 수 있다. 구속의 은혜와 하나님나라의 확장은 어디까지나 하나님의 주권 아래 있다. 당신이 속한 리더 공동체가 인격을 갖추는 것보다 행동에 더 초점을 맞춘 부분은 무엇인가?

성과에 따라 성공과 실패를 정의하면 위험하다

리더 공동체가 성과에만 집착하면 실패를 잘못 정의하기가 쉽다. 실패는 원하는 결과를 얻지 못하는 것이 아니다. 이 타락한 세상에서 사역할 때 우리가 통제할 수 없는 것, 결과에 영향을 미칠 수 없는 것이 정말 많다. 좋은 계획에 따라 올바른 방법으로 열심히 또 기쁘게 사역해도 결과가 보장되지 않는다. 따라서 원하는 결과를 얻지 못했다고 해서 리더십이 실패했다고 결론 내려서는 곤란하다. 고린도전서 3장 7절에서 바울이 한 말을 기억하라. "심는 이나 물주는 이는 아무것도 아니로되 오직 자라게 하시는 이는 하나님뿐이니라."

진정한 실패는 언제나 인격의 문제다. 게으름, 교만, 절제의 부족, 형편없는 계획, 기쁨의 부족, 고난 중에 인내하지 못함에서 오는 실패야말로 진짜 실패다. 실패는 결과의 문제가 아니라 마음의 문제다. 하나님이 주신 시간과 에너지와 재능을 하나님이 맡기신 일에 투자하지 않는 것이 곧 실패다. 사역을 게으르고 불충하게 하는 것이 실패다.

리더 공동체가 지나치게 결과나 성과에 초점을 맞추면, 리더가 하나님이 주신 은사와 기회를 받아 충성스러운 청지기로 일했다고 해도, 원하는 성과를 거두지 못했을 때 그를 인정해주기가 쉽지 않다. 자신들이 뿌리고 물을 준 씨앗이 자라기 위해서는 철저히 하나님께 의존해야 한다는 사실을 잊어버리고, 엉뚱한 사람을 자리에 앉혔기에 열매가 나지 않는다고 생각하는 것이다. 그러면 성급하게 그 리더를 자리에서 내보내고, 거기에 앉힐 다른 사람을 찾는다. 충성을 다했지만 자신과 공동체가 원하는 결과를 이루지 못해, 자신을 실패자로 보는 목사와 리더가 얼마나 많은지 모른다. 사역에서 성패는 결과의 문제가 아니라 충성의 문제다. 하나님이 우리에게서 요구하시는 것은 바로 충성이다. 나머지는 전적으로 그분의 주권과 은혜의 능력에 달려 있다. 당신의 리더 공동체는 실패를 어떻게 정의하는가? 그에 따라 원하는 결과를 얻지 못한 리더들을 어떻게 보고 있는가?

성과 때문에 솔직한 대화를 나눌 수 없으면 위험하다

하나님이 예수 그리스도의 삶과 역사를 통해 우리를 위해 해주신 일 덕분에 우리 리더 공동체는 이 땅에서 가장 솔직한 공동체가 될 수 있다. 예수님이 우리의 힘이시기 때문에 우리는 거리낌 없이 약점을 고백할 수 있다. 우리의 모든 실패는 그리스도의 피로 덮여 있기에 우리는 부담 없이 실패를 고백할 수 있다. 또 오직 하나님만이 이루실 수 있는 성과에 대한 공을 가로채려는 유혹에서 해방될 수 있다. 우리는 우리의 정체성과 안정을 다른 사람이 아니라 주님에게서 얻기 때문에 서로 정중하게 이의를 제기할 수 있다. 또한 은혜로 화해할 수 있기에 잘못된 태도와 행동을 기꺼이 고백할 수 있다. 우리는 수직적으로만 발견할 수 있는 것을 수평적으로 찾을 필요가 없기 때문에 권력과 지위의 유혹에서 해방되었다. 그리스도의 사역 덕분에 이런 문제와 어떻게 씨름하고 있는지를 솔직하게 고백하고 이야기할 수 있다.

하지만 성과 중심의 리더 공동체에서는 이런 솔직한 대화가 나타나지 않는다. 어느 한 사람의 의도 때문이 아니라 리더 공동체 전체의 가치 때문에 이런 목소리가 막힌다. 성과 중심의 리더 공동체에서는 리더들이 약점을 고백하거나 실패를 인정하기를 두려워한다. 약점과 실패를 스스로 부인하고 다른 사람에게도 숨기게 된다. 리더 공동체 안에서 다른 리더들과 자주 만나면서도, 자신의 약점을 털어놓거나 사역 실패에 대한 두려움을 토로할 사람이 한 명도 없다는 한탄을 들을 때마다 얼마나 가슴이 아픈지 모른다. 함께 어깨를 맞대고 사역하는 동료들이 있는데도, 사역 공동체의 암묵적인 가치로 인해 자신의 문제점을 솔직히 고백하고 이해와 은혜를 구하기가 어렵다는 것이다.

사역 리더가 누구에게도 자신의 본모습을 보여줄 수 없다고 생각할 때 어떤 위험이 따르는지 생각해보라. 혼자서 강해질 수 있는 사람은 어디에도 없다. 우리는 모두 나름의 약점을 안고서 사역에 뛰어든다. 그리고 그 약점은 살아 있는 한 완전히 사라지지 않을 것이다. 우리에게 능력을 주시는 은혜가 필요하기에 하나님은 기꺼이 그 은혜를 우리에게 주신다. 하지만 자신의 약함을 부인하면 절대 좋은 결과로 이어지지 않는다. 우리는 모두 매일 어떤 식으로든 실패한다. 이런 실패는 하나님의 나라에 더 유용한 도구로 성장하기 위한 훈련일 경우가 많다. 말씀에서 우리는 서로 잘못을 고백하라는 명령을 받았다. 이 점에 관해서는 다음 장에서 더 자세히 이야기해보자.

숨기고 부인하며 두려워하는 행동은 사역 공동체의 영적 건강을 해친다. 영적으로 건강하지 않은 사역은 오래갈 수 없기 때문에 장기적인 성과를 거둘 수 없다. 당신의 리더 공동체에서는 개인적인 약점이나 실패를 고백할 때 다른 사람들이 은혜로 받아줄 것을 믿고 거리낌 없이 털어놓을 수 있는가?

성과 때문에 제자를 소비자로 보면 위험하다

교회 사역을 하다 보면 사람들을 키우기보다 교회를 키우게 될 위험이 있다. 시설을 늘리고 사역을 확장하며 연간 행사를 계획하는 일은, 예수 그리스도의 제자 공동체를 가꾸는 일보다 훨씬 더 즉각적인 만족감을 선사한다. 그러나 공동체 건설이라는 복음 사역에 자신을 쏟아붓는 일은 매우 고되고 마음고생이 심하다. 그래서 변화시키는 은혜로 점진적인 사역을 펼쳐 삶이 완전히 바뀐 사람의 수가 아니라, 세우고 관리하며 유지하는 교회 조직과 시설의 규모로 사역을 평가하고 싶은 유혹이 찾아온다.

물론 시설을 설계하고 세워야 한다. 프로그램도 개발하고 인력도 투입하며 행사 일정도 짜야 한다. 하지만 이런 것은 리더 공동체로서 부름받은 사역의 핵심은 아니다. 이런 일들을 위해 에너지와 노력을 과도하게 쏟거나, 대화와 결정 사항의 중심 주제로 삼아서는 안 된다. 또 이것을 기준으로 사역의 성공 여부를 평가하는 것은 더더욱 금물이다.

주님이 우리에게 맡겨주신 사람들이 예수님을 깊이 사랑하고 섬기며 제자로 성장하도록 돕는 데 우리의 열정과 에너지를 집중해야 한다. 이런 핵심 소명이 조직 구축보다 뒷전으로 밀리면 제자가 되어야 할 사람들이 소비자로 전락한다. 그들은 교회를 시설과 행사의 집합소로 보고, 마치 쇼핑하듯 자신이나 가족의 필요에 맞는 교회를 찾아다닌다. 그들에게 교회는 몸의 기관이나 팔다리처럼 삶의 필수적인 부분이 아니라 참석만 하면 되는 행사일 뿐이다. 일상에서 잠시 빠져나와 교회 행사를 즐기다가 끝나면 다시 삶으로 돌아가면 된다. 하지만 제자는 삶과 교회를 이런 식으로 분리하지 않는다. 제자에게 그리스도의 몸에 속하는 것은 단순히 모임에 참석하는 것이 아니라 정체성의 핵심이며, 그는 이 정체성에 따라 자기 삶의 모든 것을 새롭게 정의한다. 제자는 '교회'라고 불리는, 삶을 변화시키는 제자 공동체에 속했기 때문에 관계, 사역, 시간, 돈 등 모든 영역에서 변화된다.

이 과정은 단순히 시설 확충과 프로그램의 목표를 달성하는 일보다 더 어렵고, 더 많은 인내와 은혜가 필요하다. 복음은 그 이유를 말해준다. 우리는 교회 조직을 성장시킬 힘이 있지만, 사람들을 성장시킬 힘은 없다. 우리는 사람들을 성장시키는 일에서만큼은 전적으로 변화시키는 은혜에 의존해야 한다. 사람들을 성장시키시는 분은 우리 구주시다. 그분은 그 일에서 우리를 도구로 사용하시지만 어디까지나 그분의 시간표와 방식대로 역사하신다. 당신은 무엇을 키우고 있는가? 목표를 달성했다고 판단하는 기준은 무엇인가? 성과에 초점을 맞추면 제자로 세울 수 있는 사람들을 소비자로 전락시킬 위험이 매우 크다. 당신이 교회를 세운 방식, 리더로서 사역에 관해 생각하는 방식이 당신의 회중이 교회에 대해 생각하는 방식과 교회와의 관계 맺음에 어떤 영향을 미쳤는가?

성과 때문에 사람들을 장애물로 보면 위험하다

하나님을 위해 위대한 일을 이루겠다는 열심이 지나쳐서 사역의 대상이 되어야 할 사람들을 부정적인 태도로 대해서는 곤란하다. 그런데 우리가 섬겨야 할 사람들이 사역에 방해된다는 생각이 들 때 그런 태도를 취할 수 있다. 하나님은 교회를 이 타락한 세상에 두실 때 교회가 비효율적이고 다소 혼란이 있을 줄 아셨다. 하지만 하나님이 우리를 지혜와 능력을 벗어난 상황 속으로 이끄시는 것은 그분의 임재와 능력과 약속을 의지하게 만들기 위해서다.

다른 책에서 소개한 한 이야기를 다시 소개하고 싶다. 그 이야기가 이 점을 너무도 잘 보여주기 때문이다. 사역자들을 교육하던 중에 하나님이 내게 보내주셨던 엉망인 사람들에 관한 이야기를 하고 있었다. 그때 강의를 듣고 있던 한 참가자가 내 말을 끊었다. "목사님, 그런 이야기는 됐고요. 우리 교회에는 이런 '프로젝트'가 있습니다. 그 사역을 어떻게 할지에 관한 이야기나 해주시지요." 그에게 이런 사람은 사역의 대상이 아니라 방해물일 뿐이었다. 사역은 힘든 것이 너무도 당연하다! 교회는 망가진 세상에 사는 완성되지 않은 사람들이 모인 공동체이기 때문이다. 하나님의 용서와 변화시키는 은혜가 여전히 필요한 사람들이 모인 공동체가 바로 교회다. 그래서 교회가 리더나 교인에게 편안한 곳이 되는 게 핵심이 아니다. 교회는 개인의 변화가 이루어지는 곳이어야 한다.

리더로서 우리는 마음과 인생에 근본적인 변화가 필요한 사람들에게로 부름받았다는 사실을 한시도 잊지 말아야 한다. 동시에 우리도 그들처럼 하나님나라 일에 도움보다는 방해가 될 때가 많다고 고백해야 한다. 성과를 내는 데 급급해서 미성숙한 사람들을 인내와 은혜로 대하지 않으면, 교회는 절대 영적으로 성숙한 사람들이 모인 공동체가 될 수 없다. 교회의 리더들은 사람을 세우는 사역을 하는 사람들이다. 그렇게 하지 않는 것은 성경에 맞지도 않고, 위험하기도 하다. 혹시 당신이 사역을 잘못 정의한 까닭에 사역의 수혜자가 되어야 할 미완성의 사람들을 보고 대하며 이끄는 방식이 왜곡되지는 않았는가?

리더가 자기 힘으로 이룰 수 없는 성과에 대한 공을 차지하면
위험하다

교회 리더들에게는 실패하는 것보다 목표를 달성하는 것이 영적으로 더 위험할 수 있다. 성공에 성공을 거듭하여, 숫자가 늘어나고 사역이 확장되며 교회 규모가 커지다 보면, 하나님의 임재와 능력과 은혜로만 가능했던 일에 대한 공을 차지하고 싶은 유혹에 빠지기가 쉽다. 이런 유혹과 관련해 이스라엘 백성이 약속의 땅에 들어갔을 때 하나님이 하셨던 경고의 말씀이 생각난다.

> 네 하나님 여호와께서 네 조상 아브라함과 이삭과 야곱을 향하여 네게 주리라 맹세하신 땅으로 너를 들어가게 하시고 네가 건축하지 아니한 크고 아름다운 성읍을 얻게 하시며 네가 채우지 아니한 아름다운 물건이 가득한 집을 얻게 하시며 네가 파지 아니한 우물을 차지하게 하시며 네가 심지 아니한 포도원과 감람나무를 차지하게 하사 네게 배불리 먹게 하실 때에 너는 조심하여 너를 애굽 땅 종 되었던 집에서 인도하여 내신 여호와를 잊지 말고(신 6:10-12).

우리를 보내시고 우리의 노력에 열매를 더해주실 수 있는 유일한 분께 공로를 돌리지 않고 스스로 공을 차지하면, 찬양하고 기도하는 시간은 줄어들고 계획하는 시간은 늘어날 수밖에 없다. 리더들이 기도보다 계획에 더 힘쓰면 문제가 발생한다. 우리 스스로 맺지 않은 열매에 대해 공을 차지하는 것은 자신에게 없는 지혜와 능력과 의를 자랑하는 것이다. 그러면 자신을 부족한 자가 아닌 능력 있는 자로, 약한 자가 아닌 강한 자로, 하나님께 의지하는 자가 아닌 스스로 살아갈 수 있는 자로 여기게 된다. 자신의 성과를 자랑하면 교만한 리더가 될 뿐만 아니라 개인적으로 하나님을 만나고 그분의 백성과 교제하는 시간이 줄어들 수밖에 없다. 사역을 준비하고 계획하는 데 바빠서 묵상할 시간이 없어지고, 점점 그리스도의 몸 된 지체들에게 자신을 열고 도움을 받으려 하지 않을 것이다. 더 나아가, 성공으로 인해 교만과 특권 의식에 빠지면 자신이 이끄는 사람들은 엄두도 못 낼 사치에 빠질 위험도 있다(여기서 잠시 멈춰서 아모스 6장 1-6절을 읽어보라).

지금 예수 그리스도의 교회에는 사역에서 큰 성공을 거둔 뒤에 보통 사람들이 다가갈 수 없을 만큼 거드름을 피우는 리더가 너무도 많다. 하나님의 은혜를 선포하는 자들이 사역의 소명을 이룰수록 오히려 하나님의 은혜를 덜 의지하는 일이 많으니 실로 안타깝다. 하나님은 병들어 약해진 내 몸을 보게 하셔서, 그리스도에 대한 믿음이라고 여겼던 것이 전혀 믿음이 아니었음을 밝혀주셨다. 내가 믿음이라고 생각했던 것이 경험에 대한 교만, 성과에 대한 교만, 육체적 힘과 능력에 대한 교만이었던 경우가 너무 많았다.

이는 모든 리더가 마주하는 시험이다. 특히 하나님이 성공하게 하셨을 때 이런 시험에 빠지기가 쉽다. 여기서 짚고 넘어가야 할 점이 두 가지 있다. 첫째, 하나님이 우리를 사역 리더로 부르신 것은 우리가 아닌 그분께 능력이 있어서다. 둘째, 리더로서 우리가 두려워해야 할 것은 우리의 약함이 아니다. 하나님의 은혜가 충분하기 때문이다. 우리가 두려워해야 할 것은 스스로 강하다고 생각하는 자기기만이다. 이 기만에 빠지면 하나님의 은혜를 구하지도 않고 그 은혜에 감사하지도 않기 때문이다.

리더가 자기를 평가하는 주된 기준이 성과라면 위험하다

모든 인간은 끊임없이 자기 진단을 한다. 우리는 항상 자신이 잘 하고 있는지를 평가한다. 그리고 언제나 특정한 기준에 따라 개인적인 성과를 평가한다. 리더도 마찬가지다. 가끔 공식적인 평가를 하지만, 주로 미묘하고 암묵적인 방식으로 한다. 리더들은 수시로 자신의 전적을 돌아보고, 현재의 성과를 평가하며, 미래의 잠재력을 가늠한다. 이런 것은 전혀 잘못이 아니다. 합리적이고 생산적인 인간으로 살아가기 위해서는 이런 평가가 필요하다. 하지만 성과가 리더십의 주된 척도가 되면 위험해진다. 적절한 균형을 잃고 오직 성과에만 초점을 맞추면, 리더 공동체의 상태를 제대로 진단할 수 없다.

사역에서 장기적으로 열매를 맺는 것은 리더의 마음이 올바로 선 결과다. 경건한 리더들은 겸손한 마음이 하나님의 은혜의 능력과 약속의 신뢰성에 대한 강한 믿음이 짝을 이루고 있다. 따라서 그의 삶에 필연적으로 찾아오는 풍랑, 실패, 실망스러운 일을 이겨낼 수 있다. 겸손 덕분에 그들은 동료 리더들에게 늘 감사하고, 그들에게 자신을 투명하게 열어 보이며, 그들을 의지할 수 있다. 자신에게 하나님의 은혜가 필요함을 인정하기에 오직 하나님만 해주실 수 있는 일에 대한 공로를 가로채지 않는다.

물론 리더들이 자기 일을 열심히, 충성스럽게, 기쁨으로 하고 있는지 평가해야 한다. 그리고 우리는 복음과 하나님나라의 확장에 대한 열정을 품고 있기에 성과를 이루려고 최선을 다해야 한다. 하지만 내적 성숙보다 외적 성과를 중시해서는 안 된다. 몰락한 사역 리더들을 생각해보라. 그들 중에 성과를 내지 못해서 몰락한 경우는 거의 없었다. 몰락한 리더들이 실패한 원인은 열매를 많이 맺지 못해서가 아니라 언제나 인격의 문제였다. 혹시 당신의 공동체 리더들이 열매를 풍성히 맺고 있기 때문에 그들에게 더 깊은 영적 건강에 관한 질문은 던지지 않는 것은 아닌가?

성과를 내기 위해 계획이 기도를 대신하면 위험하다

교회의 모든 리더 공동체는 야고보서 5장 1-18절 말씀을 읽고 늘 되새겨야 한다. 사역의 열매는 우리가 탁월한 계획을 세우고 부지런히 실행한 결과가 아니다. 사랑의 하나님이 구원하고 변화시키는 은혜로 역사하신 결과다. 하나님이 열매를 맺으신다. 우리는 구속하시는 하나님의 손에 들린 도구일 뿐이다. 하나님이 우리를 그분께로 부르시고, 그분의 일을 위해 우리를 동원하시며, 우리 안에 헌신의 마음을 일으키시고, 우리 가슴에 비전을 불어넣으시며, 우리를 충성스러운 종으로 훈련하신다. 또 사람들을 우리에게 보내주셔서 그들을 지도하게 하시고, 그들이 복음을 듣도록 마음을 부드럽게 녹여주시며, 그들의 마음속에 회개와 믿음을 일으키시고, 그들에게 순종할 힘을 주신다. 결국 하나님이 그들의 삶을 변화시키시고, 그분의 일을 하도록 부르신다.

물론 계획은 세워야 한다. 또 하나님이 맡겨주신 사람들과 자원을 잘 관리하는 선한 청지기가 되려고 노력해야 한다. 그리고 우리가 제대로 사역하고 있는지 계속해서 평가해야 한다. 하지만 이런 것에 너무 많은 시간과 노력을 쏟는 바람에, 기도 시간을 리더 모임의 처음과 끝에 대충 형식적으로 끼워 넣어서는 안 된다. 앞서 말했듯이 리더 공동체에 기도가 없는 것은 언제나 자신의 것이 아닌 공로를 가로챈 결과다. 리더들이 기도 모임보다 전략 계획 모임에 더 집중하면 문제가 발생한다.

사역의 성과가 커질수록 더 기도해야 한다. 우리의 노력에 대한 성공을 주신 분께 영광을 돌리기 위해서다. 또 은혜 없이는 우리가 맡은 사역을 감당할 수 없다고 인정하고, 성공 뒤에 찾아오는 시험에서 보호해달라고 간구하기 위해서다. 당신의 리더 공동체는 기도 시간을 얼마나 중시하는가? 하루 혹은 주말 동안 얼마나 자주 함께 모여 기도하는가? 사역의 경험과 성공이 쌓이면서 하나님을 더욱 의지하게 되었는가? 정기적으로 기도회를 여는가? 혹은 가끔 '복을 세기 위한' 목적으로만 모이는가? 성공할 때마다 함께 하나님을 예배하는가? 그냥 자축하는가? 당신이 속한 리더 공동체는 계획이 핵심이고 기도는 부수적인 것으로 여기는가? 아니면 감사가 많고 겸손하며 늘 기도하는 공동체인가?

우리는 하나님의 이름으로 큰일을 이루고자 최선을 다하는 일꾼이어야 한다. 또 예수 그리스도의 복음 전파를 위해 날마다 더 큰 비전을 품는 리더여야 한다. 우리는 모든 면에서 하나님의 나라와 그의 의를 추구하고, 좋은 계획을 세워 부지런히 실행해야 한다. 그리고 복음을 위해 해야 할 일은 항상 더 있으므로 현재의 성과에 만족하지 말아야 한다. 하지만 동시에 성과가 영적 지뢰밭이라는 사실을 끊임없이 서로 일깨워주는 것이 좋다. 성과는 우리를 변질시킨다. 우리가 누구이며 무엇을 할 수 있는지에 관한 생각을 바꿔버릴 수 있다. 안타깝게도 성과는 겸손한 종 같은 리더들을 교만하고 고압적이며 거들먹거리는 작은 왕으로 탈바꿈시킬 수 있다. 하지만 이 시험 가운데서도 우리에게 임하는 강력한 은혜가 있다.

우리를 부르신 분이 우리와 동행하시며 우리에게 새 힘을 주신다. 그분이 우리의 잘못을 깨우쳐주시고 우리를 보호하신다. 우리 스스로 볼 수 없는 위험을 알아채도록 마음의 눈을 열어주시는 것이다. 그분은 우리의 심판관이 아니라 아버지요 친구로서 그렇게 해주신다. 그러니 그분께 담대히 나아가 어떤 부분에서 방황했는지 솔직히 아뢰고 도움을 구하라. 이 영적 전투에서 훌륭한 병사가 되기로 다시 결단하라. 우리가 스스로 싸울 수 없을 때라도 그분이 우리를 위해 싸워주신다는 사실을 늘 기억하라.

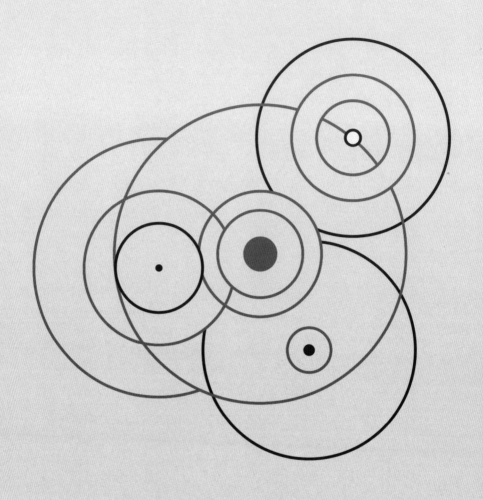

리더들이 하나님 은혜의 도구가 되려면,
서로의 삶에 그 은혜가 풍성해지도록 헌신해야 한다.

2장

복음

이 여성에게 나 자신을 쏟아부었다. 나는 우리 교회의 그 어떤 가정보다도 이 여성의 가정에 많은 시간과 노력을 투자했다. 솔직히 이제 예배가 끝나고 이 여성이 다가오거나 아내가 이 여성에게서 전화가 왔다고 말하면 겁부터 난다. '이번에는 또 뭐지?' 엉망진창인 그녀의 삶을 챙겨주는 것은 보통 힘든 일이 아니었다. 그녀가 때로는 은근히 때로는 대놓고 해오는 요구는 꽤 부담스러웠다. 하지만 고통 중에 있는 그녀를 끝까지 돕겠노라고 마음을 먹었다.

당시만 해도 내가 참을성과 이해심과 배려심이 많은 줄 알았다. 하지만 그 여성은 해도 너무했다. 나를 심하게 비판할 뿐 아니라 누구든 마음에 들지 않으면 가차 없이 삿대질해댔다. 그런 일을 당할 때마다 내 마음이 상했다. 나는 몹시 화가 났다. 이렇게까지 하면서 목회를 계속해야 하는지 의문이 들었다. 분노와 사투를 벌여 이길 때도 있었지만 무릎을 꿇을 때도 많았다. 이 여성에게 해주고 싶은 말을 머릿속에서 곱씹느라고 할 일을 제대로 못 한 적도 있었다.

나 자신을 가만히 두면, 나는 마음이 굳어져서 냉소적으로 변하거나 포기하고 빠져나갈 구멍을 찾는다. 하지만 나는 혼자가 아니었다. 나는 사랑으로 격려해주고 보호해주는 친밀한 복음의 공동체에 둘러싸여 있었다. 그 공동체 안에서 내가 겪는 일을 솔직하게 털어놓을 수 있었다. 사람들이 나를 은혜로 받아주리라는 확신이 있었다. 그들은 내 맹점을 인정해주고, 정죄 없이 내 시각을 바로잡아주려고 노력했다. 그들은 참을성과 인내심을 보여주며, 나를 점심이나 저녁에 초대하여 사랑 안에서 복음을 다시금 일깨워주었다. 자비의 팔이 나를 꼭 감싸안고서 나를 버리지 않았다. 당시에는 몰랐지만 지금은 분명히 안다. 그 공동체는 사랑과 친절, 솔직한 조언, 격려로 나를 보호해주었다. 사역의 리더로서 할 일이 산더미처럼 쌓여 있는 가운데서도 이 리더들은 언제나 내게 흔쾌히 시간을 내주었다. 한 번도 나를 귀찮아한다는 느낌을 받아본 적이 없다. 좀 과장일지도 모르겠지만, 그렇다고 해도 그리 심한 과장은 아니다. 이 리더 공동체의 섬김이 없었다면, 지금 나는 목회를 하고 있지 않았을지도 모른다.

아마 나와 같은 경험을 해본 독자가 많을 것이다. 교회의 리더로 오랫동안 섬겨왔다면 할 이야기가 많을 수밖에 없다. 예상치 못한 곳에서 날아오는 비난에 어리둥절했던 적이 있는가? 오랫동안 정성을 쏟아온 사람에게 배신당하지는 않았는가? 리더의 자격을 의심받은 적은 없는가? 누구보다 가까웠던 믿음의 형제자매들이 교회를 떠나는 모습을 보며 눈물을 훔친 적은 없는가? 오해를 받아 홀로 외로웠던 시기가 있었는가? 사역을 그만두고 다른 직업을 찾으려던 적은? 하다못해 교회를 옮기려고 했던 적은 없는가? 너무 큰 상처를 받고 얼마나 화가 나는지 솔직히 드러내기가 두려웠던 적은 없는가? 격려에 목이 말랐던 적은? 비난하지 않고 문제를 다루도록 곁에서 도와줄 사람을 애타게 찾았던 적은 없는가? 항상 즐겁고 만족스럽기만 한 리더는 없다. 누구에게나 힘든 사연이 있다.

교회의 리더 역할은 힘들다

사람들을 세우는 일에 평생 헌신하기로 했다면, 복음을 위해 고난을 받으라는 부름을 받아들인 셈이다. 교회의 리더라는 역할은 결코 편안하지도 예측할 수도 없다. 안정을 원한다면 교회 리더의 자리는 받아들이지 말아야 한다. 교회 안에는 여전히 죄를 품은 채 매일같이 영적 전쟁의 한복판에 있는 미완성의 사람들이 가득하다. 리더 공동체도 다르지 않다. 리더들도 죄가 없지 않다. 영적으로 모든 면에서 완벽히 성숙한 사람은 세상 어디에도 없다. 리더 공동체 안에 있는 사람들도 필요한 것을 교회에서 공급받아야 한다. 이처럼 리더 공동체 안이나 밖이나 망가진 사람들로 가득하다. 이것은 하나님의 뜻이다. 하나님은 교회나 사역 단체가 죄로 심각하게 망가져 있는 세상 속에 있음을 아시며, 우리가 섬기는 모든 사람이 미완성임을 아신다. 그래서 그분은 리더의 길이 어렵다는 것을 아신다. 하지만 이렇게 어렵고 복잡하며 예측 불가능한 사역의 길은 하나님이 은혜로 마련하신 훈련장이다.

오늘날 사역의 어려움을 겪으면서 낙심한 목사와 리더가 무수히 많다. 그들 중 많은 사람이 은혜의 공동체 기능을 하는 리더 공동체에게서 충고와 격려, 질책과 지원, 사랑을 받지 못해 결국 무너지고 만다. 사실, 사역 중에 겪는 어려운 일들은 하나님이 구속의 일을 하시는 데 필요한 것이다. 우리를 무너뜨리기 쉬운 일이 하나님의 손에서는 우리를 세우기 위한 도구로 사용된다. 또한 다 그만두고 싶게 만드는 일이 하나님의 손에서는 다가올 전투를 위해 우리를 강화하는 도구로 사용된다. 교회 조직으로서 거둔 성과는 구속자의 궁극적인 목표가 아니라, 더 크고 영광스러운 목표를 위한 수단이다. 궁극적인 목표는 그분의 백성을 구원하고 변화시키는 것이다. 따라서 핵심 리더 공동체는 리더들을 세심히 목회하는 공동체여야 하며, 목사들을 목회하기 위한 전략을 선교 전략만큼이나 중시하는 목회적 공동체여야 한다.

장기적인 복음의 열매라는 유산을 남기는 건강한 공동체는 무엇보다도 은혜의 공동체이기 때문에 오래 사역하며 열매를 누린다. 이리더십 공동체는 성과를 중심으로 형성되거나 기능하지 않고 철저히 복음 중심으로 움직인다. 리더는 어떤 사람인가, 리더에게는 무엇이 필요한가, 리더는 서로 어떻게 상호 작용해야 하는가, 리더 공동체는 어떻게 기능해야 하는가, 어떤 가치로 움직여야 하는가, 실망스러운 일과 실패를 어떻게 다루어야 하는가, 차세대 리더를 어떻게 찾아서 키워야 하는가? 이 모든 질문의 답이 복음에서 나와야 한다. 근본적인 가치와 운영 방식을 세상의 기업에서 차용하기 전에 먼저 예수 그리스도의 복음에 담긴 진리와 정체성, 지혜, 원칙을 바라봐야 한다. 리더들을 세우고 사명과 공동체와 방법론을 공고히 하는 일은 하나님의 은혜의 복음을 바탕으로 해야 한다. 복음은 과거의 구원과 미래의 소망에 관한 은혜를 뛰어넘는다. 복음은 우리가 교회와 사역 단체 안에서 다루는 모든 것을 바라보고 이해하기 위한 렌즈이자, 그리스도의 교회 안에서 리더로서 하는 모든 일을 어떻게 해야 할지에 관한 방향을 알려준다. 복음을 전하는 사역으로 부름받았다면, 리더로서 복음에 흠뻑 젖고, 복음을 중심으로 기능하는 공동체가 되어야 한다. 이 공동체가 구체적으로 어떤 모습인지 살펴보자.

복음으로 형성된 리더 공동체

복음의 공동체는 서로를 양육한다

아무리 큰 성공이나 명성을 얻은 리더라도 양육을 받아야 한다. 리더에게 왜 양육이 필요한지, 리더 안의 무엇을 양육해야 하는지, 그런 양육이 어떤 식으로 이루어지는지를 히브리서 10장 19-25절만큼 잘 보여주는 구절은 별로 없다. 먼저 영적으로 건강한 리더 공동체를 구축하고 키워가는 것은 정원을 가꾸는 것과 비슷하다고 말하고 싶다. 식물이 잘 자라려면 영양소가 풍부한 토양에 심겨야 한다. 그러고서 때마다 물을 주고 주기적으로 잡초를 뽑아야 한다. 그러지 않으면, 식물은 자라거나 꽃피우거나 열매 맺지 못한다. 교회나 사역 단체의 리더도 마찬가지다. 모든 리더의 마음과 삶과 사역은 예수 그리스도의 복음이라는 영양소가 풍부한 땅에 깊이 심겨야한다. 비옥한 토양인 복음에서 자신의 정체성과 의미와 목적을 찾고, 내적 평안과 소명 의식을 얻어야 한다. 리더는 건강한 식물처럼 보여도 계속해서 물을 뿌려주어야 한다. 아무리 영향력이 크고 영적으로 성숙한 것처럼 보여도, 모든 리더는 주변의 리더 공동체에서 지속적으로 영적인 돌봄을 받아야 한다. 그리고 그의 삶에는 다른 누군가가 뽑아주어야 할 잡초가 있다. 이 제초 작업은 언제나 공동의 일이다. 이제 큰 도움을 주는 히브리서 본문을 읽어보자.

> 그러므로 형제들아 우리가 예수의 피를 힘입어 성소에 들어갈 담력을 얻었나니 그 길은 우리를 위하여 휘장 가운데로 열어 놓으신 새로운 살 길이요 휘장은 곧 그의 육체니라 또 하나님의 집 다스리는 큰 제사장이 계시매 우리가 마음에 뿌림을 받아 악한 양심으로부터 벗어나고 몸은 맑은 물로 씻음을 받았으니 참 마음과 온전한 믿음으로 하나님께 나아가자 또 약속하신 이는 미쁘시니 우리가 믿는 도리의 소망을 움직이지 말며 굳게 잡고 서로 돌아보아 사랑과 선행을 격려

하며 모이기를 폐하는 어떤 사람들의 습관과 같이 하지 말고 오직 권하여 그날이 가까움을 볼수록 더욱 그리하자(히 10:19-25).

이 본문의 뒷부분부터 살펴보자. 영적으로 건강하고 생산적인 리더 공동체는 어떤 모습인가? 첫째, 이 공동체는 어떤 상황에서도 자신들을 보내신 분의 임재와 능력과 약속을 굳게 믿는 이들로 이루어져 있다. 그들은 지난 성공이나 자기 재능에 대한 자신감으로 사역하는 것이 아니라, 자신이 고백하는 진리로 불붙고 생기 있으며 형성된 확신과 용기로 사역한다.

사역은 영적 전쟁이므로 그들은 수직적, 수평적 사랑을 품고 살도록, 하나님이 부르신 선한 일에 시간과 노력과 자원을 쏟아붓도록 서로 격려한다. 이는 리더 공동체가 단순히 재정, 선교, 전략 계획을 세우는 모임이 아니라, 서로 더욱 복음에 대한 확신을 주고 사역에 더 헌신하게 해주는 모임이라는 뜻이다.

이제 이 구절의 전반부를 보자. 영적으로 건강하고 생산적인 리더 공동체에서 서로를 양육하는 일의 중심에는 계획이 아니라 예수님이 계신다. 예수님은 우리의 확신이자 소망이시며, 방향이요 길잡이이자 보호자시요, 그분의 교회를 이끌도록 부르신 자들을 궁극적으로 양육하시는 분이다. 예수님은 우리가 할 수 없는 일, 곧 하나님과 친밀하게 교제하는 일을 가능하게 해주신다.

이제부터 하려는 말은 정말 중요하다. 리더로서 우리는 단순히 기능적인 측면에서 협력하고 신뢰를 기르는 데서 그치지 말고, 서로를 구주께 더 가까이 이끌어야 한다. 단순히 선교적 차원에서 협력과 생산성을 위해 건강한 관계를 맺는 것을 넘어, 구주께 더 깊이 헌신하며 나아가도록 서로를 양육해야 한다. 모든 리더가 빠지기 쉬운 위험을 막아주는 가장 강력한 요소는, 동료 리더들과의 관계가 아니라 깊은 사랑으로 타오르는 예수님을 향한 마음이다.

예수님을 향한 사랑은 리더의 교만을 꺾으며, 리더들 안에 사랑을 일으키고 유지하게 해준다. 또 사역의 성과를 자화자찬할 이유가 아니라 예배할 이유로 보게 해주며, 사람이나 실패를 두려워하지 않게 해준다. 그러므로 우리는 서로 이 사랑을 키워주는 일을 멈추지 말아야 한다. 그러려면 삶과 사역에서 이 사랑을 최우선순위에 두고 모든 선택을 내려야 한다. 당신 주변의 리더들은 공동체에서 은혜의 성장을 이루어 복음을 위한 더 큰 열매를 맺게 되었다고 고백할까?

복음의 공동체는 솔직하다

야고보는 흩어진 교회에 쓴 편지에서 실천적인 기독교를 매우 구체적이고도 자세히 설명하는데, 거기에 다음과 같은 내용이 나온다.

> 믿음의 기도는 병든 자를 구원하리니 주께서 그를 일으키시리라 혹시 죄를 범하였을지라도 사하심을 받으리라 그러므로 너희 죄를 서로 고백하며 병이 낫기를 위하여 서로 기도하라 의인의 간구는 역사하는 힘이 큼이니라(약 5:15-16).

리더들이 주기적으로 자기 잘못을 고백하고, 서로 회복을 위해 기도한다는 개념이 너무 급진적이거나 비현실적이라고 생각하는가? 그래서 우리에게는 예수 그리스도의 복음이 필요하다. 이런 솔직함은 오직 복음으로만 가능하기 때문이다. 교회나 사역 단체의 리더들이 다른 사람의 이목을 두려워해서 입을 다물어버리면, 이렇게 서로 돕는 일은 이루어질 수 없다. 리더의 역할에 오롯이 집중하지 못하도록 방해하는 죄를 다른 사람에게 숨기면, 다른 사람에게서 받을 수 있는 도움을 못 받는다. 남들 눈에 약하거나 부족해 보일까 봐 두려워하면, 영적 건강에 필요한 도움을 못 받을 것이다.

모든 사람이 기억해야 할 현실이 있다. 모든 교회와 사역 단체의 리더 공동체 안에 죄가 있다. 모든 리더의 마음에 여전히 죄가 남아 있기 때문이다. 이 죄를 부인하고 다른 사람들에게 숨기는 리더가 있는가 하면, 죄가 있음을 인정하고 고백하는 리더도 있다. 리더 공동체에서 상급자나 동료에게 인정과 존중을 받는 것이 자기 자신이나 하나님이나 다른 리더들에게 솔직한 것보다 중요해지면, 죄가 싹트고 자라고 우리를 장악할 여지를 주는 것이다. 리더들이 무너지는 공동체는 대개 솔직한 고백을 권장하지 않고, 말로 표출할 수 없는 온갖 두려움이 사람들의 입을 다물게 만드는 곳인 경우가 많다.

나는 용서하려는 분위기가 형성돼 있고 중보기도를 열심히 하는 공동체에서 사역하고 싶다. 지치고 방황하는 상태, 믿음 없음을 솔직하게 고백했을 때 서로 도움을 주는 리더 공동체에서 사역하고 싶다. 리더들이 빠질 수 있는 우상이 무수히 많기에(지위, 권력, 성공,

찬사, 상 등) 이런 위험 요소에 대해 주기적으로 고백하고 서로 기도하는 시간을 마련해야 한다.

리더 공동체는 교회에서 영적으로 가장 성숙한 사람들이 모인 곳이어야 한다. 이 공동체 안에 죄를 고백하기를 두려워하는 분위기가 형성되면, 아무리 신학적으로 복음을 정확히 알아도 실제로는 복음 기억 상실증에 걸린 상태로 살 수밖에 없다. 하나님의 은혜의 복음은 개인적으로 혹은 공동체 안에서 죄를 솔직히 고백할 수 있게 해준다. 우리의 모든 죄가 예수님의 삶과 희생, 승리로 이미 해결되었다는 사실을 알고 신뢰하기 때문이다. 하나님의 은혜가 뒤덮지 못하는 어둠이란 없다. 죄를 숨기는 삶은 실로 피곤하게 사는 것이다. 꼬치꼬치 캐묻는 질문에 답을 지어내려면 여간 피곤하지 않다. 또 괜찮지 않은데 괜찮은 척하려면 심신이 피로하다.

영적으로 건강한 리더 공동체의 분명한 특징은 서로 속마음을 솔직하게 고백할 수 있다는 점이며, 그것이 주기적으로 이루어지고 핵심적인 요소로 자리 잡혀 있다. 당신의 공동체 구성원들은 죄와 약점, 실패를 솔직히 고백하기를 두려워하는가? 그렇다면 어떤 부분을 바꾸어야 할까?

복음의 공동체는 겸손하다

위대한 사도 바울은 비길 데 없는 믿음의 용기를 지닌, 복음 전도에 불타는 마음을 소유한 사람이었다. 하지만 동시에 그는 겸손한 리더의 본보기였다.

아마도 리더를 교만으로 몰아가는 가장 위험하고 강력한 유혹 중 하나는, 동료 리더들과 자신이 이끄는 사람들에게 실제보다 더 의로워 보이고 싶은 유혹일 것이다. 이 유혹에 넘어가면 대개 무의식중에 파괴적인 영적 변화가 나타난다. 하나님의 영광을 위해 살고 사역하던 사람이 점점 자신의 영광을 추구하게 된다. 자신이 하나님 앞에서 실제로 어떤 사람인지보다 남들에게 어떻게 비칠지가 더 중요해진다. 물이 한 방울씩 떨어져 바위의 모양을 바꿔놓는 것처럼 자신을 높이려는 욕구가 점점 마음을 바꾸어놓는다. 겸손이 지위, 찬사, 성공으로 인한 교만으로 대체되고, 다른 사람의 존경과 찬사에 목을 매게 된다. 교만에 빠지면 고백 대신 자랑이 나오고, 도움을 요청하는 대신 힘을 과시한다. 교회나 사역 단체 리더가 오랫동안 건강하게 사역하고 복음으로 꾸준히 열매 맺는 일은 겸손과 직접적으로 연관되어 있다.

겸손은 복음을 중심으로 살 때 열리는 열매다. 복음을 받아들인 사람은 겸손해진다. 복음을 통해 삶의 가장 큰 위험이 자신의 밖이 아닌 안에 있다고 고백하기 때문이다. 또 복음을 아는 리더는 가장 큰 문제가 자신임을 깨닫고 구원받기 위해 하나님께 달려간다. 아무리 오랫동안 하나님을 믿었고 그분의 일에 헌신했어도, 처음 그분을 믿었던 때만큼이나 여전히 자신에게 은혜가 필요함을 안다. 그래서 복음을 진정으로 아는 리더는 독립하거나 자립하려고 애쓰지 않고, 하나님과 그분이 속하게 하신 은혜의 공동체에 기꺼이 의존한다.

사도 바울만큼 복음에서 비롯한 겸손을 잘 보여주는 인물도 없다. 바울이 다른 사람 눈에 비친 자신의 평판과 명성을 지키려고 애썼다면 절대 다음과 같은 말을 하지 않았을 것이다.

> **형제들아 우리가 아시아에서 당한 환난을 너희가 모르기를 원하지 아니하노니 힘에 겹도록 심한 고난을 당하여 살 소망까지 끊어지고 우리는 우리 자신이 사형 선고를 받은 줄 알았으니 이는 우리로 자기를 의지하지 말고 오직 죽은 자를 다시 살리시는 하나님만 의지하게 하심이라 그가 이같이 큰 사망에서 우리를 건지셨고 또 건지실 것이며 이 후에도 건지시기를 그에게 바라노라 너희도 우리를 위하여 간구함으로 도우라 이는 우리가 많은 사람의 기도로 얻은 은사로 말미암아 많은 사람이 우리를 위하여 감사하게 하려 함이라(고후 1:8-11).**

이것이 위대한 믿음의 소유자가 한 말이라는 점을 생각해보라. 탁월한 은사와 신학적 지식이 풍부한 사도가 한 말이다. 이 정도 되는 인물이라면 하나님에 대한 확신과 복음을 전할 용기가 실로 대단해서 한순간이라도 의심이나 두려움이 찾아오지 않을 것 같다. 하지만 그의 겸손한 말을 들어보라. 그는 두려움과 절망, 자기 능력으로 해보려는 유혹이 있음을 고백했다. 그러나 그는 결국 소망이 자기 자신이 아닌 하나님께 있다는 사실과 그것을 그분이 다시 보여주셔야 할 필요성을 고백한다. 더 나아가 다른 이들의 기도가 여전히 필요하다고 말한다. 이렇듯 그는 우리가 바라보며 부러워해야 할 완벽한 모델이 아니라, 구속자의 놀라운 구원의 은혜를 들여다보게 해주는 창문 역할을 한다. 교만한 리더는 자신을 숭배하지만, 겸손한 리더는 하나님을 예배한다.

복음에 깊이 뿌리를 내린 리더 공동체에는 겸손이 흐른다. 그리고 그 겸손은 사람들 속에 단순히 리더에 대한 믿음보다 훨씬 더 깊은 확신을 낳는다. 즉, 구속자의 임재와 은혜에 대한 확신을 낳고, 더 나아가 모든 영광을 그분께 돌리며 살고자 하는 열정을 불어넣는다. 당신의 리더 공동체는 겸손한 공동체로 알려졌는가?

복음의 공동체는 인내한다

사역 리더로서 나는 인내하라는 야고보의 권고에 경각심과 격려를 동시에 느낀다.

> 그러므로 형제들아 주께서 강림하시기까지 길이 참으라 보라 농부가 땅에서 나는 귀한 열매를 바라고 길이 참아 이른 비와 늦은 비를 기다리나니 너희도 길이 참고 마음을 굳건하게 하라 주의 강림이 가까우니라 형제들아 서로 원망하지 말라 그리하여야 심판을 면하리라 보라 심판주가 문밖에 서 계시니라 형제들아 주의 이름으로 말한 선지자들을 고난과 오래 참음의 본으로 삼으라 보라 인내하는 자를 우리가 복되다 하나니 너희가 욥의 인내를 들었고 주께서 주신 결말을 보았거니와 주는 가장 자비하시고 긍휼히 여기시는 이시니라(약 5:7-11).

안타깝지만 나는 천성적으로 인내심이 많은 사람이 아니다. 나는 성취 중심, 일 중심적인 사람이다. 성격상 기다리는 것을 무척 힘들어한다. 그래서 기다리다가 짜증을 내는 경우가 많고, 나를 기다리게 만드는 사람이나 장소나 환경을 부정적으로 생각한다. 지금 내가 전보다는 잘 기다린다는 사실이 하나님의 변화시키는 은혜와 능력이 존재한다는 확실한 증거다.

모든 리더는 인내가 사역에 꼭 필요한 요소라는 사실을 이해해야 한다. 인내심이 부족한 리더 공동체는 리더들의 삶과 그들이 이끄는 사람들의 삶에서 하나님이 하시는 일에 방해가 될 뿐이다. 리더는 기다릴 줄 알아야 한다. 우리는 하나님이 의도하신 대로 돌아가지 않는 타락한 세상에서 살고 있기 때문이다. 세상이 망가진 탓에 우리가 아무리 완벽한 계획을 세워도 그 계획대로 되지 않을 때가 많다. 우리는 다른 사람의 말을 잘 듣지 않으려는 사람, 올바르게 생각하거나 행동하지 않는 사람, 잘 따라오지 않는 사람 등 불완전한 사람들을 이끌기 때문에 기다릴 줄 알아야 한다. 우리가 주권자가 아니기에 인내심을 발휘해야 한다.

사역의 목표를 달성하려면 우리가 통제할 수 없는 많은 것이 제자리를 잡아야 한다. 특히 우리는 성령님이 언제 우리가 이끄는 사람들에게 회개와 결단, 연합과 협력의 마음을 주실지 알 수 없다. 기다림은 우리를 성숙하게 하는 하나님의 주된 도구 중 하나이기 때문에 우리는 기다릴 줄 알아야 한다. 복음의 눈으로 보면, 기다림은 단순히 원하는 것을 받기까지 기다리는 것이 아니다. 기다림 속에서 하나님이 우리 안에 이루어가시는 선한 변화가 더 중요하다.

인내하며 기다릴 줄 아는 것은 복음으로 변화되고 있다는 확실한 증거다.

성취 후 교만에 빠지고, 성공을 정체성으로 삼으며, 능력이라는 우상을 숭배하면 조급함에 빠진다. 그런 조급함은 언제나 리더 자신과 그가 이끄는 사람들의 삶에서 나쁜 열매를 맺는다. 조급한 사람은 자신이 통제하지 못하는 것을 통제하려 하고, 자신이 변화시킬 수 없는 것을 변화시키려 하며, 자신이 움직일 수 없는 것을 움직이려 든다. 리더가 자신에게 없는 능력을 발휘하려 들면 절대 좋은 결과를 얻을 수 없다. 기다리기를 싫어하는 리더는 사람보다 계획과 일정과 목표를 더 중시한다. 그러면 사람들을 섬겨야 할 대상이 아니라 리더십을 발휘하는 데 걸림돌로 취급하게 되어, 그들의 은사가 적재적소에 쓰이지 못하게 한다. 사람들이 재능을 키워서 발휘할 시간과 여지를 주지 않고, 하나님이 그들의 마음속에 통찰과 의욕을 불어넣으실 시간도 드리지 않는 것이다. 리더가 권한을 위임하거나 이끌어주지 않고 강압적으로 밀어붙이면 두려움의 문화가 형성된다. 사역이라는 열차가 미친 듯이 달려갈 때 사람들은 두려움을 느낀다. 그 열차를 자신이 따라가지 못할까 봐 두려워하기도 하지만, 무엇보다 자신이 그 열차를 방해하는 걸림돌이 될까 봐 두려워한다.

하지만 리더의 마음속에 복음이 자라면, 그는 하나님의 주권적인 다스림과 지혜와 깨우치고 변화시키는 은혜, 교회를 향한 그분의 사랑, 약속을 지키시는 그분의 신실하심, 그분의 개입하심, 언제나 옳은 그분의 타이밍을 굳게 믿기에 조급해하지 않는다. 당신이 속한 리더 공동체에서 조급함은 하나님이 맡기신 사역을 어떻게 방해했는가?

복음의 공동체는 용서한다

복음을 중심으로 살아가라는 에베소서 4장 29-32의 권고보다 리더들에게 더 중요한 구절은 생각나지 않는다. 사역 공동체는 여전히 죄와 싸우며 은혜 안에서 자라가는 사람들로 이루어져 있다. 따라서 죄와 약함과 실패가 공동체의 연합을 뒤흔들고 사역을 방해할 것이다. 리더 공동체 안에서 죄와 실패를 다루지 않는 것은 불가능하다. 우리가 협력하는 모든 리더는 어떤 식으로든 우리를 실망하게 할 것이다. 나도 말과 행동으로 내 사역팀을 실망시킨 적이 많았다. 이런 상황에서 우리는 다른 사람의 죄와 약함과 실패를 용서와 회복시키는 지혜로 다룰 수도 있고, 그것에 은근한 거부나 원망, 서서히 타오르는 화나 비방, 맹렬한 분노로 반응할 수도 있다. 에베소서 4장은 실패를 다루기 위한 다양한 실천 방안을 제시한다.

> 그런즉 거짓을 버리고 각각 그 이웃과 더불어 참된 것을 말하라 이는 우리가 서로 지체가 됨이라 분을 내어도 죄를 짓지 말며 해가 지도록 분을 품지 말고 마귀에게 틈을 주지 말라…무릇 더러운 말은 너희 입 밖에도 내지 말고 오직 덕을 세우는 데 소용되는 대로 선한 말을 하여 듣는 자들에게 은혜를 끼치게 하라 하나님의 성령을 근심하게 하

지 말라 그 안에서 너희가 구원의 날까지 인치심을 받았느니라 너희는 모든 악독과 노함과 분냄과 떠드는 것과 비방하는 것을 모든 악의와 함께 버리고 서로 친절하게 하며 불쌍히 여기며 서로 용서하기를 하나님이 그리스도 안에서 너희를 용서하심과 같이 하라(엡 4:25-27, 29-32).

용서를 잘못을 보고도 고개를 돌리고 미끄러지게 놔두는 용인과 혼동하지 말아야 한다. 리더가 이런 식으로 반응하는 것은 자신에게 잘못한 사람을 사랑해서가 아니라 자신을 사랑해서 그런 것이며, 괜히 사랑으로 잘못을 지적했다가 어색한 분위기를 만들기 싫어서 그런 것이다.

바울은 서로 용서하라는 권고의 글을 시작하면서 참된 것을 말하라고 요청한다. 그리고 뒤에 가서 참된 것을 말하는 것이 무엇인지 구체적으로 설명한다. 그는 상황에 맞는 방식으로 상대방을 세우려는 마음이 밑바탕이 돼야 한다고 말한다. 즉, 문제를 일으킨 리더가 하나님의 자녀가 얻는 영광과 은혜에 다시 뿌리를 내리도록 도우려는 마음이 중심이 돼야 한다는 것이다. 실패의 시기를 지나는 이에게 다른 방식으로 말하는 것은 하나님의 눈에도 옳지 않고, 상대에게도 도움이 되지 않으며, 리더 공동체의 연합을 파괴한다.

따라서 우리의 분노를 흩어달라고 기도해야 한다. 당한 일을 마음에 너무 오래 담아두지 않도록, 원망이 자랄 틈이 생기지 않도록 기도해야 한다. 또 공동체 안의 다른 리더들에게 사랑 없는 말을 하고 싶은 유혹에 굴복하지 않게 해달라고 기도해야 한다. 부드러운 마음이 내 천성과 반대된다는 것을 인정한다. 나는 더 친절해지려고 노력하고, 의지적으로 빨리 용서해야 한다는 것도 안다. 그리고 당신도 이렇게 인정하고 고백하기를 바란다.

그런데 나를 향한 하나님의 놀라운 용서를 기억할수록 다른 사람을 용서할 마음이 솟아난다는 사실을 발견했다. 모든 리더가 직면한 상황은 다음과 같다. 영적으로 건강한 공동체를 이루려면 우리를 구해달라고 기도해야 한다. 자신의 실패보다 다른 사람의 실패에 더 초점을 맞추는 교만에서, 실망스러운 일을 겪을 때 옳지 못한 방식으로 말하는 성향에서, 실패를 계속 곱씹으려는 유혹에서 건져달라고 기도해야 한다. 그리고 친절과 용서와 은혜로 반응할 수 있도록, 성급하게 판단하고 분노하는 성향에서 구해달라고 간절히 기도해야 한다.

40년 넘게 사역을 이끌어온 경험을 돌아보면, 하나님이 나를 성장시키시고 사용하신 과정을 새삼 깨닫게 돼 흐뭇한 미소를 지을 때가 있다. 하지만 드문드문 후회스러운 순간도 있었다. 하나님이 이미 용서하신 줄은 알지만, 사람들의 머리와 귀에서 지워졌으면 하는 순간과 대화가 있다. 사역 리더로 일하는 동안 항상 복음의 추수만 했던 것이 아니었다. 특히 후히 받은 은혜를 동료 리더들에게 베풀지 못했던 것이 문제였다.

내가 이렇게 쓰는 것은 나만 그런 것이 아님을 확신하기 때문이다. 예수 그리스도의 교회 안에 분노한 리더가 너무도 많다. 리더들

사이에서 험담이 많이 오간다. 용서하기보다 정죄하기에 바쁜 리더도 너무 많고, 고된 사역을 하면서 부드러운 마음을 잃어버린 리더도 참 많다. 자기를 실망하게 한 사람들에게 재빨리 등을 돌려버리는 리더도 있고, 아직 미성숙한 젊은 리더가 성장할 여지를 주지 않는 리더도 많이 보았다. 그뿐만 아니라 자기 자신은 쉽게 용서하면서 남은 잘 용서하지 못하는 리더도 너무 많다. 그들에게서 용서는 찾아보기 힘들고 분노만 가득하다. 물론 이 중 무엇이 복음의 길인지 판단하기는 어렵지 않다.

리더 공동체에 용서하고 구원하며 변화시키고 구원하는 하나님의 은혜가 흘러넘쳐야 한다. 소셜 미디어를 잠깐 훑어만 보아도 우리가 얼마나 서로 가혹하게 비판하고, 불친절한 말을 쏟아내는지 절실히 느낄 수 있다. 이런 반응은 복음을 수호하는 것이 아니라 오히려 복음의 메시지를 변질시키고, 복음의 열매를 맺지 못하게 방해한다. 하지만 나는 낙심하지 않는다. 구원하고 회복시키시는 하나님의 능력을 굳게 믿기 때문이다. 나 자신뿐만 아니라 다른 많은 리더의 마음에서 그 은혜의 열매를 보았다. 그 은혜가 교회와 사역 단체의 모든 리더에게 새롭게 임하기를 간절히 기도한다. 당신이 속한 리더 공동체에서 개인적인 성장과 관계의 연합이라는 선한 열매가 맺히고 있는가?

복음의 공동체는 서로 격려한다

바울이 보여준 격려의 열정에 깊은 감명을 받으면서도 오늘날 교회와 사역 단체의 리더들에게서 이런 열정을 찾아보기 힘들다는 사실이 가슴 아프다.

> 우리가 너희를 위하여 기도할 때마다 하나님 곧 우리 주 예수 그리스도의 아버지께 감사하노라 이는 그리스도 예수 안에 너희의 믿음과 모든 성도에 대한 사랑을 들었음이요 너희를 위하여 하늘에 쌓아 둔 소망으로 말미암음이니 곧 너희가 전에 복음 진리의 말씀을 들은 것이라 이 복음이 이미 너희에게 이르매 너희가 듣고 참으로 하나님의 은혜를 깨달은 날부터 너희 중에서와 같이 또한 온 천하에서도 열매를 맺어 자라는도다 이와 같이 우리와 함께 종 된 사랑하는 에바브라에게 너희가 배웠나니 그는 너희를 위한 그리스도의 신실한 일꾼이요 성령 안에서 너희 사랑을 우리에게 알린 자니라 이로써 우리도 듣던 날부터 너희를 위하여 기도하기를 그치지 아니하고 구하노니 너희로 하여금 모든 신령한 지혜와 총명에 하나님의 뜻을 아는 것으로 채우게 하시고 주께 합당하게 행하여 범사에 기쁘시게 하고 모든 선한 일에 열매를 맺게 하시며 하나님을 아는 것에 자라게 하시고 그의 영광의 힘을 따라 모든 능력으로 능하게 하시며 기쁨으로 모든 견딤과 오래 참음에 이르게 하시고 우리로 하여금 빛 가운데서 성도의 기업의 부분을 얻기에 합당하게 하신 아버지께 감사하게 하시기를 원하노라 그가 우리를 흑암의 권세에서 건져내사 그의 사랑의 아들의 나라로 옮기셨으니 그 아들 안에서 우리가 속량 곧 죄 사함을 얻었도다(골 1:3-14).

복음에 기반한 격려의 본질과 내용을 다룬 이 아름다운 구절에 내가 더할 말은 별로 없다. 다만, 사역의 길에 고통과 실망이 가득하다는 말만 덧붙이고 싶다. 사역은 모든 리더의 마음에서 벌어지는 영적 전쟁이기 때문이고, 이 전쟁은 하나님이 의도하신 대로 기능하지도 않을 뿐만 아니라 우리에게 계속해서 유혹의 그물을 던지는 망가진 세상 속에서 이루어지기 때문이다. 리더 공동체에 누가 속해 있든, 그들이 어떤 일을 어디서 하든, 누구를 이끌고 있든 격려가 필요하지 않은 순간은 없다. 격려는 리더로 하여금 하나님이 이미 행하신 영광스러운 일과 더 큰 일을 행하실 수 있는 능력을 보게 한다. 이때 리더는 어떤 난관과 장애물 앞에서도 소망과 용기와 확신을 잃지 않을 수 있다. 격려는 리더의 눈을 복음으로 향하게 하여, 리더들이 낙심과 무기력에 빠지지 않게 해준다. 또한 복음적인 격려는 리더들이 성과를 이룬 뒤 교만해지지 않도록 막아준다. 공로를 받기 합당하신 분께 영광을 돌리기 때문이다. 그분은 물론 우리 주님이시다. 당신 주변의 리더들은 비판하고 정죄하기보다 격려에 더 힘을 쏟고 있는가?

복음의 공동체는 서로를 보호한다

영적인 유혹, 기만, 위험에서 리더들을 보호해주는 개인적인 영적 통찰은 공동체 전체의 통찰에서 비롯된다. 사람들을 오랫동안 잘 이끌기 위해서는 리더를 보호하는 공동체가 꼭 필요하다. 히브리서 기자가 이런 종류의 공동체를 어떻게 묘사하는지 보라.

형제들아 너희는 삼가 혹 너희 중에 누가 믿지 아니하는 악한 마음을 품고 살아 계신 하나님에게서 떨어질까 조심할 것이요 오직 오늘이라 일컫는 동안에 매일 피차 권면하여 너희 중에 누구든지 죄의 유혹으로 완고하게 되지 않도록 하라 우리가 시작할 때에 확신한 것을 끝까지 견고히 잡고 있으면 그리스도와 함께 참여한 자가 되리라(히 3:12-14).

우리 안에 여전히 남아 있는 죄는 우리를 눈멀게 한다. 사역 리더들에게도 영적으로 보지 못하는 맹점이 있을 수밖에 없다. 따라서 자신보다 자기를 더 잘 아는 사람은 없다는 생각을 버려야 한다. 우리 안에 여전히 영적으로 제대로 보지 못하는 부분이 있다는 사실은, 우리가 자신을 올바로 보지도 못하고 자신의 말과 행동을 제대로 평가하지도 못한다는 뜻이다. 자신에게 영적으로 보지 못하는 부분이 있음을 인정하지 않고 자기 관점이 무조건 옳다고 믿는 리더는, 그것을 볼 수 있도록 하나님이 보내주신 동료 리더들에게 겸손히 자신을 열어 보이지 않는다.

이처럼 우리는 스스로 보지 못하는 것들을 보게 해주는 사람들, 즉 사랑으로 서로를 보호하는 공동체가 필요하다. 개인적으로 얻는 영적 통찰이 하나님이 은혜로 주시는 열매라면, 복음적인 리더 공동체는 서로의 마음을 살펴주는 도구가 되어야 한다.

나 역시 내가 영적 소경임을 보지 못할 때가 많아서 이런 보호가 필요하다. 개인적인 영적 통찰을 얻는 은혜가 건강한 공동체에서 비롯된다는 히브리서 기자의 말을 겸손히 마음에 새겨야 한다. 당신이 속한 리더 공동체는 스스로 보지 못하는 부분을 보도록 도와줌으로써 죄의 기만에 빠지지 않게 서로 보호하고 있는가?

복음의 공동체는 서로 회복되게 한다

교회의 리더들은 영적 전쟁의 최전선에서 사람들을 이끌고 있기 때문에 사상자가 발생할 수밖에 없다. 따라서 모든 사역 리더는 회복하는 일에 온 힘을 기울여야 한다. 이 주제는 뒤에서 더 자세히 논할 것이다. 여기서는 야고보가 어떤 말로 편지를 마무리하는지 보고 넘어가자.

> **내 형제들아 너희 중에 미혹되어 진리를 떠난 자를 누가 돌아서게 하면 너희가 알 것은 죄인을 미혹된 길에서 돌아서게 하는 자가 그의 영혼을 사망에서 구원할 것이며 허다한 죄를 덮을 것임이라(약 5:19-20).**

사역 리더가 방황하거나 실패하거나 무너지면 그의 회복을 위해 함께 애쓰기보다는 그를 내보내는 것으로 상황을 종료하는 경우가 많다. 회복에 힘쓰는 것이 죄를 가볍게 여기는 것이라고 오해해서는 곤란하다. 복음적인 회복은 절대 죄를 축소하지 않는다. 이런 회복은 인격보다 효율성을 중시하지 않으며, 지위와 권력 앞에서 타협하지도 않는다. 또 사람의 마음보다 조직의 필요를 우선시하지도 않는다. 복음적인 회복은 하나님이 정해주신 사역 리더의 자격의 기준을 낮추지도 않는다.

　복음으로 마음이 부드러워진 리더는 자신이 죄에 빠질 수 있다는 점을 겸손히 인정하고 서로 용서하며 보호해준다. 정죄하고 등을 돌리기보다는 죄에 빠진 사랑하는 형제를 구하고 회복시키는 데 필요한 조치를 기꺼이 취한다. 이 주제는 10장에서 더 자세히 다루겠다. 당신이 속한 리더 공동체는 서로 회복시키려고 노력하고 있는가?

　사람들이 자기 지역과 세대에 복음을 전파하기 위해 시간, 노력, 자원을 쏟게 하려면, 리더들이 복음의 공동체로서 기능해야 한다. 즉, 함께 싸우기 위한 겸손, 큰일을 하기 위한 용기, 하나님나라의 일에 걸림돌이 되는 것들을 솔직히 고백하고 버릴 의지가 있어야 한다. 우리는 이미 큰 용서를 받았음을 기억하자. 우리가 자기 자신과 싸워야 한다는 자각조차 없을 때도 복음이 우리를 이끌어가도록 구주께서 우리를 위해 싸우고 계신다는 사실을 항상 되새기라.

원리 3

하나님이 정하신 은사, 시간, 에너지, 성숙의

한계를 인정해야 한다.

3장

한계

    원치 않게 내 속을 드러내고 말았다. 당시에는 창피했지만 마음 속에 있는 것을 직시하는 편이 결국 내게 유익했다. 당시 나는 많은 남성이 모인 콘퍼런스에서 강연하고 있었는데 초인적인 능력 하나 를 얻을 수 있다면 무엇을 선택하겠냐는 질문을 받았다. 남들은 하 늘을 날거나 놀랍도록 강한 힘을 발휘할 능력을 선택했지만, 나는 즉시 "일주일을 열흘로 늘릴 능력이 있었으면 좋겠네요"라고 대답했 다. 이 답에는 내가 한계를 싫어한다는 사실이 드러난다. 나는 시간 이 허락하는 것보다 더 많은 일을 하고 싶어서 더 많은 시간을 원한 다. 또 더 많은 일을 이루고자 더 많은 능력을 바란다. 연구하고 배 우는 데 많은 시간을 투자할 필요가 없도록 더 많이 지혜를 얻기를 원한다. 나는 무한하고 전능한 존재가 되고 싶다. 그렇다. 삶에서 하나님처럼 되기를 원할 때가 여전히 많은 것이다.

내가 하나님이 주신 한계에 절대 화를 내지 않는다고 말할 수 있다면 좋겠지만, 그럴 수 없다. 한계에서 벗어나고 싶은 유혹을 결코 느끼지 않는다고 말할 수 있다면 얼마나 좋을까? 또 한계를 무시했다가 대가를 치르는 실수를 더는 저지르지 않겠다고 말할 수 있다면 얼마나 좋을까? 그러나 현실은 그렇지 않다. 사역을 하다 보면 현실적으로 해낼 수 있는 일보다 더 많은 일, 혹은 힘에 부치지 않는 수준보다 더 많은 일을 해내려는 유혹이 찾아온다. 그뿐만 아니라 다른 사람들에게도 책임감 있게 해낼 수 있는 수준보다 더 많은 것을 요구하기도 쉽다. 리더가 자신이 하는 일이 사역의 성공에 절대적으로 중요하다고 생각한 나머지, 한계 이상으로 일하려 할 때도 있다.

그녀는 하나님이 주신 한계를 거부한 채 사역에만 몰두하는 남편을 둔 탓에 외로움과 좌절감에 시달리는 수많은 사역자의 부인 중 한 명이었다. 그녀는 남편이 점점 지쳐가는 모습을 지켜봐야 했다. 남편이 과중한 사역 때문에 운동, 잠, 건강한 공동체, 조용한 묵상의 시간, 좋은 식습관을 잃어가는 모습을 곁에서 봐야 했다. 가장 답답한 점은 남편이 점점 가정에 소홀해지는 모습을 하릴없이 지켜봐야 했다는 것이다. 그는 한계를 모르는 사람처럼 살며 일했고, 가족은 그 대가를 치러야 했다. 그녀는 이 문제로 남편과 이야기해보려고 했지만 그럴 때마다 남편은 방어적으로 나왔다. 남편은 하나님 일에 열심을 다하는 것이니 문제가 되지 않는다고 말했다. 자신이 하나님이 주신 재능을 힘껏 사용하고 있다는 것이다. 더불어 교회를 향한 사랑과 복음을 위한 열정, 하나님나라를 위한 헌신으로 살아가고 있다고 자신을 변호했다. 그러나 사실 그는 정신없이 달리느라 자신과 가족이 어떤 위험에 빠졌는지를 보지 못하고 있었다. 아내가 그 문제로 이야기하려고 할 때마다 분노하거나 상처받거나 낙심한 상태로 대화의 자리를 떠났다. 하지만 이번 주에 아내는 다시 대화하기로 마음먹었다. 이런 상태가 지속되어 필연적으로 일어날 일이 두려웠기 때문이다. 그녀는 이번에는 남편에 관해 말하지 않고 자신에 관해서만 말했다. 자신은 이제 지쳤다고, 더는 이런 식으로 살 수 없다고 말했다. 그리고 이렇게 결론지었다. "나와 사역, 둘 중 하나를 선택해요. 더는 이런 식으로 살 수 없어요."

내가 이런 이야기를 처음이자 마지막으로 들은 것이라면 좋겠지만 그렇지 않다. 너무도 많은 리더가 자신에게 한계가 있다는 사실을 잊거나 무시한 채 질주한다. 하지만 온 우주에서 한계를 모르는 존재는 창조주뿐이다. 하나님이 설계하신 모든 사람과 모든 것에는 한계가 있다. 만약 사람이 그 한계를 넘어서 살거나 사역하거나 사람들을 이끌려고 하면, 제대로 되지 않고 온갖 문제만 발생한다. 따라서 리더가 자기 한계를 알고, 그 한계에 따라 결정을 내리고 일을 해야만 영적, 육체적, 정서적으로 건강한 상태를 유지할 수 있다. 이처럼 모든 리더는 하나님이 주신 은사뿐 아니라 하나님이 정하신 한계도 있다. 겸손한 마음으로 이것을 기억하지 않고 둘 중 하나만 생각하면 위험해진다.

리더라고 해서 모든 것을 알지는 못한다. 모든 일을 할 수도 없다. 완벽히 성숙하지도 않고, 에너지가 무한히 있는 것도 아니다. 우리는 강점과 은사와 경험만을 지닌 존재가 아니라 약점도 안고 있는 존재다. 그래서 복음은 실로 큰 격려가 된다. 하나님이 우리를 혼자 보내지 않으시기에 우리는 한계를 두려워할 필요가 없다. 하나님은 우리를 보내시는 곳으로 함께 가신다. 우리의 약점은 하나님의 은혜가 펼쳐지는 장이기 때문에 그 약점을 저주할 필요가 없다. 하나님은 전능하시기에 우리의 미성숙한 부분을 숨기거나 부인할 필요가 없다. 우리의 한계와 약점은 하나님이 우리를 통해 하실 수 있는 일에 방해가 되지 못한다. 그 일을 방해하는 것은 자신의 한계를 부인하고 자기 힘을 착각하는 우리 자신이다.

하나님이 창조주의 지혜 가운데 우리를 위해 정하신 네 가지 한계 영역을 살펴보자. 이 한계를 늘 기억하고 겸손히 인정하면, 리더 공동체가 계획을 점검하고 일을 할당하며 조직의 건강을 평가하는 데 도움이 된다.

네 가지 한계

은사에 한계가 있다

그리스도의 몸 안의 은사들에 관한 바울의 가르침에서 은사에 한계가 있다는 사실을 분명히 이해할 수 있다(엡 4:1-16과 고전 12:4-31을 보라). 인간의 몸에 관한 바울의 묘사는 은사의 한계를 분명하게 보여준다. 눈은 보는 것을 위해 특별히 설계되었고, 그로 인해 물건을 집을 능력은 없다. 설계 자체가 한계를 결정한다. 그리스도의 몸이 받은 다른 모든 은사도 마찬가지다. 따라서 사역을 위해 하나님이 교회 리더에게 주신 은사에도 모두 한계가 있다.

그 어떤 리더도 모든 것을 알거나 모든 일을 하도록 설계되지 않았다. 어떤 리더도 홀로 사역을 해서는 안 된다. 리더가 다른 사람을 지배하려는 성향이 강해서 다른 이들이 은사를 표출할 기회를 주지 않고, 자기에게 은사가 없는 일까지 하려고 하면 위험한 상황이 발생한다. 아무리 강력한 은사를 지닌 리더라도, 자신을 조직에서 가장 똑똑한 사람으로 생각해서는 안 된다. 똑똑함에도 여러 종류가 있다. 리더는 자신의 전문 영역이 아닌 다른 영역에서 똑똑한 사람들의 도움이 필요하다. 이처럼 사역은 서로 존중하는 겸손한 공동체를 통해 이루어져야 한다. 하나님이 우리에게 주신 모든 은사에는 한계가 있기 때문이다. 나는 하나님의 은혜로 영향력 있는 리더가 되었다. 하지만 매일 내게 없는 은사를 가진 동역자들이 할당해준 일을 한다. 나 혼자 모든 대화를 주도하고 모든 결정을 내리며 모든 일을 할당하려고 한다면, 그것은 어리석고 교만한 짓이다.

그러므로 리더는 자기 은사가 어느 영역에 있는지뿐 아니라, 어느 영역에 은사가 없는지도 정확히 파악해야 한다. 자기 은사의 한계를 겸손히 인정하는 사람만이 은사가 없거나 부족한 영역에 걸맞은 은사와 강점을 지닌 사람들을 포진시킬 수 있다.

내가 볼 때 사역 리더들의 공동체가 무너지는 이유는 자기 재능의 한계를 인정하지 않고, 하나님이 동료 리더들에게 주신 재능을 무시하며, 자신이 약한 영역에서도 강하다고 착각하는 지배적인 리더들을 우상화하기 때문이다. 그런 리더는 자신이 하도록 설계되지 않은 일을 하려 들고, 자신이 관리하도록 계획되지 않은 일을 관리하려고 하며, 서로 존중하며 각기 다른 은사를 지닌 리더 공동체 안에서 함께 할 수 있는 일을 홀로 하려고 한다. 자기 은사에 대한 교만과 다른 이들의 은사에 대한 무시가 만나면 그야말로 재앙이다. 독단적이고 지배적인 리더십은 그리스도의 몸의 본질과 그 몸을 이끌기 위해 하나님이 부르신 이들의 은사에 관한 성경의 가르침을 사실상 부인하는 것이다.

하나님이 주신 은사에는 한계가 있다. 따라서 열매를 맺는 사역은 언제나 다른 사람들의 은사를 존중하고 서로 협력하는 공동체 안에서만 나타난다. 또 은사에 서열을 매겨서는 안 되며, 어느 한 은사만 중시해서도 안 된다. 리더들은 서로의 은사를 개발하고, 자신과 다른 은사가 있는 이들의 지혜를 기꺼이 따를 줄 알아야 한다. 겸손한 리더는 자신과 똑같이 사역하는 사람이 아닌 자신에게 없는 은사를 지닌 리더들을 곁에 둔다. 그는 자신과 다른 영역에서 똑똑하고, 자신이 약한 영역에서 강점을 보이는 리더들에게 둘러싸여 있다. 이런 겸손한 리더들로 구성된 공동체는, 지배하려는 성향이 강한 리더가 결코 맺을 수 없는 좋은 열매를 오래도록 맺을 수 있다. 어떤 리더든 하나님이 자신에게 맡기신 일을 하기 위해서 다른 사람들의 은사가 별로 필요하지 않다고 말하는 것은 다 비성경적이다.

리더의 은사에 관해서 또 고민해봐야 할 문제가 있다. 우리는 누구보다 뛰어난 은사를 소유한 리더들이 그 은사로 인해 자신이 남들보다 높은 권력과 지위, 더 수준 높은 라이프스타일을 누릴 자격이 있다는 착각에 빠지는 모습을 너무 많이 봐왔다. 뛰어난 재능을 받았다면 그 공은 어디까지나 그 재능을 주신 분께 돌아가야 한다. 오직 그분만이 우리의 예배와 감사를 받을 자격이 있으시다. 우리는 그저 그분께 받은 재능을 잘 관리해야 하는 청지기일 뿐이다.

재능을 받는다는 개념은 나에 관한 중요한 사실을 말해준다. 즉, 나는 스스로 충분하지 않고 부족하고 의존적인 존재라는 것이다. 나는 하나님께 은사를 받지 않고서는 그분의 일을 할 능력이 조금도 없다. 은사는 어디까지나 하나님이 주신 선물이기 때문에 나 자신에게 공을 돌릴 수 없다. 내가 재능이 있다는 이유로 인간의 복종이나 찬사를 받을 자격이 있는 것은 아니다. 내 은사는 나 자신이 아니라 그것을 주신 분을 가리키기 때문이다. 따라서 은사가 좀 있다고 교만하게 자랑하지 말아야 한다. 내가 특권을 누릴 자격이 있다고 생각하지 말아야 한다. 그리고 내가 받은 은사는 다른 사람들의 은사 없이 독단적으로 기능하도록 설계되지 않았다. 영향력 있는 리더들이 하나님께 받은 은사 없이는 결코 해내지 못했을 일에 대한 공을 가로채는 모습을 볼 때마다 안타깝기 그지없다. 리더들이 권력과 찬사, 사치스러운 삶을 누리기 위해 은사를 사용하는 모습을 볼 때마다 가슴이 아프다.

우리의 은사를 특권으로 가는 통로로 보지 말고, 기꺼이 고난받

으라는 부름으로 봐야 한다. 무슨 말인지 설명해보겠다. 물론 복음
을 전하고, 하나님의 자녀를 제자로 키우며, 그분의 교회를 이끌도
록 은사를 받은 것은 크나큰 영광이다. 하지만 야고보의 말을 들어
보라. "내 형제들아 너희는 선생 된 우리가 더 큰 심판을 받을 줄 알
고 선생이 많이 되지 말라"(약 3:1). 누가가 한 말도 들어보라. "무릇
많이 받은 자에게는 많이 요구할 것이요 많이 맡은 자에게는 많이
달라 할 것이니라"(눅 12:48). 사역 리더의 재능에는 막대한 책임과
부담이 따른다. 부담과 책임, 하나님의 의로운 심판의 크기는 그분
께 받은 은사의 크기와 정비례한다.

사실, 하나님이 우리에게 사역을 이끌기 위한 은사를 주시는 것
은 고난으로 부르시는 것이기도 하다. 우리는 은사로 인해 남들은
경험하지 않는 종류와 강도의 시험을 경험한다. 은사에는 공적인
측면이 있기에, 은사가 있는 리더는 위험한 아첨과 가혹한 비판을
듣게 된다. 사역을 하며 받는 다양한 요구 때문에 개인적인 신앙생
활을 소홀히 하게 될 수 있다. 공적인 사역에 몰두한 나머지 가정과
친구라는 사적인 측면을 무시하고 싶은 유혹이 찾아온다. 자신에게
는 재능이 너무 많아서, 재능이 적거나 자신이 원하는 대로 따라주
지 않는 사람들을 몰아붙이고 그들에게 짜증을 내고 싶은 유혹도
느낀다. 재능을 영적 성숙과 혼동할 위험도 있다. 그렇다. 재능을
받은 것은 그것을 주신 분을 위해 그리고 그분이 우리를 통해 이루
시려는 일을 위해 고난받도록 부름받은 것이다(고후 1:3-11을 보라).

모든 면에서 은사를 받은 리더는 없으며, 모든 리더는 받은 은사

로 인해 고난을 받는다. 하나님이 주신 은사의 한계 그리고 그 은사에 따르는 책임과 고난을 깨닫는 것은, 열매를 맺고 유지할 뿐 아니라 영적 건강을 유지하는 사역 공동체를 이루기 위한 필수 요소다. 하나님이 주신 은사의 한계를 겸손히 깨닫는 리더는 서로 존중하고 감사하며 기꺼이 협력하는 사역 문화를 만들어낸다.

시간에 한계가 있다

누구에게나 시간은 정해져 있다. 우리에게는 시간에 대한 결정권이 없고, 시간의 한계에서 벗어날 능력도 없다. 하나님의 모든 피조물에 적용되는 시간 구조는 창세기 1장에서 발생했다. 창조주의 처음이자 정말 중요한 행위 중 하나는 7일의 구조와 안식일 제도를 정하는 것이었다. 리더가 이렇게 정해진 한계를 무시하면, 영적, 관계적으로 건강한 상태를 유지하며 장기적으로 사역할 수가 없다. 너무도 당연한 말이지만 늘 되새겨야 할 중요한 사실이 있다. 누구도 하루에 서른 시간을 쓸 수 없고 일주일에 9일을 쓸 수 없다는 것이다. 그리고 영적으로 얼마나 성숙했든, 얼마나 많은 리더의 도움을 받고 있든 상관없이 우리는 모두 안식일의 쉼이 필요하다.

하나님이 우리를 위해 정하신 모든 한계는 우리를 정확히 알고서 정하신 것이다. 하나님은 우리가 어떻게 살도록 설계되었는지를 아시며, 우리가 해낼 수 있는 것 이상을 요구하지 않으신다. 그러므로 한계는 하나님의 지혜를 드러낼 뿐 아니라 그분의 사랑을 보여준다. 그래서 한계는 감옥이 아니라 은혜다. 리더 공동체의 리더들에게 주어진 시간 내에 해낼 수 없는 일은 주지 말아야 한다. 주기적인 안식 없이 매일 산더미처럼 쌓인 일을 해내라고 요구하지 말아야 한다. 영적으로 건강한 리더 공동체가 되기 위해 고려해야 할 것 중에서 하나님이 피조 세계를 위해 처음부터 정하신 시간의 한계보다 더 중요한 것은 별로 없다.

시간의 제약에 관해 또 한 가지 짚고 넘어가야 할 점이 있다. 이 제약은 아직 죄로 훼손되어 복잡해지기 전의 세상과 그 안에 속한 사람들을 위한 하나님의 완벽한 계획의 일부였다는 점이다. 망가지지 않은 완벽한 세상의 죄 없는 사람들에게도 이런 제약이 필요했는데, 혼란스럽고 깨어졌으며 실망스러운 일과 유혹이 밀려오는 세상에 살며 두 마음을 품는 죄성과 상충하는 욕망과 씨름해야 하는 우리에게는 이런 제약이 얼마나 더 필요하겠는가. 죄는 하나님의 지혜와 사랑에서 비롯한 경계를 거스르게 한다. 죄는 우리의 연약함을 부인하고, 자신이 감당할 수 있는 것보다 더 큰 힘을 추구하게 한다. 또 죄는 우리가 하나님보다 더 잘 안다고 착각하게 한다. 그래서 우리는 하나님이 필요하다고 말씀하시는 것이 필요 없다고 주장하게 된다.

하나님이 주신 시간의 한계를 인정하고 받아들이는 리더 공동체의 중요성을 좀 더 쉽게 설명해보겠다. 머릿속에 그림을 그려보자. 삼각형을 그린 다음 그 안에 세 개의 원을 같은 크기로 맞닿게 그려보라. 원 하나는 꼭대기 쪽에 위치하고, 다른 두 개 원은 삼각형 바닥의 양쪽에 위치한다. 삼각형 안의 세 원은 우리 삶의 세 가지 영역을 의미한다. 맨 위의 원은 우리의 영적 삶이다(물론 삶의 모든 것이 영적이기는 하지만). 즉, 개인적인 예배, 헌신, 영적으로 훈련하는 삶이다. 바닥의 왼쪽 원은 우리의 관계적 삶이다. 즉, 가정과 양육, 그리스도의 몸, 친구, 이웃과 관련한 삶이다. 바닥의 오른쪽 원은 우리의 일과 관련된 삶이다. 즉, 복음 전도와 교회 리더로서의 사역이다. 여가와 쉼의 안식일과 함께 이 세 가지가 우리의 7일, 24시간을 채우는 주요 영역이다. 소명과 책임의 원들이 교차하는 이 피라미드의 위와 아래, 좌우는 아무것도 없다. 하루가 29시간이거나 일주일이 10일인 사람은 어디에도 없기 때문이다.

자, 계속해서 들어보라. 이는 우리의 삶에서 이런 영역 중 하나가 늘어나도 밖으로 뻗어나갈 수는 없다는 뜻이다. 하나님은 하루에 24시간과 일주일에 7일만 주셨기 때문에 우리가 그 이상의 시간을 사용할 수는 없다. 따라서 이 세 원 중 하나가 커지면 다른 원들이 줄어들 수밖에 없다. 우리가 자신도 모르게 하나님이 주신 시간의 한계를 무시하면, 다른 중요한 영역에 투자할 시간을 줄이지 않고는 감당할 수 없을 만큼 많은 일을 맡게 된다. 사역이 너무 많아져 가족과 함께하는 시간이 줄어드는 바람에 망가진 사역자의 가정이 얼마나 많은가. 사역이 늘어나면 배우자, 자녀 양육, 교회 식구들과의 교제, 이웃 섬김에 쏟을 시간이 줄어들 수밖에 없다.

그리스도의 몸을 이끄는 리더로서 우리는 가족과 사역이라는 두 마리 토끼를 잡는 일이 불가능한 것처럼 굴지 말아야 한다. 하나님은 더없이 지혜롭고 사랑과 인내가 많고 인자하시기 때문에 절대 우리를 그런 진퇴양난의 상황 속에 두지 않으신다. 우리는 늘 더 많이 하려는 리더십 문화를 거부해야 한다. 그런 문화는 비현실적인 기대와 성과에 대한 우상숭배와 온갖 나쁜 열매로 이어진다. 전에도 이 주제에 관해서 글을 쓰고 강연했지만 여기서 다시 지적하고 싶은 점은, 사역과 가정 사이의 긴장에 관한 장황하거나 상세한 논의는 신약 성경에서 찾아볼 수 없다는 것이다. 우리는 그런 긴장을 당연하게 여기지만 말이다. 신약에서 그런 논의를 찾아볼 수 없는 것은 우리가 다른 영역을 소홀히 하거나 무시할 정도로 한 영역에 집중하는 것이 주님의 뜻이 아니기 때문이다. 그런 긴장이 세상에 흔한 이유 중 하나는 하나님이 지혜와 사랑 가운데 정해주신 시간의 한계를 무시하거나 부인하는 우리의 그릇된 성향 때문이다. 사역에 헌신하고 많은 열매를 맺으면서도 영적, 관계적으로 건강한 가정(과 우정)을 가꾸는 일은 분명 가능하다.

시간의 한계는 사역이 언제나 공동체 안에서 이루어져야 하는 또 다른 이유다. 어떤 리더도 하나님이 맡기신 다른 영역들을 잘 챙길 수 없을 만큼 많은 사역을 맡아서는 안 된다. 주변의 리더들이 너무 오랜 시간 힘들게 일하고 있는가? 그들이 맡은 사역의 책임이 삶의 다른 영역들과 긴장을 일으키고 있는가? 이 상황을 점검할 체계적인 방법을 세웠는가? 그들이 지쳤는가? 그들이 번아웃 증상을 보이고 있는가? 그들의 주변 관계가 어떤 상태인지 파악하기 위해 그들의 아내나 친구들과 이야기해본 적이 있는가? 그들이 경건의 시간과 성경 공부, 기도 생활에 적절한 시간을 투자하지 못할 만큼 바쁜가? 리더 공동체 전체가 이 문제를 두고 수시로 논의하는가? 리더들에게 안식일을 제공하고 있는가? 리더들이 함께 모이는 자리에서 시간에 관한 이야기가 얼마나 자주 나오는가? 리더들의 삶 속에서 사역의 성과를 위한 열정이 관계적인 건강과 영적인 건강을 위한 열정과 적절한 균형을 이루고 있는가? 하나님이 정하신 시간의 한계를 생각하면, 당신이 속한 리더 공동체에서 무엇이 바뀌어야 하는가? 영적으로 건강한 리더 공동체는 언제나 하나님이 정하신 시간의 한계를 생각하며 사역한다.

에너지에 한계가 있다

처음부터 분명히 말하자면, 에너지가 무한히 샘솟는 사람은 아무도 없다. 우리는 모두 특정한 약점이 있는, 에너지의 유한성을 지닌 존재다. 그래서 철저히 하나님의 은혜로 살아가야 한다. 영적으로 건강해서 장기적인 사역의 열매를 맺는 리더 공동체는 하나님이 모든 리더를 이원적인 존재로 창조하셨다는 사실을 분명히 인식하고 있다. 리더 공동체는 몸에서 벗어난 영혼들의 공동체가 아니다. 리더 공동체를 만들고 운영하기까지 모든 면에서 우리가 영적인 동시에 육체적인 존재라는 사실을 반드시 고려해야 한다. 교회와 사역 단체 리더들의 대화를 유심히 들어보면 영적 건강에 관한 이야기는 자주 들리지만, 육체적 건강에 관한 이야기는 좀처럼 듣기 힘들다. 하나님의 계획으로 당신과 나 모두의 에너지는 한정적이다. 그래서 육체를 잘 관리하지 않으면, 우리에게 있는 자연적인 에너지가 고갈

된다.

육체적 건강을 챙기는 일이 모든 리더의 관심사요 공동의 책임이 되어야 한다. 서로 영적 건강을 챙기는 것처럼 육체적 건강도 챙겨주어야 한다. 그리고 육체적 건강에 관한 이야기를 나누는 것을 금기시해서는 안 된다. 그런 이야기를 사역에 방해되는 것으로 보아서는 안 된다는 말이다. 이런 주제가 나올 때 거부 반응을 보이지 말아야 한다. 다른 사람의 육체적 건강에 관심을 보이며, 건강하도록 챙겨주는 일이 바로 서로 사랑하고 섬기기 위한 한 방법이다. 고린도전서 9장 24-27절에서 바울은 복음의 소명을 위해 자신의 몸을 복종하게 한다고 말한다. 그런데 몸을 무엇에 그리고 무엇을 위해 복종하게 한다는 말인가? 답은, 복음의 전파를 위해 복음의 그리스도께 복종시키는 것이다. 바울은 주님이 돌아오실 때까지 우리의 마음속에서 욕구들이 충돌할 것이라고 했다. 예를 들어, 음식을 먹고 싶은 욕구와 내 에너지를 복음 사역에 쏟으려는 욕구가 충돌할 수 있다. 혹은 그냥 쓰러져서 쉬고 싶은 욕구와 매일 상쾌한 기분으로 일어나 세상과 영적 전투를 벌이기 위해 몸을 가꾸어야 할 필요성이 충돌할 수 있다.

경주를 마쳤을 때 실격되지 않기 위해서는 육체의 정욕을 거부해야 한다. 그래야 우리가 부름받은 사역이나 리더십의 경주를 끝까지 잘 마칠 수 있다. 몸을 복종시키는 것은 식습관과 운동으로 시작하지 않는다. 우리에게 꼭 필요한 훈련을 방해하는 마음의 우상이 무엇인지 찾고, 그것을 고백하는 것이 급선무다. 이는 은혜를 통해서

가능하다. 육체를 돌보는 것은 복음 사역의 곁가지가 아닌 중요한 부분이다.

오래전 나는 살이 많이 찐 적이 있다. 그리고 그것이 사회적으로 용인되는 과식 때문이라는 사실을 깨달았다. 내가 살이 찌게 된 과정은 이러했다(물론 나만 그런 것이 아니다). 한 달에 200그램 정도 살이 붙으면 느낄 수 없다. 하지만 그것이 1년이 되면 1킬로그램이 넘고, 5년이면 10킬로그램이 된다. 나의 과식은 사회적으로 용인되는 우상숭배였다. 내가 과식하는 모습은 복음의 능력을 보여주지 못했고, 나의 자연적인 에너지를 갉아먹었다. 하지만 노력만으로는 다이어트를 할 수 없었다. 식욕을 언제까지나 참을 수는 없었기 때문이다. 그래서 내 죄를 고백하고 음식에 대한 근본적인 태도를 바꾼 뒤 열심히 운동하기 시작했다. 그렇게 몇 달이 지나자 15킬로그램이 넘게 빠졌고, 그때부터 지금까지 수년간 그 몸무게를 유지하고 있다.

나이가 서른과 마흔을 넘어 오십 줄에 접어들면 예전처럼 먹지 말아야 한다. 입맛이 당기는 대로 먹었다가는 큰일 난다. 기분 나쁘게 받아들일 사람도 있겠지만, 나는 교회와 사역 단체의 많은 리더가 식탐에 빠져 있다고 생각한다. 그 식탐은 복음의 효과와 육체적인 에너지를 모두 강탈한다. 안타깝게도 혈압, 당뇨, 지방간 같은 생활 습관병에 걸린 사역자가 너무도 많다. 내가 아는 한 리더는 병원에서 말하기를 살을 20킬로그램만 빼면 당뇨약과 혈압약을 더 먹지 않아도 된다고 했다.

꾸준히 운동하면 에너지가 증가한다. 아마 우리 중 대다수는 일이 많아서가 아니라 운동을 꾸준히 하지 않아서 피곤함을 느끼는 이가 많을 것이다. 나는 구주와 그분의 복음을 향한 사랑 때문에 절제해서 먹는다. 복음을 향한 사랑 때문에 아침에 억지로라도 일어나서 헬스장에 가거나 자전거를 타러 나간다. 그렇게 하기가 너무 힘들 때도 많다. 핑곗거리를 찾아서 운동을 빼먹을 때도 있다. 그런데도 몸을 챙기는 것은 내게 부차적인 문제가 아니다. 그 일은 복음 중심의 삶 그리고 복음의 리더로서 내가 달려야 할 경주와 직접적으로 관련이 있다.

이런 대화가 쉽지 않은 것은 알지만, 우리는 건강에 대해 이야기를 나누어야 한다. 물론 몸무게가 많이 나간다고 다른 사람을 비난할 생각은 추호도 없다. 하지만 리더 공동체 안에서 육체적 건강을 돌보는 일에 대해 반드시 대화를 나누어야 한다고 생각한다. 우리 주님은 우리의 영과 몸을 모두 창조하셨다. 그분은 우리 안에서 벌어지는 욕구들의 전쟁을 아신다. 그리고 우리에게 복음이 있기에, 솔직한 대화를 두려워할 필요가 없다. 따라서 우리는 영광스러운 사랑의 하나님과 그분이 주신 사랑의 공동체 앞에서 어려운 주제를 기꺼이 꺼낼 수 있다. 이 대화는 율법주의적으로 판단하고 정죄하기 위해서가 아니라, 복음의 자유 안에서 기쁘게 살기 위해 나누는 것이다. 복음은 우리의 핵심 메시지일 뿐 아니라 모든 사역 리더에게 매일의 소망이 된다. 영적으로 건강한 리더 공동체는 리더들의 영적 건강뿐 아니라 육체적 건강에도 신경을 쓴다.

성숙에 한계가 있다

성숙에 관해서는 『목회, 위험한 소명』이라는 책에서 자세히 다룬 적이 있다. 그래서 여기서 많이 언급하기보다, 모든 리더가 영적 성숙의 한계를 인식하고 있어야 한다는 점만 짚고 넘어가고자 한다. 모든 리더는 성화되는 과정에 있다. 사역 리더의 길을 얼마나 오래 걸었든, 얼마나 잘 훈련받았든, 신학적으로 얼마나 성숙하든, 누구나 영적으로는 여전히 발전할 여지가 남아 있다. 또 누구에게나 맹점과 약한 부분이 있으며, 인격적인 흠이 있다. 그래서 우리는 구원하고 깨우치며 변화시키는 복음의 능력이 필요하다.

따라서 리더 공동체는 서로의 성장에 관심을 두는 일과 솔직히 대화하는 일을 방해하는 그 어떤 가정도 하지 말아야 한다. 리더 공동체는 그 안의 모든 일원을 돌봐야 한다. 누구도 영적으로 고립되고 분리되어 살도록 내버려두지 말아야 한다. 하나님은 우리를 복음 전도라는 외적 사역만이 아니라 서로 돕는 내적 사역으로 부르셨다. 이 책에서 계속해서 말하겠지만, 나는 무너지거나 탈선한 목사들을 대할 때마다 그들 주변에 기능을 제대로 하지 못하는 약한 리더 공동체가 있다는 사실을 발견했다. 목회적인 사랑과 관심으로 리더들을 자기 자신에게서 보호해줄 리더 공동체가 꼭 필요하다.

모든 리더는 지속적인 제자 훈련의 대상이 되어야 한다. 그들에게는 지적해줄 사람이 필요하다. 또 복음의 위로도 필요하다. 그뿐인가? 스스로 보지 못하는 것을 보도록 도와줄 사람도 필요하다.

모든 리더가 자기 안의 옛사람을 다루기 위해서는 다른 사람의 사랑과 격려가 필요하다. 따라서 우리가 사역을 계획하고 실행하며 유지하고 평가하며 개선하는 데만 바빠, 사역을 이끄는 사람들의 영혼을 돌보는 데 시간을 쏟지 않는 일은 없어야 한다. 영적으로 건강한 리더 공동체는 모든 구성원의 지속적인 영적 성장을 위해 노력해야 한다.

저 천국에 갈 때까지 우리는 한계 속에서 살고 사역하며 관계를 맺을 것이다. 이 한계는 하나님이 우리를 통해 이루시려는 일의 걸림돌이 아니다. 그것은 모두 하나님이 지혜와 사랑 가운데 마련하신 것이기 때문이다. 하나님이 우리에게 시키신 일은, 그분이 정하셨고 우리가 절대 벗어날 수 없는 한계 안에서만 해낼 수 있다. 따라서 리더 공동체는 늘 그 한계를 인식하고 그것에 관한 대화를 나누어야 한다. 우리는 그 한계 밖에서 살려는 유혹을 거부해야 한다. 아울러 모든 사람이 자기 한계를 겸손하고 지혜로운 방식으로 다루고 있다고도 생각하지 말아야 한다. 하나님은 한계가 있는 사람들을 복음의 리더로 부르는 것을 두려워하지 않으신다. 따라서 우리도 복음의 겸손과 소망 가운데 그런 한계를 대화의 주제로 꺼내기를 두려워하지 말아야 한다. 한 번만이 아니라 우리 안에서 이루어지는 하나님의 역사가 완성될 때까지 이 대화를 계속해야 한다.

삶의 다양한 소명을 인식하고
그 사이에서 적절한 균형을 이루어야 한다.

4장

균형

균형의 문제는 우리가 매일 다루어야 하는 부분이고, 우리 삶을 힘겹고 지치게 만드는 것이며, 우리 안에서보다 밖에서 더 잘 보인다. 즉, 우리가 사는 세상은 안타까울 만큼 심각한 불균형에 빠져 있다. 하지만 하나님이 창조하신 세상은 원래 완벽한 균형을 이루도록 설계되었다.

균형이란 무엇인가? 모든 것이 제자리에서 원래 해야 할 일을 하는 상태다. 이제 우리는 이런 세상을 상상조차 하지 못한다. 모든 것을 예측할 수 있고, 걱정이라고는 없으며, 살기 편하고, 결정을 내리기도 쉬우며, 관계를 유지하고 즐기기 쉬운 세상 말이다. 바로 이런 세상이 하나님이 원래 의도하신 것이었다. 모든 피조물이 제자리에서 해야 할 일을 하는 곳, 가장 깊은 골짜기에서 가장 높은 산까지 평강이 충만한 곳, 망가진 곳도 없고 제 기능을 발휘하지 못하는 피조물이 전혀 없는 곳, 즉 모든 장소에서 모든 것이 완벽한 균형을 이룬 곳.

성경은 이런 균형을 '샬롬'이라고 부른다. 샬롬은 모든 것이 제자리에서 해야 할 일을 하나님이 원래 의도하신 방식으로 하는 상태다. 원래는 샬롬이 세상의 정상적인 상태였지만 바닥에 떨어져 산산조각이 난 좋은 유리잔처럼 샬롬은 깨져버렸다. 세상은 불균형에 빠졌다. 그래서 로마서 8장에서 바울은 온 세상이 신음한다고 말했다. 세상은 도움이 절실하여 신음하고 있다. 회복이 필요해서 신음한다. 불균형의 고통 속에서 신음한다. 또 구세주를 절실히 갈망하며 탄식하고 있다. 그런데 바울은 피조 세계뿐만 아니라 우리도 신음한다고 말한다. 왜일까? 그것은 우리의 세상을 망가뜨린 불균형이 우리 밖에만 있는 것이 아니기 때문이다. 우리 밖에 있는 불균형만으로도 몹시 힘든데, 우리 안에도 불균형이 있다. 우리 안의 균형이 깨져 있다.

우리 마음속에 있는 것들은 좀처럼 제자리에 놓이지 않는다. 그래서 우리의 생각, 욕구, 삶, 관계, 계획, 결정이 적절한 균형을 이루지 못한다. 어떤 비전이나 욕구나 피조물이 우리의 마음속에서 적정한 수준 이상의 무게를 지니게 된다. 우리는 하나님께 중요한 것을 중요하게 여기지 않고, 하나님이 필요하다고 말씀하시는 것을 원하지 않을 때가 많다. 또 하나님이 소중히 여기라고 말씀하시는 것을 소중히 여기지 않을 때도 있다. 어떤 것들은 우리 마음속에서 적정한 수준 이상의 자리를 차지하고, 오히려 우리 마음속에서 주된 공간을 차지해야 할 것들은 제 위치에 존재하지 않는다. 우리 삶이 망가지고, 우리가 갈등과 고통과 슬픔을 겪는 이유는 단지 주변의 불균형 때문만이 아니라 우리 안에 존재하는 불균형 때문이기도 하다. 감사하게도 우리는 성령의 변화시키는 능력과 은혜로 점점 균형을 회복해나갈 수 있으며, 언젠가 우리 주변과 우리 안의 균형이 완전히 회복되고, 모든 것이 원래 있어야 할 자리에 놓이며, 원래 의도된 대로 일할 수 있으리라는 믿음을 품고 살아갈 수 있다. 모든 리더 공동체는 수시로 이런 주제에 관해 논해야 한다.

성경은 불균형에 관해서 또 다른 표현을 사용한다. 이것은 겉보기에 종교적인 용어처럼 보인다. 하지만 사실 그것은 하나님이 모든 인간 속에 있는 가장 근본적이고도 실질적인 문제를 이해하도록 주신 단어다. 그 단어는 바로 '우상숭배'다. 우상숭배는 단순히 한 분이신 참된 하나님을 종교적인 신들로 대체하거나 악한 것들이 마음을 지배하는 상태를 가리키는 것이 아니다. 가장 근본적이고 일상적인 형태의 우상숭배는 우리의 마음속에서 좋은 것들이 균형을 잃은 것이다. 또 우리의 마음속에서 어떤 것이 하나님보다 더 무거워지는 것이다. 로마서 1장 23, 25절의 말씀을 보라.

> 썩어지지 아니하는 하나님의 영광을 썩어질 사람과 새와 짐승과 기어 다니는 동물 모양의 우상으로 바꾸었느니라…이는 그들이 하나님의 진리를 거짓 것으로 바꾸어 피조물을 조물주보다 더 경배하고 섬김이라 주는 곧 영원히 찬송할 이시로다 아멘.

여기서 바울은 우상숭배의 정의를 공식적인 종교적 차원에서 가장 깊은 예배의 차원, 즉 마음의 깊은 동기로 확장한다. 우상숭배는 우리의 마음이 균형을 잃은 상태다. 여기서 사용된 단어가 중요하다. 우상숭배는 창조주 하나님의 영광을 피조물의 영광으로 바꾼 것이다. 여기서 영광에 해당하는 히브리어 '카보드'(*kavod*)의 어원이 '무게'를 의미한다는 점에 주목하라. 리더인 당신의 마음이 양쪽에 추를 놓고 무게를 재는 접시저울이라고 생각해보라. 한쪽 접시에는 창조주의 추가 놓여 있고, 다른 접시에는 피조물의 추가 놓여 있다. 하나님의 설계에서는 창조주의 추가 피조물의 추보다 훨씬 더 무거워야 한다. 안타깝게도 죄는 이 균형을 깨뜨렸다. 창조된 것들이 하나님보다 우리의 생각, 욕구, 선택, 말, 행동을 더 강하게 통제하고 있다. 이는 죄가 우리 안에 살아 있는 한, 우리 삶과 사역 속에 있는 것들의 적절한 균형을 유지하기 위해 계속해서 애써야 한다는 뜻이다.

내가 리더로서 살아온 삶을 점검하고 다른 이들도 그렇게 하도록 도운 결과, 우리 삶의 균형이 깨지는 원인을 발견했다. 먼저, 가장 큰 원인은 우리 앞에 놓인 사역의 수많은 요구와 기회가 아닌 바로 우리의 마음속 불균형이었다. 사역을 하다 보면 좋은 것이 가장 중요한 것이 되기 쉽다. 리더들은 사역에서 얻을 수 없는 것들을 사역에서 얻으려고 한다. 지위와 힘, 존경, 찬사, 성공이 우리 마음속에서 필요 이상의 무게를 지니기 시작한다. 그리고 그로 인해 어리석은 선택을 하고 후회할 만한 행동을 한다. 필요하다고 생각하는 것들을 해내지 못할까 봐 더 오래 일하고, 더 열심히 노력하며, 더 많이 통제하고, 덜 위임하며, 더 많은 공을 차지하려고 한다. 사역에 몰두하다 보니 경건 생활은 뒷전이 되고, 중요한 관계를 제대로 유지하지 못한다. 개인적인 예배를 완전히 버리지는 않더라도 형식으로만 겨우 드리게 된다.

우리가 사역을 하며 우상을 좇는다는 것은 참으로 두려운 사실이다. 모든 사역 리더 공동체는 이런 문제를 놓고 고민하고 토론해야 한다. 기도를 예로 들어보자. 기도는 하나님께 중심을 드리는 일상의 가장 순수한 행위라고 생각하기가 쉽다. 하지만 우리 마음의 균형이 무너지면, 기도도 전혀 다른 무언가로 변할 수 있다. 리더 모임에서 말씀을 전하기 전에 대표 기도를 드리는데, 그것이 하나님에 대한 예배가 아닌 완전히 다른 무엇인가에서 나온 것일 수 있다는 말이다. 그런데 하나님은 그 기도를 들으신다! 그런 기도는 예배의 행위가 아니라 당신의 기도를 듣는 사람들에게 당신 자신을 과시하기 위한 행위다. 하나님이 아닌 그곳에 모인 사람들에게 당신의 겸손함과 회개, 경건함, 감사, 신학 지식을 드러내기를 바라는 것이다.

하나님께 영광을 돌리고 그분의 도우심을 구하며 그분을 섬기기로 결단하는 것이 아닌 다른 목적으로 기도할 수 있다면, 다른 사역도 얼마든지 그렇게 할 수 있다. 아무리 좋은 것이라도 하나님이 의도하신 것보다 더 많은 무게를 지니게 되면 나쁜 것으로 변한다. 파괴적이고 위험한 것이 돼버리는 것이다. 동료 리더들에게 존경받고 싶은 마음은 전혀 잘못이 아니다. 사실, 서로에 대한 건강한 존경심이 없다면 리더 공동체는 제대로 기능할 수 없다. 하지만 우리 마음속에서 그런 존경이 하나님을 영화롭게 하는 것보다 더 무거워진다면 곤란하다.

많은 사역 리더의 삶이 불균형한 것은 너무 많은 일을 하도록 요구받거나 사역의 기회가 많아서가 아니라 마음이 불균형해서가 아닐까? 죄가 우리 안에 살아 있는 한, 모든 사역 리더는 균형을 이루고자 고민하고 노력해야 한다. 알다시피, 사역에서 바라지 말아야 할 것을 바라기 시작하면 삶의 다른 영역에 적절한 관심을 기울이지 못하게 된다. 삶의 사적인 부분(가정, 그리스도의 몸, 공동체, 개인적인 예배와 묵상, 육체적인 건강, 올바른 재정 운용)을 소홀히 하게 된다. 자신의 정서적, 영적, 육체적 건강이라는 사적인 영역을 소홀히 하면 리더로서의 기능에도 악영향이 미친다. 예를 들어, 가정에서 갈등이 많아지면 사역할 때도 쉽게 인내심을 잃고 짜증 내기가 쉽다. 빚 때문에 걱정하고 근심하면, 동료 리더들과 중요한 문제를 논할 때 집중하지 못하게 된다.

영적으로 건강한 리더 공동체는 리더들의 삶에 균형이 잘 이루어졌는지를 늘 살피고 주기적으로 토론해야 한다. 어느 한 리더에게서라도 불균형의 조짐이 보이는지 늘 사랑으로 살펴야 한다. 각 리더의 가정, 자녀와의 관계, 신앙생활, 육체적인 건강 등을 세심하게 돌봐주어야 한다. 우리가 이런 문제를 다루어야 하는 이유는 리더들을 사랑해서도 그렇지만, 그런 문제가 그들의 마음과 삶에 불균형이 발생했는지를 잘 보여주는 핵심 지표이기 때문이다. 온전히 회복되지 않은 이 세상에서는 사람들의 마음에 (창조주와 피조물에 대한) 불균형이 있을 수밖에 없다고 생각해야 한다. 그래서 우리는 늘 불균형의 흔적을 찾아야 한다. 우리의 마음속에서는 온갖 욕구와 동기로 늘 전쟁이 벌어지고 있다. 이 전쟁은 구주께서 우리를 그분의 최종적인 나라로 데려가신 뒤에야 비로소 끝날 것이다.

리더의 삶 속에서 마음의 균형은 어떻게 나타나는가?

요지는 이렇다. 모든 교회나 사역 단체가 리더들에게서 기대해야 할 가장 중요한 특징, 늘 점검하고 권장해야 할 한 가지 특징은 바로 마음의 균형이다. 그렇다면 리더의 삶에서 마음의 균형은 구체적으로 어떻게 나타날까? 다음과 같이 나타난다. 이 특징은 남녀 상관없이 모두에게 적용된다.

- 두려움이 아닌 믿음으로 사람들을 이끈다.
- 교만과 자립이 아닌 겸손과 의존의 자세로 사람들을 이끈다.
- 대외적인 모습과 사적인 행동 사이의 불일치를 스스로 안타깝게 여긴다.
- 자신에게도 은혜가 얼마나 필요한지를 알기에 기꺼이 다른 이에게 은혜를 베푼다.
- 하나님과 그분이 섬기라고 주신 사람들보다 힘과 지위를 더 사랑하지 않는다.

- 자신의 지위를 높이기 위해 다른 사람의 은사를 이용하지 않고, 오히려 그들의 은사를 키워주려 한다.
- 공적으로 남들을 이끄는 일만큼이나 사적으로 가정을 이끄는 일에 열심을 다한다.
- 방어적으로 굴지 않고, 언제나 겸손하고 편안한 모습을 보이며, 죄를 지으면 재빨리 고백한다.
- 하나님의 주권과 은혜 그리고 다른 사람들의 도움이 아니면 혼자서 해낼 수 없는 일에 대한 공을 차지하지 않는다.
- 자신만의 왕국을 세우려고 사역의 소명과 지위를 이용하지 않는다.
- 주변 사람들의 칭찬을 받기보다 하나님을 기쁘게 해드리려는 마음으로 살며 사람들을 이끈다.
- 옳은 것을 주장하되 언제나 은혜와 참을성, 이해의 정신으로 한다.
- 리더 역할에서가 아니라 그리스도 안에서 자기 정체성을 찾는다.
- 사역이 힘들고 리더 공동체가 분열된 상황이라도, 주변 사람들에게 사랑과 돌봄을 받는다는 느낌을 준다.
- 다른 곳에서 동료 사역 리더들에 관한 부정적인 말을 하지 않는다.
- 정치적인 리더십이 아니라 목회적인 리더십을 발휘한다.
- 특정 사역 기관의 성공보다 복음에서 더 큰 기쁨을 찾는다.
- 스스로 통제하려고 하지 않고, 사랑의 하나님의 지혜로운 다스림 속에서 쉰다.
- 늘 연합을 이루는 쪽으로 다양성에 관한 문제를 다룬다.
- 약함을 경멸하지 않고 오히려 독립적인 힘에 관한 환상을 두려워한다.

- 요구하고 얻기보다는 주고 섬기는 후한 마음으로 사람들을 이끈다.
- 강압보다 사랑으로 이끈다.
- 공감, 이해, 인내, 용서의 태도를 보인다.
- 아무리 큰 대가가 따르더라도 늘 화해와 회복을 추구한다.
- 삶 속에 사역과 가정 사이의 긴장이 계속해서 흐르지 않는다.
- 자기 몸을 소명의 도구로 보기에 신경 써서 돌본다.
- 자신의 욕구를 절제할 줄 안다.
- 자신의 죄와 약함, 실패보다 다른 사람의 죄와 약함, 실패에 더 분노하지 않는다.
- 자신이 하기 싫은 일을 다른 사람에게 요구하지 않는다.
- 동료 리더들의 재능, 경험, 성공에 질투심을 품거나 위협을 느끼지 않는다.
- 대외적인 리더십이 언제나 개인적인 예배와 성경 묵상을 바탕으로 이루어진다.
- 목표 달성만큼이나 안식을 중시한다.
- 지위나 사역의 성공보다 개인적인 거룩함을 더 추구한다.
- 리더의 자리를 개인적인 이익을 위해 남용하지 않는다.
- 힘을 갈망하지 않고 다른 사람에게 기꺼이 힘을 양도한다.
- 불평하는 사람이 아닌 기뻐하는 사람으로 주변에 알려진다.
- 다른 이의 지시를 기꺼이 받아들이고, 남들의 의견을 겸손과 은혜의 태도로 판단한다.
- 파괴적인 죄에 대해서는 슬퍼하면서도 구속의 은혜를 기뻐한다.
- 직업적 성공을 위한 수단이 아니라 예배의 연장선으로 리더십을 발휘한다.

- 자신보다 예수님을 더 사랑한다.
- 자신보다 교회를 더 사랑한다.
- 함께 리더로 부름받은 동료들에 대한 사랑으로 귀한 것들까지 기꺼이 포기할 줄 안다.
- 자녀에게 아버지나 어머니를 사역에 빼앗겼다는 느낌을 주지 않는다.
- 자기 마음 깊은 곳이 복음으로 변화되기를 원하며, 하나님이 자기 삶에 두신 복음의 변화를 위한 도구에 기꺼이 자신을 연다.
- 자신을 왕이 아닌 하나님의 대사로 여기면서 사람들을 이끈다.
- 자신이 틀리거나 잘못을 저지르면 사랑의 질책과 경건한 징계를 기꺼이 받아들인다.
- 자기 잘못을 인정하며, 변호하지 말아야 할 것을 변호하지 않는다.
- 일어나지도 않은 일을 걱정하기보다는 복음의 약속을 바라보며 사역한다.
- 사역할 때 모든 일을 하나님의 영광과 다른 사람의 유익을 위해 한다.

당신은 어떤지 모르겠지만 나는 위의 목록을 보면 한숨이 절로 나온다. 이 목록을 볼 때마다 내 마음이 불균형에 빠져 있다는 사실을 새삼 실감한다. 그리고 내가 예수 그리스도의 주 되심에 복종하고 하나님의 영광을 바라며, 그분의 임재와 약속, 능력, 은혜 안에서 쉬면서 사역하지 못할 때가 많다는 사실을 떠올리며 가슴을 친다. 내 마음속에서는 항상 다른 주인들이 전쟁을 벌이고 있다. 내 생각, 바람, 선택, 행동에서 다른 주인들이 오직 하나님께만 합당한 무게를 지니고 있다. 마음속에서 하나님을 마땅한 자리로 모실 때만이 내 생각과 바람, 행동에서 다른 것들이 적절한 자리를 차지하게 된다. 이는 모든 리더에게 해당하는 이야기다. 또 이것은 우리가 사역자나 리더의 삶을 시작할 때 한 번만 생각하고 말 것이 아니다. 계속되는 문제이기 때문에 리더 공동체에서 주기적으로 이 부분에 대한 대화를 나누어야 한다. 존경했던 리더들이 불균형에 빠져 사역이나 사적인 삶에서 충격적이고도 안타까운 짓을 저지르는 모습을 본 적이 있을 것이다. 우리는 리더들의 충격적인 물질주의, 권력을 남용하고 하나님의 재정을 오용하는 모습, 권력과 지위를 사랑하는 모습, 다른 사람을 꾀어 이용하기 위해 힘과 지위와 은사를 사용하는 모습, 잘못을 숨기는 모습, 자신을 우상화하는 모습, 그의 가정이 깨지고 자녀가 분노하는 모습, 동료 리더들의 지친 모습, 그들이 사랑의 권고와 질책과 징계를 받아들이지 않는 모습, 또 옹호하지 말아야 할 것을 옹호하기 위해 신학과 성경 지식을 남용하는 모습 등을 보았다.

하지만 충격을 받기에는 아직 이르다. 우리의 마음속에는 여전히 불균형이 가득하다. 리더 공동체가 이 불균형을 깨닫고, 서로 점검하고 보호해주지 않는다면 더 많은 사상자가 나올 게 불을 보듯 뻔하다. 우리가 동료 리더들의 삶 속에서 감시자 역할을 해야 한다는 뜻이 아니다. 지독한 자기 분석으로 스스로 괴롭히라는 말도 아니다. 리더 공동체에 은혜 대신 비판과 정죄가 가득해서는 안 된다. 다만 우리가 '이미'와 '아직' 사이에 있는 망가진 세상 속의 미완성 작품이라는 점을 겸손히 인정해야 한다. 우리 주변에는 시험이 가득하고, 우리 마음속에는 여전히 약한 구석들이 있다. 우리는 거부해야 할 것들을 받아들이곤 한다. 복음 사역을 하는 리더들도 자신으로 꽉 차서 하나님을 곧잘 잊어버린다. 우리는 죄를 짓고, 죄인을 잘 용서하지 못한다. 주님이 기뻐하시는 일을 원하기는커녕 오히려 거부할 때가 많다. 복음 안에서 얻는 소망보다 일시적인 두려움이 더 커질 때가 많다.

하지만 이런 문제 속에서도 우리는 은혜로 이 문제를 부인하려는 마음에서 벗어날 수 있다. 은혜는 그럴듯한 외향을 꾸며야 하는 피곤한 삶에서 우리를 자유롭게 한다. 또 우리의 삶에서 무게의 순위가 바뀐 부분, 엉뚱한 것들에 지배받는 부분을 직시하게 해준다. 우리는 은혜로 자신을 겸손하게 열어 보이고, 자신과 다른 사람들에게 솔직해지며, 인정하기 어려운 것을 깊이 돌아보고, 죄를 고백하고 용서하며, 서로 사랑하고 보호하고 구해주기 위해 어색하고 긴장된 순간을 참아낼 수 있다. 은혜는 사역 리더들이 솔직하게 자신을 열어 보이고, 사랑으로 서로 세우고 보호하는 건강한 복음의 공동체로 기능하게 해준다.

마음이 불균형하다는 여러 신호

리더십 공동체의 영적 건강과 장기적인 성공을 원한다면, 리더들의 삶 속에서 마음이 불균형에 빠진 신호가 보이는지 관심 있게 지켜봐야 한다. 여기서는 각 신호가 설명이 없어도 너무 분명하기에 자세히 분석하지 않고 소개만 할 것이다. 리더들이 영적인 측면에서 서로 돌보는 데 이 신호들이 도움이 될 것이다. 다시 말하지만, 이런 신호가 보인다면 우리를 구하고 용서하며 변화시키고 능력을 주는 복음의 능력에 대한 확신 안에서 그리고 동료 리더들을 향한 자기희생적인 사랑 안에서 서로 알려주어야 한다. 다음의 목록은 서로 돌보기 위해 사랑하는 마음으로 지켜봐야 할 신호들이다. 물론 이 목록 외에도 많은 신호가 존재한다.

- 가정의 문제
- 일중독
- 신앙생활에 대한 열심 부족
- 주기적으로 안식을 취하지 않음
- 건강하지 못한 사역 및 리더십 관계
- 그리스도의 몸 안에서 의미 있는 교제와 상호 목회가 주기적으로 이루어지지 않음
- 빚
- 건강하지 못한 커뮤니케이션
- 분노
- 낙심, 의기소침, 번아웃
- 육체적 질병
- 사랑으로 하는 비판과 영적 돌봄을 거부함

- 지배하거나 통제하려는 태도
- 화해하지 않은 관계들

원래 세상과 그 안의 모든 것은 완벽한 균형 상태에 있었다. 가장 높은 하늘에서 인간 마음의 가장 깊은 곳까지 모든 것이 올바른 상태에 있었다. 하지만 안타깝게도 죄가 샬롬의 완벽한 균형을 깨뜨렸다. 그 뒤로 세상에는 불균형이 끊이지 않았다. 모든 면에서 완벽히 균형 잡힌 마음을 지니셨던 예수님은 우리는 결코 살 수 없었을 삶을 사시고, 마땅히 우리가 당했어야 할 죽임을 당하셨으며, 승리의 구세주 왕으로서 부활하셨다. 이는 우리 마음에 균형을 온전히 회복시키기 위해서였다. 회복을 위해 예수님이 처음으로 하신 일은, 우리를 하나님께로 회복시키는 것이었다. 하나님이 우리의 마음 속에서 마땅한 무게를 지닐 때만 나머지 모든 것이 적절한 무게를 지니게 되기 때문이다. 예수님은 지금 모든 상황 속에서 모든 방법을 동원하여 우리 마음의 균형을 회복시키시려고 성령을 통해 역사하고 계신다. 물론 그 역사는 아직 완성되지 않았기에 리더들이 서로 사랑하고 보호하는 모습이 불완전할 수밖에 없다. 하지만 우리는 확신과 소망으로 나아가야 한다. 그런 우리의 수고가 헛되지 않을 것이며, 우리가 우리 자신과 다른 사람들을 위해 싸우지 못할 때라도 주님이 우리를 위해 싸워주신다는 사실을 알기 때문이다.

원리 5

영적으로 건강한 리더 공동체는

조직이나 전략보다 인격을 중시한다.

5장

인격

리더 공동체가 추구하는 가치는 일에 대한 생각과 접근법에 결정적인 영향을 미친다. 무엇보다도 그 공동체의 일원들이 서로 어떻게 바라보고 관계를 맺는지에 영향을 미친다. 이것은 너무도 자명한 사실처럼 들리지만, 정신없이 사역하다 보면 이런 사실이 눈에 잘 들어오지 않는다. 이렇게 가치에 신경을 쓰지 않는 사이에 리더 공동체의 삶과 사역 속에서 가치의 미묘한 변화가 일어난다. 여기서 나는 공식적으로 주장하는 가치의 변화를 말하는 것이 아니다. 공동체가 실제로 중요하게 여기는 것들의 변화를 말하는 것이다. 이런 가치의 변화는 미묘하지만 리더들이 일하는 방식을 근본적으로 바꿔놓는다. 이런 일이 일어나면 리더 공동체가 주장하는 가치와 실질적인 가치 사이의 불일치가 점점 커진다.

이런 변화는 계속해서 일어나고 있다. 리더 공동체가 가치 있게 여긴다고 주장하는 것과 실질적으로 가치 있게 여기는 것이 더는 일치하지 않게 된다. 리더 공동체가 가장 중요하다고 말하는 것을 가장 중요하게 다루지도 않는다. 또 모든 리더에게서 원한다고 주장하는 것을 실제로 원하지는 않는다. 현재의 리더 공동체는 예전과 같은 가치를 표방하는 공동체가 아니다. 하지만 아무도 이런 사실을 모르는 듯하다. 누구도 경고음을 내지 않는다. 리더들이 일하는 방식은 예전과 달라졌고, 그래서 위험하다는 점을 아무도 이해하지 못하는 듯하다.

실질적인 의미에서 이번 장은 이전 장의 연장선이자 적용 부분이다.

하나님이 중요하다고 말씀하시는 것

리더 공동체는 하나님께 중요한 것을 신학적으로만이 아니라 실질적으로도 중요하게 여길 때만 영적으로 건강해지고 장기적으로 많은 열매를 맺을 수 있다. 리더 공동체의 삶과 사역은 리더들의 은사와 경험, 성경적 강점, 사업 기술, 비전, 전략 계획보다 오히려 가치의 영향을 더 많이 받는다. 리더들이 가장 가치 있게 여기는 것들이 서로 어떻게 관계를 맺을지, 무엇을 추구할지, 무엇을 성공으로 정의할지를 결정한다. 따라서 리더 공동체는 '하나님께 중요한 것이 여전히 우리에게 중요한가?'라는 질문을 계속해서 던져야 한다. 우리가 목격한 리더들의 가슴 아픈 몰락의 중심에는 미묘하고도 점진적인 가치의 변화가 있었다. 교회나 사역 단체가 무너질 즈음, 그 조직을 이끄는 리더들은 예전과 같은 상태가 아니다. 그들이 추구하는 가치는 예전과 판이하다. 이런 변화는 아무도 눈치채지 못할 정도로 수년 동안 서서히 이루어지는 경우가 대부분이다.

이제 내가 소개할 비유는 오해할 소지가 있지만, 가치의 미묘한 변화가 어떻게 이루어지는지를 잘 보여준다고 생각한다. 이런 변화는 중년 남성이 살이 찌는 과정과 매우 흡사하다. 정신적으로 문제가 있어서 식욕을 조절하지 못하고 폭식하는 남성을 말하는 것이 아니다. 앞서 말했듯이, 한 달에 200그램 정도 살이 붙으면 느낄 수 없다. 하지만 그렇게 1년이 지나면 2킬로그램이 넘어가고, 5년이 지나면 10킬로그램 이상 살이 찐다. 10년이면 20킬로그램 넘게 체중이 불어나는 셈이다. 그렇게 되면 육체적으로 완전히 다른 사람이 된다. 물론 육체적으로만 달라지는 것이 아니다. 살이 찌는 동안 자신이 필요 이상으로 먹는다는 사실, 점점 더 큰 옷을 사야 한다는 현실, 계단을 조금만 오르면 숨을 헐떡인다는 사실을 부인해야만 한다. 전혀 괜찮지 않은데 괜찮다고 스스로 속여야 한다. 거대한 스테이크를 주문하면서 자기 살을 가리키며 농담하지만, 그 농담은 슬픈 현실만을 가리킬 뿐 함께 있는 사람들은 차마 웃을 수가 없다.

내가 했던 이야기를 또 하는 독창성 없는 사람이라고 생각할지도 모르겠지만, 방금 묘사한 풍퉁한 중년 남성은 단순히 허리 사이즈의 변화만 겪은 것이 아니다. 그의 가치가 변했다. 사이즈의 변화는 이 사실을 전달하는 경험적 증거다. 안타깝게도 교회와 사역 단체의 리더들에게서도 매우 비슷한 일이 일어난다. 이것이 사역 단체의 가치가 영구적이라고 믿어서도 안 되고, 리더들이 절대 변하지 않는다고 생각해서도 안 되는 이유다. 그뿐만 아니라 모든 사역 단체의 모든 리더 속에는 아직 죄가 있기에, 그의 마음을 차지하기 위한 전쟁은 여전히 치열히 벌어지고 있다. 모든 리더는 죄에 빠질 수 있다. 시험에서 완벽히 자유로운 리더는 없다. 모든 리더가 때로는 원하지 말아야 할 것을 원하고, 자신의 감정을 통제하지 못하며, 후회할 말이나 행동을 한다. 하지만 여기서 끝이 아니다.

모든 리더는 악으로 가득한 세상에서 사역을 한다. 세상은 하나님이 추하다고 말씀하시는 것을 매력적으로 그린다. 여기에 한 가지 요소를 더해야 한다. 모든 사역 단체의 모든 리더는 원수가 잠복한 세상 속에서 사역한다. 원수는 우리의 관심을 흐트러뜨리고, 우리를 속이고 파괴하기 위해 호시탐탐 기회를 노리고 있다. 이것이 리더로서 우리가 늘 자신이 추구하는 가치를 돌아보고, 동료 리더가 우리의 가치에 관해 사랑으로 질책할 때 겸손히 받아들여야 하는 이유다.

성경의 두 부분을 살펴보고자 한다. 이 구절들은 하나님이 그분의 나라를 이끌려고 부르신 이들의 삶과 사역에 중요하다고 여기시는 것이 무엇인지 말해준다. 첫 번째 구절은 사역을 소명으로 받아들이고자 하는 모든 이에게 매우 낯익다.

미쁘다 이 말이여, 곧 사람이 감독의 직분을 얻으려 함은 선한 일을

사모하는 것이라 함이로다 그러므로 감독은 책망할 것이 없으며 한 아내의 남편이 되며 절제하며 신중하며 단정하며 나그네를 대접하며 가르치기를 잘하며 술을 즐기지 아니하며 구타하지 아니하며 오직 관용하며 다투지 아니하며 돈을 사랑하지 아니하며 자기 집을 잘 다스려 자녀들로 모든 공손함으로 복종하게 하는 자라야 할지며 (사람이 자기 집을 다스릴 줄 알지 못하면 어찌 하나님의 교회를 돌보리요) 새로 입교한 자도 말지니 교만하여져서 마귀를 정죄하는 그 정죄에 빠질까 함이요 또한 외인에게서도 선한 증거를 얻은 자라야 할지니 비방과 마귀의 올무에 빠질까 염려하라(딤전 3:1-7).

리더의 자질을 나열한 이 목록에서 모든 리더가 주목해야 할 점은 하나님은 리더에게 필요한 그 어떤 자질보다도 인격을 중시하신다는 것이다. 그런데 우리는 인격을 가장 중시하지 않을 때가 많다. 우리는 아름다운 성품보다 강한 카리스마, 강력한 커뮤니케이션 능력, 성과를 내는 능력에 더 끌릴 때가 많다. 이 목록은 하나님의 눈에는 인격이 성과보다 중요하다는 점을 보여준다. 이 목록에서 '성과와 관련된 은사'라고 부를 만한 것은 딱 하나, 가르침밖에 없다. 나머지는 무엇이 리더의 마음을 움직이고 동기를 유발하는지에 관한 것이다. 또 리더가 삶과 사역에서 무엇을 가장 가치 있게 여기는지에 관한 것이다. 인격이 있는 리더는 인격으로 사람들을 이끌고, 진정으로 중요한 것의 본을 보여주며, 다른 사람도 그렇게 하도록 이끌고 격려한다.

당신은 리더들이 온유하다고 알려지기를 진정으로 기대하는가? 자기 비전과 감정을 통제함으로써 다른 사람을 통제하지 않고, 무리한 것을 요구하지 않으며, 쉽게 짜증을 내지 않는 리더를 높이 평가하는가? 당신이 가치 있게 여기는 리더의 자질 중에서 다른 사람을 환대하는 일은 얼마나 높은 순위를 차지하는가? 돈을 다루는 모습이 리더가 추구하는 가치를 보여주는 중요한 마음의 창이라고 여기는가? 모든 것에 아는 척을 하며 논쟁을 자주 하고 다른 사람들 위에 군림하려는 리더에게 너무 관대하지는 않은가? 리더가 갖추어야할 자질로, 부부 사이의 자기희생적인 사랑과 자상한 양육을 진정으로 가치 있게 여기는가? 지금까지의 질문들은 모두 가치와 관련된 중요한 이슈다. 다투기 좋아하는 리더는 하나님이 옳다고 말씀하시는 것보다 자신의 옳음을 주장하고, 스스로 상황을 통제하는 것을 가치 있게 여긴다. 자제할 줄 모르는 리더는 하나님이 원하시는 것보다 자신이 원하는 것을 더 가치 있게 생각하기에 자기 욕구를 억누르지 못한다. 이 목록에 올라온 모든 리더십 자질은 하나님이 리더들의 마음과 삶 속에서 무엇을 가장 가치 있게 여기시는지를 보여주는 마음의 창이다.

따라서 리더 공동체는 끊임없이 이렇게 물어야 한다. '우리가 사역과 관계 속에서 하나님이 중요하다고 말씀하시는 것을 실제로 중요하게 여기는가? 그렇다는 구체적인 증거가 있는가?' 우리 자신과 우리가 일하는 방식이 부지불식간에 변한 점이 없는지 늘 확인해야 한다.

우리가 항상 던져야 할 또 다른 질문이 있다. '훌륭한 성과를 낸다는 이유로 리더의 특정한 인격적 흠을 눈감아주고 있는가?' 이 질문을 다르게 표현하면 이렇다. '우리 리더 공동체에 높은 성과를 가져다주어서 어떤 잘못을 저질러도 암묵적으로 면책권을 누리는 리더가 있는가?'

　하나님이 일꾼으로 부르시고 은사를 주신 리더들에게 무엇을 가장 중시하시는지를 잘 보여주는 또 다른 구절이 있다. 내게 이 구절은 하나님의 사자로 부름받은 것을 생각할 때마다 가장 큰 도전과 동시에 가장 강력한 격려가 되는 구절 중 하나다. 이 구절은 일종의 가치 진술서다. 이 구절을 읽을 때마다 내가 이 기준에 늘 미치지 못하는 약한 존재라는 사실을 다시금 깊이 깨닫고, 주님 앞에 무릎을 꿇고 용서와 은혜를 부르짖게 된다. 이런 이유로 나는 이 구절을 늘 읽고 묵상한다. 늘 이 구절로 기도를 드리면서 하나님께 도움을 구한다. 잠시 시간을 내서 고린도후서 5장 16-21절에 기록된 바울의 말을 깊이 묵상해보라.

　　그러므로 우리가 이제부터는 어떤 사람도 육신을 따라 알지 아니하노라 비록 우리가 그리스도도 육신을 따라 알았으나 이제부터는 그 같이 알지 아니하노라 그런즉 누구든지 그리스도 안에 있으면 새로운 피조물이라 이전 것은 지나갔으니 보라 새것이 되었도다 모든 것이 하나님께로서 났으며 그가 그리스도로 말미암아 우리를 자기와 화목하게 하시고 또 우리에게 화목하게 하는 직분을 주셨으니 곧 하나님께서 그리스도 안에 계시사 세상을 자기와 화목하게 하시며 그

들의 죄를 그들에게 돌리지 아니하시고 화목하게 하는 말씀을 우리
에게 부탁하셨느니라 그러므로 우리가 그리스도를 대신하여 사신이
되어 하나님이 우리를 통하여 너희를 권면하시는 것같이 그리스도를
대신하여 간청하노니 너희는 하나님과 화목하라 하나님이 죄를 알지
도 못하신 이를 우리를 대신하여 죄로 삼으신 것은 우리로 하여금 그
안에서 하나님의 의가 되게 하려 하심이라.

이 구절에서 바울은 자신이 늘 복음 중심적으로 사역하도록 열
정을 불어넣는 구속의 역사를 풀어놓는다. 그는 위대한 복음의 실
상을 우리 앞에 제시한다. 우리가 사역을 통해 원하는 것, 사역 리
더로서 이루고 싶은 것, 동료 리더들에게서 원하는 것, 권력과 지위
를 통해 얻고 싶은 것에 밀려 이 복음의 현실이 뒷전이 되어서는 안
된다는 것이다. 우리는 하나님의 놀라운 역사에 참여하고 있다. 이
역사는 하나님이 우리를 그리스도 안에서 새롭게 변화시키시고, 그
분과 화해하게 하시며, 우리 죄를 용서해주신다는 것 그리고 이 영
광스러운 복음의 메시지를 돌려 우리에게 맡기셨다는 것이다.

리더로서 우리는 엄청난 폭발력을 지닌 이 구절을 늘 기억해야
한다. 이 구절은 예수 그리스도를 믿는 모든 이에게 다음과 같이 작
용한다. 이 구절은 거짓 정체성과 개인적인 의에 대한 교만을 날려
버린다. 또 하나님의 자녀를 향한 사탄의 거짓말과 비난을 날려버리
고, 사람들을 숨고 부인하게 하는 두려움을 없앤다. 이 구절은 참으
로 아름답다. 그리고 우리 삶의 모든 면에서 변화를 일으킨다. 우리

이끎

가 어떤 사역을 하고, 어떤 리더의 지위에 있으며, 어떤 일상적인 업무를 맡았고, 어떤 리더들과 함께 사역하고 있든, 매 순간 이 복음을 기억하고 가슴에 가득 채워야 한다. 복음이 아닌 다른 것이 교회와 사역 리더들의 머리와 가슴을 채울 위험이 있다. 그럴 때 우리는 구주가 가치 있게 여기시는 것을 더는 가치 있게 여기지 않게 되고, 그분이 기뻐하시는 행동을 하지 않게 된다.

고린도후서 5장 16-21절에 가치와 깊은 연관이 있는 단어 하나가 나온다. 이 단어는 이 구절의 요지이자 핵심을 담고 있다. 바울은 이렇게 말한다. "그러므로 우리가 그리스도를 대신하여 사신이 되어." '사신'은 이 구절의 요지를 생생하게 전해주는 단어다. 사신이 어디에서 누구와 함께 무슨 업무를 하든 궁극적으로 맡은 임무는 하나다. 그것은 바로 대표하는 일이다. 교회와 사역 단체의 리더들은 '사신'이란 단어가 함축하는 모든 의미에서의 대표자로 하나님께 부름받은 자다. 리더들은 교회나 사역을 이끄는 대사로서 자기 자신을 첫째로 생각해서는 안 되고, 특정 전략 기획이나 개인적인 사역 경력을 쌓는 것을 목표로 삼아서도 안 된다. 리더는 하나님이 가장 원하시는 바가 그분을 잘 대표하는 것이라는 사실을 기억하며 교회나 사역 단체를 이끌어야 한다. 공적이든 사적이든 모든 일과 모든 관계 속에서, 우리는 사신의 마음가짐과 사신의 가치를 갖고 사신으로서 기능해야 한다.

이 말은 구체적으로 무슨 의미일까? 이는 최선을 다하고 하나님의 도우시는 은혜를 의지하며 우리를 부르신 구세주 왕의 '메시지'

와 '방식'과 '성품'을 충성스럽게 대표해야 한다는 뜻이다. 우리가 사적으로나 공적으로나 전달하는 모든 메시지를 사신의 소명이라는 기준에 따라 점검해야 한다. 우리가 리더 공동체로서 사용하는 모든 방법을 사신의 소명이라는 기준에 따라 평가해야 한다. 또 우리를 부르신 분의 성품을 충성스럽게 대표한다는 소명에 따라 우리의 모든 태도와 행동을 점검해야 한다. 왕이신 하나님의 메시지, 방식, 성품을 생각하면 으레 베드로전서 2장 23절이 떠오른다. "욕을 당하시되 맞대어 욕하지 아니하시고 고난을 당하시되 위협하지 아니하시고 오직 공의로 심판하시는 이에게 부탁하시며." 우리는 언제 어디서 무엇을 하든지 하나님을 제대로 대표해야 한다.

권력욕에 사로잡힌 리더들은 사신 역할을 그만둔 자들이다. 위협으로 다른 사람들을 통제하려는 리더는 더는 사신이 아니다. 하나님이 남녀에게 주신 은사를 무시하는 성차별주의자 리더, 심지어 남녀와 부적절한 관계를 맺는 리더는 사신의 소명을 버린 것이다. 크고 위대한 것을 겸손하고 경건한 것보다 높이 평가한다는 것은 사신으로서의 사명을 사실상 버렸다는 뜻이다. 하나님이 주신 은사와 지위를 이기적이고 물질적인 목적으로 이용하고, 자신을 높이기 위한 수단으로 사용하는 것은 사신의 지위를 버리는 일이다. 복음보다 조직의 성공을 우선시하는 것 역시 사신의 소명을 버리는 것이다. 교묘한 술수나 위협으로 이끄는 것은 사신의 방식이 아니다. 인내, 자기희생, 인자, 사랑, 용서, 겸손, 섬김, 온유, 신실, 친절을 실천하지 않는 것은 우리를 보내신 구세주 왕의 사신으로서 사람들을 이끌지 않는 것이다.

사신의 소명을 리더십의 기준으로 삼는 리더는 지금까지 용인해 온 것들을 더는 내버려두지 않을 것이며, 자신이 얼마나 형편없는 사신이었는지를 깨닫고 눈물로 회개할 것이다. 하나님이 이끌라고 보내주신 이들 앞에 무릎을 꿇고 우리의 약점과 실패를 고백한 뒤에 구원하고 용서하며 힘 주시는 하나님의 은혜를 구할 것이다.

지금은 우리 리더들이 수많은 곳에서 각양각색의 모습으로 주님을 잘 대표하지 못했다고 눈물로 고백해야 할 때다. 슬퍼하며 회개하는 동시에 새로운 시작을 주시는 은혜를 축하해야 할 때다. 복음이 아니라 개인적인 야망에 따라 사역을 이끌었던 것을 고백해야 할 때다. 또 우리 리더들이 주님이 아닌 다른 것의 사신이 되려는 유혹에 넘어갔다고 고백해야 할 때다. 리더십의 우상들을 섬기면서 진정한 사신이 될 수는 없다고 겸손히 인정해야 할 때이기도 하다. 도대체 얼마나 많은 사역 리더가 몰락해야 우리는 하나님이 가치 있게 여기시는 것과 사신으로서 맡은 사역에 다시 헌신할까? 얼마나 많은 리더 공동체가 파괴되어야 하나님께 우리 자신에게서 구해달라고 부르짖을까?

다른 것들이 더 중요해지는 과정

모든 리더 공동체는 사역을 할 때 많은 동기가 상충한다는 점을 인식해야 한다. 모든 교회와 사역 단체의 리더가 "내 마음은 지극히 순결해서 그리스도에 대한 충성과 은혜의 복음에 대한 헌신 외에 그 어떤 동기도 품지 못한다"라고 말할 수 있으면 얼마나 좋겠는가. 현실은 전혀 그렇지 못하다. 물론 모든 리더의 마음이 성화시키는 은혜로 정화되고 있기는 하지만, 아직 아무런 유혹도 받지 않을 만큼 완벽히 순결한 상태는 아니다. 비노스 라마찬드라(Vinoth Ramachandra)는 『실망시키는 신들』(Gods That Fail)이라는 책에서 가장 유혹하는 힘이 강한 우상은 쉽게 기독교화되는 우상이라는 점을 지적했다. 이 책은 모든 사역 리더에게 던지는 통렬한 경고의 메시지를 담고 있다. 우리가 곁길로 빠지는 과정은 이렇다. 사역 리더가 사역할 때 자신의 소명이 아닌 다른 것들을 추구한다. 다른 것에 마음이 사로잡힌 리더는 그것을 추구하기 위해 사역을 버리지는 않는다. 오히려 그것을 얻기 위해 사역자의 지위와 힘, 권력과 신뢰를 사용한다. 모든 리더 공동체는 사역이 온갖 우상을 추구하기 위한 도구로 전락할 수 있다는 사실을 이해해야 한다. 그런 면에서 사역 리더의 삶은 곧 전쟁이다. 평시의 생각들로 접근해서는 곤란하다.

안타깝게도 훌륭한 사역 리더들이 변질하고 타락한다. 여전히 사역은 열심히 하고 있지만 엉뚱한 것들에 마음을 빼앗겨 우상(힘, 명예, 물질, 통제력, 찬사, 돈, 세상의 존경 등)의 사신으로 전락한다. 사역하다 보면 리더들은 변해버린다. 때로는 예수 그리스도에 대한 충성과 자신의 소명에 더 깊이 몰입하는 긍정적인 변화가 나타나기도 한다. 하지만 다른 주인을 섬기는 쪽으로 변질되기도 한다. 이 책을 읽는 모든 사람은 리더의 마음과 삶과 사역 속에서 이런 안타까운 변화가 일어나는 모습을 목격한 적이 있을 것이다.

앞서 말했듯이, 유명한 리더가 공개적으로 몰락하는 소식을 접할 때마다 나는 이 질문이 가장 먼저 떠오른다. '왜 그 주변의 리더 공동체는 상황이 걷잡을 수 없는 지경이 되도록 아무 조처도 하지 않았을까?' 내가 이렇게 묻는 이유는 두 가지 때문이다. 첫째, 그가 처음부터 이런 모습이었다면 그를 리더의 자리에 앉히지 않았을 것이기 때문에, 우리는 그가 변했음을 알아차릴 수밖에 없다. 둘째, 변화는 하루아침에 일어나지 않는다. 변화는 오랫동안 조금씩 진행된다. 즉, 그의 삶뿐 아니라 마음속에서 변화가 일어나고 있다는 수많은 증거가 나타났을 것이다. 그래서 내가 바로 앞에서 던진 질문을 다시 던져야 마땅하다.

성경적이고 복음 중심적으로 그리스도를 섬기는 리더 공동체가 어떻게 변해버린 리더를 사랑으로 질책하지 않는단 말인가? 어떻게 그를 자기 자신에게서 구하고 사역의 우상들에서 보호하고자 애쓰지 않을 수 있는가? 이 질문에 대한 내 대답에 분노할 독자들이 더러 있을 것이다. 하지만 조금만 인내하고 내 설명을 들어주면 좋겠다. 우리가 리더의 태도와 행동에서 안타까운 증거를 보고도 적극적으로 다루지 않을 때가 많은 이유는 대개 성과를 인격보다 우선시하기 때문이다. 나는 아래와 같은 말을 수없이 들었다.

"하지만 설교가 너무 훌륭하잖아."

"하지만 새로 온 교인 수를 봐."

"하지만 우리 교회가 얼마나 성장했는지를 생각해봐."

"하지만 우리가 개척한 교회가 얼마나 많은지 생각해봐."

"하지만 그 리더가 없었다면 이 새로운 사역을 시작하지 못했을 거야."

"하지만 그 리더가 만든 전도 자료들을 봐."

인격보다 성과를 중시한다고 말하는 리더 공동체는 별로 없지만, 인격의 문제를 다루지 않는 이면의 이유는 대개 성과다. 물론 그 이유는 부적절하다. "이 위대한 리더가 하나님을 위해서 해낸 일을 봐. 우리가 정말 그의 사역에 제동을 걸어야 할까?" 그래서 사역 공동체는 받아들이지 말아야 할 것을 받아들이고, 말해야 할 때 조용하고, 행동해야 할 때 가만히 앉아서 지켜만 본다. 표방하는 가치는 변하지 않았지만, 실제로는 경건한 인격과 사신의 소명보다 사역의 성공을 더 가치 있게 여긴다. 어느 한 리더만 변한 것이 아니다. 리더 공동체 전체가 변했고, 대개 그들은 그것을 느끼지 못한다.

이런 변화가 주로 어떻게 이루어지는지 보자. 변화가 항상 이런 식으로 이루어지는 것은 아니지만, 전형적으로 이런 단계로 진행된다.

한 리더가 처음 사역을 할 때는 그의 '인격'에 대한 관심이 높고 사랑의 '격려'와 '질책'이 잘 이루어진다. 그 리더를 알기 위해 그가 어떻게 사역하고 남들과 관계를 맺는지 유심히 관찰한다. 그는 모든 리더에게 필요한 공동체에 둘러싸인다. 하지만 시간이 지나 그

리더의 은사가 놀라운 열매를 맺으면, 주변 리더들은 눈을 감고 귀를 닫기 시작한다. 모임 중에 나타난 분노를 다루지 않는다. 그가 어떤 직원을 대하는 나쁜 태도를 지적하지 않게 된다. 혹은 어떤 여성에 관해 한 부적절한 말도 그냥 넘어간다. 이제 이 강력한 리더는 리더 공동체 내에서 복음의 목소리들을 잠재울 힘을 지니게 되었다. 동료 리더들은 이 리더의 문제를 다루라는 성령의 촉구하심을 거부하다 보니 점점 그렇게 하는 것이 편해진다. 이 리더의 말이나 행동이 잘못되었음을 알고 그때마다 경각심이 일지만, 행동하지 않고 조용히 앉아 있는 편을 선택한다.

오래지 않아 동료 리더들은 이 리더의 잘못을 사랑으로 지적하는 대신 그냥 넘어가는 것이 바람직하다고 생각하고, 서로 그런 식으로 말하게 된다. 리더 공동체로서 그들은 그것이 잘못이기는 하지만 그리 큰 잘못은 아니라고 애써 스스로 납득하려고 한다. 그가 큰 잘못을 저질렀다고 생각하지 않기에, 대화 중에 다른 사람들에게도 그런 생각을 퍼뜨린다. 이런 상황에 계속 머물러 있으면, 얼마 가지 않아 이 리더십 공동체는 사람들의 불만이 터져 나와도 그 리더를 옹호한다. 윤리와 인격의 측면에서 타협하지 말아야 한다는 원칙에 따라 이 리더의 잘못을 은혜 안에서 다루지 않는다. 한때 사랑으로 지켜보고 구해주며 보호해주던 복음의 공동체가 '옹호자'와 '지지자'의 공동체로 변한다. 이 리더가 지닌 힘과 이룬 성과 때문에 아무도 그를 보호하고 돌보려 하지 않는다. 동료 리더들은 그 리더보다도 그가 이룬 것을 더 사랑하고, 그의 영혼보다 그가 쌓은 성을 더 중요하게 여긴다. 그가 사랑의 관심과 질책을 거부해도 동료 리더들은 비겁하게 침묵한다. 사랑보다 하나님을 더 두려워할 때 나타나는 엄한 사랑으로 그를 사랑하는 사람은 아무도 없다.

어떤 리더도 자기 좋을 대로 하도록 놔둬서는 안 된다. 절대 동료 리더들의 경건한 우려를 무시하도록 허용하지 말아야 한다. 또 어떤 리더도 복음과 윤리에서 어긋난 충성을 유도하지 말아야 한다. 사역에서 많은 열매를 맺은 리더라도 그의 마음이 보호받지 않는 상황을 방치해서는 안 된다. 아무리 강력하고 큰 성공을 거두었어도 리더는 하나님의 말씀이라는 믿을 만한 거울을 통해 자신을 볼 줄 알아야 한다. 어떤 리더 공동체도 목표를 이루기 위해 복음과 윤리를 타협해서는 안 된다. 또 하나님이 사랑 가운데 보내주신 복음의 공동체가 '건드릴 수 없는' 존재가 되어서는 안 된다. 모든 리더에게는 지적하고 회복시키는 은혜가 필요하다.

사역하다 보면 매일 가치들의 전쟁이 벌어진다. 하지만 두려워하거나 낙심할 필요는 없다. 이 전쟁에서 우리는 혼자 싸우지 않기 때문이다. 모든 사역 리더에게 하나님의 성화시키는 은혜가 임한다. 이 성화의 은혜는 우리 마음의 그릇된 가치들을 드러내고 깨우치며, 하나님의 가치를 점차 회복시킨다. 우리의 소망은 우리가 항상 제대로 할 것이라는 희망이 아니라 하나님이 성화시키시는 역사를 포기하지 않으시리라는 믿음이다. 우리는 타협해도 하나님은 절대 타협하지 않으실 것이다. 우리는 두려움에 굴복해도 하나님은 그 무엇도 두려워하지 않으신다. 우리는 뭔가에 현혹되어 상황을 분명하고 정확히 보지 못할 때가 많지만 우리를 보는 그분의 시각은 항상 완벽하다. 우리 안에서 그리고 우리를 통해 나타나는 그분의 임재와 역사가 우리의 소망이다. 따라서 우리는 더 잘하기로 매일 새롭게 결심하고 노력할 수 있다. 약점과 실패를 인정하고 새롭게 시작하라는 그분의 초대를 받아들일 수 있다.

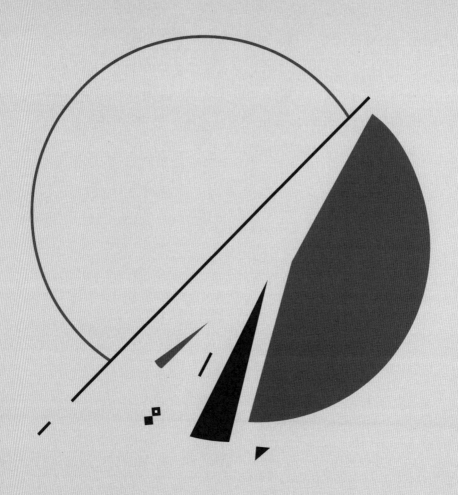

원리 6

복음 사역을 하는 모든 리더는
반드시 영적 전쟁을 치른다.

6장

전쟁

나는 너무 순진했다. 신학 지식이 충분하고, 성경을 잘 알고, 하나님께 교회 리더로 부름을 받기만 하면 다 괜찮을 줄 알았다. 나는 평상시의 마음가짐으로 사역을 시작했다. 어떤 시험이 닥쳐올지 전혀 예상하지 못했다. 내 인격과 은사, 비전, 사역 방법론에 공격이 날아올 줄 전혀 몰랐다. 나는 전쟁을 치를 준비가 전혀 되어 있지 않았다. 그래서 거부해야 마땅했던 일에 때로 굴복하고 말았다. 내게 영향을 미치도록 허용하지 말아야 할 사람들의 말에 귀를 기울였다. 그러다 보니 점점 지쳐갔다. 급기야 너무 낙심해서 한때 특권으로 여겨 기쁘게 감당했던 사역 리더의 자리를 하루라도 빨리 떠나고 싶은 지경에 이르렀다. 사역이 곧 영적 전쟁이라는 사실을 모르는 리더들은 무너진 마음과 왜곡된 비전, 그릇된 동기로 사역을 시작한다. 그들은 영적 전쟁의 사상자가 되어 크게 변했는데, 자신이 얼마나 달라졌는지를 전혀 모를 수 있다.

예수 그리스도의 교회의 리더십은 단순히 옳은 신학, 순수한 복음, 옳은 방법론을 지키기 위해서만이 아니라, 모든 리더의 마음을 지키기 위해도 전쟁을 벌여야 한다. 수많은 리더가 신학이나 복음을 바라보는 관점이 변해서가 아니라 마음의 전쟁에서 패하는 바람에 실패한다. 사실, 신학적 방황은 오랫동안 진행된 마음의 방황이 가시적으로 드러난 것에 지나지 않는 경우가 많다. 리더 공동체가 영적 전쟁에 대비하고, 전시에 있다는 마음가짐으로 하나님의 부르심을 감당하는 것이 구체적으로 무엇을 의미하는지 함께 생각해보자.

'이미'와 '아직' 사이의 삶은 전쟁이다

이 주제는 성경의 거의 모든 페이지에 나온다. 따라서 우리는 모두 이 문제에 큰 경각심을 가져야 한다. 현재의 삶은 매 순간이 영적 전쟁이다. 성경은 우리와는 다른 방식으로 영적 전쟁을 다룬다. 보통 영적 전쟁이라고 하면, 기이하고 요란스러운 뭔가를 떠올린다. 이를테면 영화에 나오는 장면처럼, 몸에 귀신이 들린 사람이 입에 거품을 물고 팔다리를 마구 흔들며 벽을 때리는 장면을 상상한다. 영적 전쟁에 극적이고 육체적인 순간도 있다는 사실을 부정하지는 않는다. 다만 성경이 말하는 영적 전쟁은 주로 극적인 사건이 아니라 일상적인 상황이다. 우리는 타락한 세상에서 살고 있고, 원수 사탄은 실제로 존재하며, 우리 주변에는 항상 악과 시험이 가득하다. 그리고 우리 안에 남은 죄 때문에 우리는 늘 공격에 노출되어 있다. 우리는 매일 전쟁터에서 살아간다. 성경은 이 전쟁이 얼마나 일상적 인지를 다양한 방식으로 말해준다. 이 주제에 관한 구절을 전부 나 열하지는 않았지만, 경각심을 일으키기에는 충분할 것이다. 다음 구 절을 읽어보자.

> 우리의 씨름은 혈과 육을 상대하는 것이 아니요 통치자들과 권세들 과 이 어둠의 세상 주관자들과 하늘에 있는 악의 영들을 상대함이라 (엡 6:12).
>
> 우리가 육신으로 행하나 육신에 따라 싸우지 아니하노니 우리의 싸우는 무기는 육신에 속한 것이 아니요 오직 어떤 견고한 진도 무너 뜨리는 하나님의 능력이라 모든 이론을 무너뜨리며(고후 10:3-4).
>
> 밤이 깊고 낮이 가까웠으니 그러므로 우리가 어둠의 일을 벗고 빛 의 갑옷을 입자 낮에와 같이 단정히 행하고 방탕하거나 술 취하지 말 며 음란하거나 호색하지 말며 다투거나 시기하지 말고 오직 주 예수 그리스도로 옷 입고 정욕을 위하여 육신의 일을 도모하지 말라(롬 13:12-14).
>
> 육체의 소욕은 성령을 거스르고 성령은 육체를 거스르나니 이 둘이 서로 대적함으로 너희가 원하는 것을 하지 못하게 하려 함이니라(갈 5:17).
>
> 사랑하는 자들아 거류민과 나그네 같은 너희를 권하노니 영혼을

거슬러 싸우는 육체의 정욕을 제어하라(벧전 2:11).

시몬아, 시몬아, 보라 사탄이 너희를 밀 까부르듯 하려고 요구하였으나 그러나 내가 너를 위하여 네 믿음이 떨어지지 않기를 기도하였노니 너는 돌이킨 후에 네 형제를 굳게 하라(눅 22:31-32).

내 지체 속에서 한 다른 법이 내 마음의 법과 싸워 내 지체 속에 있는 죄의 법으로 나를 사로잡는 것을 보는도다(롬 7:23).

무릇 그리스도 예수 안에서 경건하게 살고자 하는 자는 박해를 받으리라(딤후 3:12).

너희가 죄와 싸우되 아직 피흘리기까지는 대항하지 아니하고(히 12:4).

이것을 너희에게 이르는 것은 너희로 내 안에서 평안을 누리게 하려 함이라 세상에서는 너희가 환난을 당하나 담대하라 내가 세상을 이기었노라(요 16:33).

오직 너희는 그리스도의 복음에 합당하게 생활하라 이는 내가 너희에게 가 보나 떠나 있으나 너희가 한마음으로 서서 한뜻으로 복음의 신앙을 위하여 협력하는 것과 무슨 일에든지 대적하는 자들 때문에 두려워하지 아니하는 이 일을 듣고자 함이라 이것이 그들에게는 멸망의 증거요 너희에게는 구원의 증거니 이는 하나님께로부터 난 것이라 그리스도를 위하여 너희에게 은혜를 주신 것은 다만 그를 믿을 뿐 아니라 또한 그를 위하여 고난도 받게 하려 하심이라(빌 1:27-29).

사랑하는 자들아 너희를 연단하려고 오는 불 시험을 이상한 일당하는 것같이 이상히 여기지 말고 오히려 너희가 그리스도의 고난에 참여하는 것으로 즐거워하라 이는 그의 영광을 나타내실 때에 너희로 즐거워하고 기뻐하게 하려 함이라(벧전 4:12-13).

그러므로 하나님의 전신 갑주를 취하라 이는 악한 날에 너희가 능히 대적하고 모든 일을 행한 후에 서기 위함이라 그런즉 서서 진리로 너희 허리 띠를 띠고 의의 호심경을 붙이고 평안의 복음이 준비한 것으로 신을 신고(엡 6:13-15).

너는 그리스도 예수의 좋은 병사로 나와 함께 고난을 받으라(딤후 2:3).

오직 오늘이라 일컫는 동안에 매일 피차 권면하여 너희 중에 누구든지 죄의 유혹으로 완고하게 되지 않도록 하라(히 3:13).

내가 또 들으니 하늘에 큰 음성이 있어 이르되 이제 우리 하나님의 구원과 능력과 나라와 또 그의 그리스도의 권세가 나타났으니 우리 형제들을 참소하던 자 곧 우리 하나님 앞에서 밤낮 참소하던 자가 쫓겨났고(계 12:10).

깨어 믿음에 굳게 서서 남자답게 강건하라(고전 16:13).

내가 네게 명령한 것이 아니냐 강하고 담대하라 두려워하지 말며 놀라지 말라 네가 어디로 가든지 네 하나님 여호와가 너와 함께 하느니라 하시니라(수 1:9).

여호수아가 그들에게 이르되 두려워하지 말며 놀라지 말고 강하고 담대하라 너희가 맞서서 싸우는 모든 대적에게 여호와께서 다 이와 같이 하시리라 하고(수 10:25).

믿음의 선한 싸움을 싸우라 영생을 취하라 이를 위하여 네가 부르심을 받았고 많은 증인 앞에서 선한 증언을 하였도다(딤전 6:12).

그러므로 너희가 견디고 있는 모든 박해와 환난 중에서 너희 인내와 믿음으로 말미암아 하나님의 여러 교회에서 우리가 친히 자랑하노라(살후 1:4).

너희는 믿음을 굳건하게 하여 그를 대적하라 이는 세상에 있는 너희 형제들도 동일한 고난을 당하는 줄을 앎이라 모든 은혜의 하나님 곧 그리스도 안에서 너희를 부르사 자기의 영원한 영광에 들어가게 하신 이가 잠깐 고난을 당한 너희를 친히 온전하게 하시며 굳건하게 하시며 강하게 하시며 터를 견고하게 하시리라(벧전 5:9-10).

근신하라 깨어라 너희 대적 마귀가 우는 사자같이 두루 다니며 삼킬 자를 찾나니(벧전 5:8).

형제들아 사람이 만일 무슨 범죄한 일이 드러나거든 신령한 너희는 온유한 심령으로 그러한 자를 바로잡고 너 자신을 살펴보아 너도 시험을 받을까 두려워하라(갈 6:1).

모든 기도와 간구를 하되 항상 성령 안에서 기도하고 이를 위하여 깨어 구하기를 항상 힘쓰며 여러 성도를 위하여 구하라(엡 6:18).

우리를 시험에 들게 하지 마시옵고 다만 악에서 구하시옵소서(마 6:13).

시험에 들지 않게 깨어 기도하라 마음에는 원이로되 육신이 약하도다 하시고(마 26:41, 막 14:38).

이에 베드로는 옥에 갇혔고 교회는 그를 위하여 간절히 하나님께 기도하더라(행 12:5).

너희는 우리를 위하여 기도하기를…우리를 부당하고 악한 사람들에게서 건지시옵소서 하라 믿음은 모든 사람의 것이 아니니라(살후 3:1-2).

끝으로 너희가 주 안에서와 그 힘의 능력으로 강건하여지고(엡 6:10).

이는 주께서 내게 전쟁하게 하려고 능력으로 내게 띠 띠우사 일어나 나를 치는 자를 내게 굴복하게 하셨사오며(삼하 22:40).

이 하나님이 힘으로 내게 띠 띠우시며 내 길을 완전하게 하시며 나의 발을 암사슴 발 같게 하시며 나를 나의 높은 곳에 세우시며 내 손을 가르쳐 싸우게 하시니 내 팔이 놋 활을 당기도다(시 18:32-34).

이러므로 내가 하늘과 땅에 있는 각 족속에게 이름을 주신 아버지 앞에 무릎을 꿇고 비노니 그의 영광의 풍성함을 따라 그의 성령으로 말미암아 너희 속사람을 능력으로 강건하게 하시오며(엡 3:14-16).

병사로 복무하는 자는 자기 생활에 얽매이는 자가 하나도 없나니 이는 병사로 모집한 자를 기쁘게 하려 함이라(딤후 2:4).

사랑하는 자들아 우리가 일반으로 받은 구원에 관하여 내가 너희에게 편지하려는 생각이 간절하던 차에 성도에게 단번에 주신 믿음의 도를 위하여 힘써 싸우라는 편지로 너희를 권하여야 할 필요를 느꼈노니(유 1:3).

그러므로 우리는 다른 이들과 같이 자지 말고 오직 깨어 정신을 차릴지라(살전 5:6).

여호와는 나의 빛이요 나의 구원이시니 내가 누구를 두려워하리요 여호와는 내 생명의 능력이시니 내가 누구를 무서워하리요 악인들이 내 살을 먹으려고 내게로 왔으나 나의 대적들, 나의 원수들인 그들은 실족하여 넘어졌도다 군대가 나를 대적하여 진 칠지라도 내 마음이 두렵지 아니하며 전쟁이 일어나 나를 치려 할지라도 나는 여전히 태연하리로다(시 27:1-3).

모든 기도와 간구를 하되 항상 성령 안에서 기도하고 이를 위하여 깨어 구하기를 항상 힘쓰며 여러 성도를 위하여 구하라(엡 6:18).

자, 이 구절들의 내용, 곧 우리가 매일 영적 전쟁을 치르기 때문에 눈을 크게 뜨고 바짝 경계하며 보호 장비를 갖추고 살아야 한다는 사실을 모든 신자가 마음에 새겨야 한다면, 사람들을 이끌며 위험을 경고하도록 하나님이 전쟁의 최전선에 세우신 리더들은 얼마나 더 마음에 새겨야 하겠는가. 리더 공동체는 순진해서는 안 된다. 리더 공동체는 평시처럼 편안한 마음으로 사역해서는 안 된다. 현실을 정확히 보고 경계심을 바짝 끌어올려야 한다. 물론 우리의 대장께서 이미 전쟁을 치르셨고 우리를 위해 궁극적인 승리를 거두셨다. 그분이 우리 안에, 우리와 함께, 우리를 위해 계시기 때문에 우리는 전전긍긍할 필요가 없다. 하지만 우리가 사역하는 환경과 우리 안에 여전히 살아 있는 죄를 망각해서는 안 된다.

우리는 믿음의 가족을 세우는 리더일 뿐만 아니라, 믿음의 전장에서 공격을 받는 병사이기도 하다. 얼마나 더 많은 사상자가 나와야 우리 주변과 우리 안에서 벌어지는 전쟁을 심각하게 받아들일 수 있겠는가? 하나님이 임명하신 리더로서 우리는 전도, 제자 훈련, 교회 성장, 개척, 부흥을 위한 전략 계획을 세워야 한다. 동시에 이 사역을 하는 내내 우리 안팎에서 벌어지는 피할 수 없는 전투를 대비하여 전략을 세워야 한다.

전투를 위한 전략을 세우라

리더 공동체로서 어떻게 전투 전략을 세워야 할까? 세 가지 방법을 제안하고 싶다.

모든 리더는 자신의 약함을 겸손히 인정하고, 그것을 점점 더 깊이 인식해야 한다

나를 비롯하여 교만함으로 영적 공격에 노출된 리더를 많이 봤다. 어떤 리더도 자신은 영적으로 공격받을 일이 없다고 자신할 수 없다. 영적으로 건강한 리더 공동체는 타락한 세상에서 살아가며 사역할 때 따르는 영적 위험을 늘 기억하고 경계한다. 아마 영적 공격 앞에서 겸손보다 더 좋은 방어책은 없을 것이다. 즉, 자신에게 보호하심과 도우심의 은혜가 항상 필요함을 인정해야 한다. 위험을 늘 경계하며 하나님께 도우심을 구하고 동료 리더들에게도 사랑의 도움을 요청해야 한다.

신학 지식과 강력한 은사, 사역 경험, 성공은 리더가 자신을 바라보는 시각을 왜곡할 위험이 있다. 이런 경험으로 이 세상에 사는 동안 우리는 영적 공격에 노출될 수 있다. 이런 것들은 우리를 공격에서 보호해주지 못할뿐더러 오히려 우리가 더 큰 위험에 처했다는 신호일 수 있다. 원수는 예수 그리스도의 교회를 파괴하고 교회 안에서 그리스도의 평판에 흠집 내기를 원한다. 이를 위해 교회 리더 중한 명을 집중적으로 공략하여 도덕적으로 몰락시키는 것보다 좋은 방법이 있을까? 신학적 교만은 우리를 영적 전쟁에서 취약하게 만든다.

사역의 성과에 대한 교만은 우리를 위험에 빠뜨린다. 동료 리더의 지적과 돌봄에 귀를 막고 거부하면 위험에서 빠져나오기 어렵다. 우리를 지적해줄 의지나 용기가 없는 리더들에게 둘러싸이면 위험에 노출된다. 우리를 원수뿐 아니라 우리 자신에게서 보호해달라고 끊임없이 부르짖지 않으면 공격에 노출된다. 자신이 설교자, 목사, 계획자일 뿐 아니라 항상 전쟁을 치르고 있는 병사라는 사실을 망각한 리더는 위험에 취약해진다. 겸손함과 경각심을 갖추지 않아 실패한 리더는 무력해질 수밖에 없다.

리더들은 자신의 죄와 세상의 타락을 늘 기억하며 원수의 간계를 경계해야 한다. 그렇다고 해서 비관적이고 암울한 시각을 품으라는 말은 아니다. 하나님의 경고는 우리를 보호하기 위한 은혜의 도구다. 우리가 승리의 구세주께 부름받았다는 사실을 기억해야 한다. 그리스도는 우리의 승리를 위해 고난당하셨고, 그분의 교회가 건강하고 안전하며 성공하기를 우리보다 더 원하신다. 그분은 우리 마음 깊은 곳의 상태뿐 아니라 우리가 사는 세상이 어떤지를 잘 아신다. 그래서 우리가 어떤 공격과 마주하게 될지도 알고 계신다. 그 모든 것을 직접 경험하셨기 때문이다.

리더 공동체가 복음의 공동체로 올바로 서 있다면, 리더가 자기 연약함을 겸손히 고백하는 일이 그리 어렵지 않다. 모든 사람이 자비롭게 이해해주고 서로 받아주며 기도해주고 도울 방안을 제시하며, 아울러 구주의 회복시키는 은혜에 관한 확신이 있기 때문이다. 반면, 지금이 안전한 때라고 착각하고 스스로 위험에 빠질 일이 없다고 자신하면 위험하다. 그러면 리더 공동체에서 주기적으로 나누어야 할 대화가 이루어지지 않는다. 우리는 복음 덕분에 솔직해질 수 있다. 우리가 솔직히 고백하는 문제에 관해 복음에서 하나님의 도우심을 얻을 수 있기 때문이다. 마지막으로, 동료 리더들에게 존경받고 싶다는 욕심 때문에 영적으로 공격받고 있고 무너질 위기에 처했다는 사실을 감춰서는 안 된다.

리더 공동체와 각 리더가 치르고 있는 영적 전쟁이 공동체 안에서 늘 대화의 주제와 주요 기도 제목이 되어야 한다

하나님이 맡기신 사역을 감당하기 위해 철저하고도 전략적인 계획을 세우는 것은 바람직하다. 나는 복음적인 불만족을 품은 이들을 깊이 존경한다. 여기서 복음적인 불만족이란 하나님이 맡겨주신 사람들이 영적으로 적당히 성장하는 수준에 만족하지 않고, 더 많은 사람이 계속해서 하나님나라로 들어오기를 갈망하며, 교회를 더 많이 개척하기 위해 고군분투하는 것을 의미한다. 리더 공동체가 품은 복음의 비전과 열정이 시들지 않고 꾸준히 자라가는 것을 보면 참 좋다. 리더 공동체에 새로운 피가 주입되고, 그들이 공손함을 갖추면서도 새로운 통찰과 열정으로 현재 상태를 건설적으로 뒤흔드는 것도 좋다. 하나님은 자신의 백성이 앉아서 쉬며 살도록 부르지 않으셨다. "오라, 이제 모든 것이 준비되었으니 너희의 궁극적인 집으로 들어오라"(눅 14:17 참고)는 말이 들릴 때까지 행군하는 삶으로 부르셨다. 교회의 역사, 앞서간 리더들의 삶, 성공적인 사역 단체들이 전략과 계획을 세우는 방법을 열심히 연구해온 전문가들에게 감사한다. 듣고 조사하며 배우기를 멈추지 않는 리더들을 보면 고개를 절로 숙이게 된다.

하지만 리더 공동체가 교회와 사역 단체 리더의 안팎에서 늘 벌어지는 영적 전쟁에 관해 대화로 서로를 보호해주지 않는 모습을 보면 심히 걱정스럽다. 우리는 겸손한 자세로 솔직하게 대화해야 한다. 공감과 연민의 마음으로 다른 사람의 말에 귀를 기울여야 한다. 지혜와 위로, 격려와 경고의 말을 해주어야 한다.

동료 리더가 불의한 일을 벌인 것을 듣고 확인했다면, 우리는 사랑으로 그를 질책해야 한다. 그를 보호하기 위해 그의 길을 막아야 한다. 영적으로 위험한 상태에 빠졌다는 신호 혹은 원수가 그의 마음속에서 이미 승리를 거두었다는 증거를 눈감아주거나 오히려 지지해주어서는 안 된다. 문제를 지적하는 식으로 대화하거나 행동하기는 쉽지 않다. 이는 대개 어색하고 긴장된 상황으로 이어진다. 그래서 누구나 이런 상황을 피하기를 바라지만, 복음의 사랑으로 불타는 리더 공동체라면 이런 상황을 피하지 않는다(갈라디아서 2장에 나온 예를 보라).

어떤 리더가 영적으로 포위됐거나 원수에게 현혹되어 하나님이 그어두신 선을 넘었다는 증거를 보았는데, 사이가 서먹해지거나 동기를 의심받거나 반발을 살까 봐 두려워서 그것을 모른 체해서는 안 된다. 사역이 바쁘다는 핑계로 동료가 무너지지 않도록 지켜주는 일을 소홀히 하지 말라. 성경이 말하듯 영적 전쟁이 우리의 일상이라면, 이 주제가 리더 공동체의 회의 안건으로 항상 올라와야 한다. 이 순간에도 전쟁은 벌어지고 있다. 우리가 영적 전쟁을 아무리 열심히 가르쳐도, 우리 안과 주변의 영적 전쟁을 직시하고 적절히 반응하지 않으면, 사실상 영적 전쟁이 존재하지 않는다는 듯 행동하는 것이다. 그러면 우리의 리더 공동체는 위험에 노출된다. 대장이신 그리스도가 이미 영적 전쟁에서 승리를 거두셨기 때문에 우리는 문제를 솔직히 인정하고 용감하게 다룰 수 있다. 우리는 이 승리를 확신하는 가운데 살고 사람들을 이끌어야 한다.

사탄의 도구에 당하지 않도록 자신을 점검하고 방어해야 한다

사탄이 사역 리더들을 공격하고 무력화하며 패배시키고 실족시키기 위해 사용하는 주요 도구는 바로 '사역'이다. 사역에는 리더의 그릇된 충성과 욕구, 동기를 자극하는 시험이 여기저기 도사리고 있다. 아무리 선한 욕망이라고 해도, 그것이 최우선순위가 되어 우리를 지배하기 시작하면 위험한 것으로 변한다. 원래는 선한 것이 이제 우리를 지배하게 된 것이다. 그런가 하면 우리의 정체성이 흔들릴 때도 있다. 상황에 따라 자신을 다르게 정의하게 되는 것이다. 실패하면 자신을 실패자로 정의하여 영적 공격에 취약해진다. 그런데 성공하면 또 그런대로 기만과 유혹에 빠져 자신을 그릇되게 정의하기도 한다. 사람들의 찬사는 내가 누구이며 무엇이 필요한 존재인지에 대한 생각을 바꿔놓을 수 있다. 한때 종의 자세로 사람들을 이끌던 리더가 자기 성공에 취해 점점 특권 의식에 빠지고, 까다롭게 요구하는 사람이 될 수 있다. 또한 동료 리더들의 신뢰와 존중을 지나치게 중시하면 사람을 두려워하게 된다. 이때는 자신이 영적 공격을 받고 있는지, 영적으로 얼마나 건강한지를 솔직하게 평가하기가 어렵다.

사역 리더는 영적으로 공격받지 않는 요새가 아니라 전쟁의 최전선에서 사역한다. 신학적 전문성도 우리를 공격에서 보호해주지 못한다. 오히려 지식에 대한 교만은 우리를 취약하게 만든다. 강력한 은사가 있다고 해서 공격에 덜 취약해지는 것도 아니다. 죄의 기만적인 속성 때문에 자신보다 남들에게 복음을 더 잘 전하게 될 수 있기 때문이다. 사역자로 부름을 받았다는 강력한 소명 의식이 있어도 공격에서 벗어날 수는 없다. 오히려 자신이 여느 사람과 달리 특별하다는 의식이 생길 수 있다. 사탄은 그 틈을 파고들어 마음속으로 들어와 우리를 무너뜨린다. 사실 성취 욕구 그 자체는 잘못된 것이 아니다. 하지만 그 욕구는 경쟁심, 질투심, 분열, 미묘하거나 노골적인 분노와 원망을 낳을 수 있다. 매일 가까이에서 사역하다 보면, 하나님이 우리를 보호하려고 정해두신 관계의 경계선을 넘어 성적 유혹에 넘어갈 수 있다. 사역의 자금을 관리하는 직책도 유혹에 넘어가기 쉬운 자리다. 복음 전파를 위해 마련된 자금을 개인적인 안락과 사치를 위해 착복할 위험에 빠질 수 있다.

지금까지 예시로 든 전쟁은 사역 리더들이 열심히 일하는 와중에 그들의 마음과 삶 속에서 벌어진다. 사탄은 리더 공동체를 무너뜨리거나 그 구성원들의 삶과 사역을 파괴하려고 무시무시한 무기를 사용한다. 따라서 사탄의 무기에서 우리 자신을 보호할 방안을 연구하고 토론하며 전략을 짜야 한다.

우리 구주는 전쟁에 필요한 모든 도구를 갖추시고 만반의 준비를 하고 계신다. 그렇기에 우리도 준비해야 한다. 원수가 견고한 진을 치기 전에, 우리 힘만으로 이길 수 없는 싸움에서 승리하기 위해 하나님이 주신 도구들을 사용할 만반의 준비를 해야 한다.

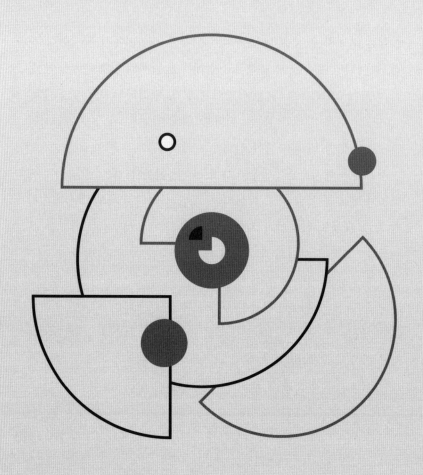

리더는 자발적으로 희생하고 섬기는 삶을
살도록 부름받았다.

7장

종

'종'이라는 개념은 직관과 반대되기 때문에 끊임없이 연구하고 가르치며 기억해야 할 성경적 주제다. 성경에서 영적 리더에 대해 가장 자주 사용되는 단어는 '종'이다. 종이라는 개념은 너무나 중요하므로, 모든 리더는 하나님께 종으로 부름받았다는 분명한 이해를 바탕으로 사역해야 한다. 참된 종은 어디에서 기쁨을 느끼는가? 참된 리더는 자기 능력이 탁월하다는 이유로 기뻐하지 않는다. 자신이 지닌 통제력이나 사람들에게 받는 찬사나 안위로 기뻐하지 않는다. 물론 지위도 기쁨의 원인이 될 수 없다. 종에게 기쁨을 주는 것은 바로 '섬김'이다.

그런데 우리에게 섬김은 왜 그토록 부자연스러운 일인가? 왜 우리는 종으로 알려지기를 원하면서, 섬기라는 부르심에 항상 기쁨으로 응답하지 않는가? 왜 우리는 섬김의 기회를 방해나 귀찮은 일이

나 짐으로 여길 때가 많은가? 왜 우리는 이미 받은 부요함은 잊어버리고 대가만 따질 때가 많은가? 하나님이 교회와 복음 사역의 리더로 부르신 사람들의 마음과 삶에서 종의 자세와 태도를 왜 그토록 찾아보기 힘든 것일까? 내가 볼 때 답은 분명하다. 바울은 고린도후서 5장 15절에서 죄의 DNA가 이기주의라고 주장한다. 죄 때문에 사람은 자기중심적으로 살게 된다. 자신에게만 몰두하고, 자기 방어적 태도를 보이며, 자신을 높이는 일에만 관심을 두게 된다. 또 이기적이라는 말의 뜻처럼 자기 이익만을 꾀하게 된다. 따라서 마음속에 죄가 있는 한, 우리는 삶의 중심에 서려는 유혹에 넘어갈 가능성이 있다. 자신이 원하는 것, 자신에게 필요하다고 생각하는 것, 자신을 만족하고 편안하게 해주는 것을 우선순위에 두는 것이다. 이 글을 쓰면서 내 안에 있는 이기주의를 회개했다. 다른 모든 죄인과 마찬가지로 나는 툭하면 자아라는 우상을 섬긴다. 조금만 방심하면 나에게 편안하고 즐거운 길로 가려고 한다.

따라서 죄인이 자기를 희생하고 부인하는 종의 삶을 기뻐하는 것은 구원하고 용서하는 은혜의 존재와 힘을 잘 보여준다. 죄로 말미암은 개인주의의 강력한 타성에서 해방되려면 은혜가 필요하며, 자신을 향한 충성의 늪에서 벗어나려면 전능한 능력이 필요하다. 죄에 끌려다니기는 너무 쉽다. 그래서 용서받고 의인이 되는 것만큼이나 이기적인 모습이 변화되는 성화가 필요하다. 모든 리더는 이 사실을 반드시 기억해야 한다. 그리스도는 우리를 우리 자신에게서 구하셨고, 지금도 구하고 계시며, 더는 구원이 필요하지 않을 때까지 계속해서 구하실 것이다. 자신의 모습을 돌아보라. 과연 다른 리더들은 우리의 태도와 행동을 보고 "저 사람, 참으로 종의 마음을 가졌네?"라고 말할까?

종이 되는 것은 어렵다: 사례 연구

섬기라는 그리스도의 명령이 얼마나 직관과 반대되는지를 보여주는 사례는 신약에서 아주 쉽게 찾아볼 수 있다. 종의 소명에서 비롯하는 기쁨을 이해하고 누리는 것은 제자들에게 매우 힘든 일이었다. 마가복음 9장 30-37절에 기록된 한 사건을 보자. 여기에서 이 문제가 표면으로 떠오른다.

> 그곳을 떠나 갈릴리 가운데로 지날새 예수께서 아무에게도 알리고자 아니하시니 이는 제자들을 가르치시며 또 인자가 사람들의 손에 넘겨져 죽임을 당하고 죽은 지 삼 일 만에 살아나리라는 것을 말씀하셨기 때문이더라 그러나 제자들은 이 말씀을 깨닫지 못하고 묻기도 두려워하더라 가버나움에 이르러 집에 계실새 제자들에게 물으시되 너희가 길에서 서로 토론한 것이 무엇이냐 하시되 그들이 잠잠하니 이는 길에서 서로 누가 크냐 하고 쟁론하였음이라 예수께서 앉으사 열두 제자를 불러서 이르시되 누구든지 첫째가 되고자 하면 뭇 사람의 끝이 되며 뭇 사람을 섬기는 자가 되어야 하리라 하시고 어린

아이 하나를 데려다가 그들 가운데 세우시고 안으시며 제자들에게 이르시되 누구든지 내 이름으로 이런 어린아이 하나를 영접하면 곧 나를 영접함이요 누구든지 나를 영접하면 나를 영접함이 아니요 나를 보내신 이를 영접함이니라.

내가 이 사건의 배경이 되는 구절까지 인용한 것은 배경이 이기주의의 강력한 타성을 이해하는 데 매우 중요하기 때문이다. 예수님과 제자들은 가버나움으로 가는 길이었다. 예수님은 여행 중 자신에게 죽음이 임박했다고 전보다 더 구체적으로 말씀하셨다. 제자들이 충격과 슬픔에 빠졌을 것으로 생각하는가? 그들의 마음에 슬픔과 연민이 가득했을 것 같은가? 그 순간, 그들이 자신보다 주님을 더 생각했을까? 전혀 그렇지 않았다. 오히려 정반대였다. 그들은 주님의 고난을 생각하는 대신, 누가 가장 큰 자인지를 놓고 입씨름을 벌였다. 실로 부적절한 행동이었다. 그들의 대화는 충격을 줄 만큼 자기중심적이었다. 그리고 안타깝게도 세상에서는 이런 대화를 흔히 들을 수 있다.

길을 가다가 예수님은 제자들이 격하게 언쟁하는 모습을 보셨다. 그래서 목적지에 도착했을 때 그들에게 무슨 이야기를 했는지 물으셨다. 하지만 말 많던 무리는 갑자기 꿀 먹은 벙어리가 되었다. 그들은 자신들이 나눈 대화의 주제를 밝히고 싶어 하지 않았다. 예수님이 자신의 죽음에 관해 말씀하시고 나서 얼마 지나지 않아 제자들은 누가 가장 큰지를 놓고 다툼을 벌였다. 그들은 높으신 분의 고난과 죽음에 애통해하는 대신 서로 자신이 높다고 주장하고 있었다. 예수님의 굴욕을 상상하며 가슴 아파하는 대신, 자신들이 높아지는 데만 관심이 쏠려 있었던 것이다.

지금부터 하려는 말은 당신뿐만 아니라 나 자신을 향해 하는 말이기도 하다. 우리는 자신이 높아지는 데만 관심을 쏟은 제자들과는 다르다고, 절대 그들처럼 할 리가 없다고 생각하기가 너무도 쉽다. 하지만 성경은 이런 구절이 우리를 위해 기록되고 보존되었다는 사실을 상기시킨다. 우리도 이런 사람들과 전혀 다를 바가 없기 때문이다. 우리는 제자들도 언쟁하게 만든 이기주의의 타성에서 아직 온전히 해방되지 못했다. 이런 구절은 우리 자신의 실체를 들여다보기 위한 거울로서 기록되었다.

예수님은 더없이 지혜롭게 반응하셨다. 그분은 사실상 이렇게 말씀하셨다. "좋다. 너희는 큰 자로 부름을 받았다. 하지만 크게 되는 길은 힘과 지위가 아니다. 크게 되는 길은 섬김이다." 이 말씀은 리더의 힘과 지위, 권리에 관한 통념을 뒤엎는다. 섬기지 않는 리더는 사실상 리더가 아니다. 그는 자신이 누려 마땅하다고 생각하는 것을 얻기 위해 자신의 힘과 지위, 자신이 이끄는 사람들을 이용한다. 하지만 진정한 리더는 자신이 이끄는 사역과 사람들을 자신의 소유물로 여기지 않는다. 참된 리더는 사람들을 자기 힘으로 주무를 대상이 아니라 희생과 섬김의 대상으로 여긴다. 모든 사역 리더는 종의 정체성을 품어야 한다. 자신을 종이 아닌 다른 존재로 여기는 리더는 소명의 본질을 망각한 자로서 영적으로 위험한 상태에 놓여 있다.

마가복음에서 이 사건이 일어나고 얼마 후 제자들은 또다시 비슷한 모습을 보여준다. 이 사건은 마가복음 10장 35-45절에 기록되어 있다.

세베대의 아들 야고보와 요한이 주께 나아와 여짜오되 선생님이여 무엇이든지 우리가 구하는 바를 우리에게 하여 주시기를 원하옵나이다 이르시되 너희에게 무엇을 하여 주기를 원하느냐 여짜오되 주의 영광중에서 우리를 하나는 주의 우편에, 하나는 좌편에 앉게 하여 주옵소서 예수께서 이르시되 너희는 너희가 구하는 것을 알지 못하는도다 내가 마시는 잔을 너희가 마실 수 있으며 내가 받는 세례를 너희가 받을 수 있느냐 그들이 말하되 할 수 있나이다 예수께서 이르시되 너희는 내가 마시는 잔을 마시며 내가 받는 세례를 받으려니와 내 좌우편에 앉는 것은 내가 줄 것이 아니라 누구를 위하여 준비되었든지 그들이 얻을 것이니라 열 제자가 듣고 야고보와 요한에 대하여 화를 내거늘 예수께서 불러다가 이르시되 이방인의 집권자들이 그들을 임의로 주관하고 그 고관들이 그들에게 권세를 부리는 줄을 너희가 알거니와 너희 중에는 그렇지 않을지니 너희 중에 누구든지 크고자 하는 자는 너희를 섬기는 자가 되고 너희 중에 누구든지 으뜸이 되고자 하는 자는 모든 사람의 종이 되어야 하리라 인자가 온 것은 섬김을 받으려 함이 아니라 도리어 섬기려 하고 자기 목숨을 많은 사람의 대속물로 주려 함이니라.

이들이 나눈 대화는 매우 흥미롭고 살펴볼 점이 많다. 성경은 우리 마음속에 있는 것이 입으로 나온다고 말한다. 이 말씀에 근거하여 우리는 야고보와 요한의 요구에서 그들의 마음을, 그 요구에 대한 다른 제자들의 반응에서 또 그들의 마음을 엿볼 수 있다. 제자들의 말 이면에 깔린 자기중심주의를 놓치지 않는 동시에, 우리에게도 똑같은 씨앗이 심겨 있다는 사실을 알아야 한다. 야고보와 요한은 예수님께 찾아와 사실상 이처럼 말한 셈이다. "예수님, 저희가 원하는 바를 말씀드리겠습니다. 주님이 메시아의 능력으로 저희가 원하는 것을 주시고, 저희를 영광 중에 주님의 양편에 앉게 해주십시오."

표면적으로, 이 요구는 너무 뻔뻔해 보인다. 우리는 절대 이런 괘씸한 요구를 하지 않을 것 같다. 하지만 과연 그럴까? 개인적인 고백을 하자면, 나는 주님이 더 편한 사역 환경을 허락해주시지 않아서 영적으로 불만에 가득할 때가 많았다. 힘든 모임이나 대화를 한 뒤나 부당한 비판을 받고 '사역이 꼭 이렇게 힘들어야 할까?'라고 푸념한 적이 한두 번이 아니다. 그것은 나 자신에게만 하는 말이 아니라 주님께 불평하는 말이다. 사역이 십자가보다 왕관이 되기를 자주 바랐다. 하나님이 능력을 조금만이라도 발휘해주셔서 내 사역을 조금 더 편하게 해주시기를 바랄 때도 많았다. 또 때로 섬기고 싶지 않을 때도 있었다. 주변 사람뿐 아니라 멀리서 전화를 걸어온 사람들을 섬기는 대신, 오히려 그들에게 섬김을 받고 싶었다. 그런 의미에서 나의 문제점을 드러내는 이 구절에 깊이 감사한다. 당신도 감사하리라 믿는다.

예수님의 메시지는 여기서 끝나지 않는다. 예수님은 우리가 인간을 모델로 삼아서는 안 된다는 점을 분명히 지적하신다. 이방의 지도자들은 자신의 권세를 사랑하고 수시로 권세를 휘둘러 사람들에게 자신이 권세자라는 사실을 알렸다. 예수님은 제자들이 주인이 아닌 종으로 부름받았다는 점을 일깨워주셨다. 제자들은 힘과 지위를 과시하는 것이 아니라 종의 정신으로 사역하도록 부름받았다. 예수님은 이에 대한 본보기로 그분 자신을 제시하신다. 세상에서 힘과 지위와 권세를 휘두를 권리가 있는 사람이 있다면 그분은 바로 인자다. 하지만 예수님은 힘을 발휘하셔서 섬김을 받는 것이 아니라, 심지어 죽음에 이르기까지 섬기기 위해 오셨다. 우리는 문화계나 사업계의 인물이 아니라 예수님을 리더십의 본보기로 삼아야 한다.

이 구절은 특권 의식에 사로잡혀 무리한 요구를 하고, 권력을 휘두르며, 지위에 연연하는 사역 리더들을 향한 경고의 말씀이다. 왜 사역 리더들은 누군가가 자신의 계획에 반대하거나 의문을 제기하면 화를 낼까? 왜 다른 리더들의 은사를 보며 위기감을 느낄까? 왜 주변 사람들을 섬기기보다는 그들이 자신을 섬기기 위해 존재하는 것처럼 굴까? 왜 동료 리더들이나 자신을 도와주는 사역자들에게 때로는 입에 담아서는 안 될 표현을 사용하여 무례하게 말할까? 또 하기 어렵지만 꼭 필요한 대화를 왜 피하는 것일까? 왜 다른 리더들과 비밀리에 야합하여 자신들의 계획을 밀어붙이려고 할까? 왜 연합은 힘들고 분열은 자연스러울까? 이 모든 질문에 대한 대답은 우리가 기꺼이, 인내심을 갖고, 기쁘게, 사랑으로, 희생하여 섬기는 것을 싫어하기 때문이다. 야고보와 요한처럼 대놓고 표현하지 않을지는 모르지만, 우리 안에도 이런 문제가 있다는 증거가 분명히 보인다.

이끄는 것은 섬기는 것이고, 섬기는 것은 기꺼이 고난당하는 것이다

사역 리더로 부름받은 것은 곧 섬기라고 부름받은 것이고, 섬김으로 부름받은 것은 곧 고난받으라고 부름받은 것이다. 나는 여러 나라를 돌아다니면서 젊은 사역 리더들과 대화를 나눌 기회가 많았다. 그때마다 비슷한 불평을 듣게 된다. 그들은 자신이 얼마나 지쳤는지, 사역이 얼마나 고단한지 하소연한다. 쉼의 시간이 절실하고 일정을 조정하는 일이 시급하다고 말한다. 사람들을 이끌기가 얼마나 힘든지 모른다며 한숨을 내쉰다. 이런 대화를 나누다 보면 몇 가지 생각이 든다. 물론 우리의 한계를 알고, 감당할 수 있는 일정을 짜며, 거절하는 법을 배우는 것은 중요하다. 하지만 이 리더들의 마음과 삶 속에서 걱정스러운 일이 벌어지고 있었다.

내가 무엇을 우려하는지 말하기 전에 배경부터 설명해보겠다. 하나님은 주권적이시다. 하나님이 우리의 이야기를 쓰고 계시므로, 우리가 사역의 어느 자리에서 어떤 업무를 하는지까지 완벽히 통제하고 계신다. 따라서 일정에 관한 우리의 불평은 단순히 일정만 불평하는 것이 아니다. 피로에 관한 우리의 불평은 단순히 우리가 얼마나 피로했는지만 불평하는 것이 아니며, 쉼이 없다는 불평은 단순히 시간에 관해서만 불평하는 것이 아니다. 모든 수평적 불평에는 수직적 요소가 있다. 우리는 스스로 잘 인식하지 못할 수 있지만, 식당에서 형편없는 서비스를 불평하는 것은 단순히 특정 웨이터에 관한 불평이 아니다. 그를 훈련하고 그의 업무를 관리하는 매니저에 관한 불평이다.

수평적인 어려움에 관한 불평은 그 어려움을 관장하시는 분에 관한 불평이기도 하다. 이것이 왜 치명적인지 아는가? 은근히 혹은 노골적으로 불평하는 삶은 하나님의 지혜, 선하심, 신실하심에 관한 우리의 확신을 갉아먹는다. 그러면 하나님의 돌보심 안에서 쉬기가 점점 힘들어진다. 왜일까? 더는 믿을 수 없는 사람인데, 그를 찾고 의지하기란 쉽지 않기 때문이다. 그래서 불평의 문화가 싹튼 리더 공동체는 영적 위험에 처해 있다. 예전만큼 믿지 못하는 주인을 기꺼이 섬기기는 어렵다. 우리가 공식적으로 견지하는 신학으로는 그분의 지혜와 선하심, 신실하심을 아무리 크게 외쳐도, 실질적으로는 그것을 믿지 않고 있는 것이다.

자, 이제 내가 무엇을 걱정하는지 말해보겠다. 리더가 은근히 혹은 노골적으로 불평하거나 불만족을 표시한다는 것은 소명의 본질을 오해하고 있다는 신호다. 원래 교회의 삶은 편안히 즐기는 것과 거리가 멀다. 교회란 무엇인가? 교회는 기만과 기능 장애로 가득한 타락한 세상에서 살아가며 죄의 이기주의와 시험의 유혹에 여전히 시달리는 미완성의 사람들이 모인 곳이다. 그러니 편안하거나 쉬울 리가 만무하다. 또 교회는 혼란스럽고 망가진 곳으로 설계되었다. 이것은 우리를 자신을 의지하고 자신에게 집착하는 삶에서 건져내어 하나님과 이웃을 진정으로 사랑하는 사람으로 빚어가기 위한 그분의 계획이다. 하나님은 우리를 편안한 환경 속에 두지 않으셨다. 그 대신 (리더들을 포함하여) 망가진 사람들을 망가진 사람들 옆에 두셨다. 여기에는 우리가 서로의 삶 속에서 변화의 매개체 역할을 감당하게 하시려는 뜻이 있다.

자기를 부인하고 자발적으로 섬기는 삶에서 기쁨을 찾기 전에는 하나님의 이러한 계획 속에서 기쁨을 누릴 수 없다. 우리는 자신을 너무 중요하게 여기기에 사역 리더로서 겪는 고생과 갈등, 끊임없는 업무와 요구에 불평한다. 자신의 안위를 가장 앞세우기 때문에 불평하는 것이다. 우리는 자신이 얼마나 희생했는지를 일일이 따진다. 자기 일정이 너무 버겁다고 불평하고, 다른 사람들의 반응에 너무 예민하게 반응한다. 쉬고 싶다는 말을 입에 달고 산다. 너무 쉽게 상처를 받고, 너무 쉽게 낙심하며, 너무 쉽게 지치고, 너무 쉽게 포기한다. 우리는 더 큰 힘과 통제력을 원한다. 즉, 사역이 자기 뜻대로 이루어지기를 바란다. 물론 종은 절대 이런 통제력을 가질 수 없다.

리더로서 우리는 주인 노릇을 하라고 부름받지 않았다. 우리는 종과 같이 섬기는 자리로 부름을 받았다. 우리를 부르신 주인은 특권을 누리는 삶이 아닌 고난받는 종의 삶을 사셨다. 예수님은 피부가 부드러운 갓난아기 때는 지푸라기에 찔리셨고, 마지막에는 손발에 못이 박히셨다. 이렇듯 우리의 주인은 평생 고난을 겪으셨다. 모든 리더 공동체는 리더들을 부르고 성장시키며 세상으로 파송하신 주인이 종의 마음가짐과 태도로 복종하는 삶을 사신 본을 따라야 한다. 자기중심적인 리더십은 심한 불만족, 통제 욕구, 기쁨의 상실로 이어진다. 이런 결과는 우리가 어떤 삶을 살도록 부름받았는지를 근본적으로 오해한 데서 비롯한다. 앞서 여러 번 말했듯이 여기서도 대화가 중요하다. 리더 공동체는 종의 소명을 받은 우리의 마음이 그 소명을 따르기를 힘들어한다는 사실에 관해 주기적으로 대화를 나누어야 한다.

시간을 내서 당신이 속한 리더 공동체와 함께 다음 구절들을 읽고 묵상하라. 당신의 공동체가 다음과 같은 마음가짐, 태도, 관계 맺음, 사역 방식을 보이고 있는지 점검하라.

> **사도들은 그 이름을 위하여 능욕 받는 일에 합당한 자로 여기심을 기뻐하면서 공회 앞을 떠나니라(행 5:41).**
>
> **그가 내 이름을 위하여 얼마나 고난을 받아야 할 것을 내가 그에게 보이리라 하시니(행 9:16, 하나님이 아나니아를 통해 바울을 부르심).**
>
> **성령이 친히 우리의 영과 더불어 우리가 하나님의 자녀인 것을 증언하시나니 자녀이면 또한 상속자 곧 하나님의 상속자요 그리스도와 함께한 상속자니 우리가 그와 함께 영광을 받기 위하여 고난도 함께 받아야 할 것이니라(롬 8:16-17).**

기록된 바 우리가 종일 주를 위하여 죽임을 당하게 되며 도살당할 양같이 여김을 받았나이다 함과 같으니라(롬 8:36).

너희를 위한 우리의 소망이 견고함은 너희가 고난에 참여하는 자가 된 것같이 위로에도 그러할 줄을 앎이라(고후 1:7).

그들이 그리스도의 일꾼이냐 정신없는 말을 하거니와 나는 더욱 그러하도다 내가 수고를 넘치도록 하고 옥에 갇히기도 더 많이 하고 매도 수없이 맞고 여러 번 죽을 뻔하였으니(고후 11:23).

또한 모든 것을 해로 여김은 내 주 그리스도 예수를 아는 지식이 가장 고상하기 때문이라 내가 그를 위하여 모든 것을 잃어버리고 배설물로 여김은 그리스도를 얻고 그 안에서 발견되려 함이니 내가 가진 의는 율법에서 난 것이 아니요 오직 그리스도를 믿음으로 말미암은 것이니 곧 믿음으로 하나님께로부터 난 의라 내가 그리스도와 그 부활의 권능과 그 고난에 참여함을 알고자 하여 그의 죽으심을 본받아(빌 3:8-10).

참으면 또한 함께 왕 노릇 할 것이요 우리가 주를 부인하면 주도 우리를 부인하실 것이라(딤후 2:12).

도리어 하나님의 백성과 함께 고난받기를 잠시 죄악의 낙을 누리는 것보다 더 좋아하고(히 11:25, 모세에 관한 구절).

형제들아 주의 이름으로 말한 선지자들을 고난과 오래 참음의 본으로 삼으라(약 5:10).

죄가 있어 매를 맞고 참으면 무슨 칭찬이 있으리요 그러나 선을 행함으로 고난을 받고 참으면 이는 하나님 앞에 아름다우니라(벧전

2:20).

그러나 의를 위하여 고난을 받으면 복 있는 자니 그들이 두려워하는 것을 두려워하지 말며 근심하지 말고 너희 마음에 그리스도를 주로 삼아 거룩하게 하고(벧전 3:14-15).

만일 그리스도인으로 고난을 받으면 부끄러워하지 말고 도리어 그 이름으로 하나님께 영광을 돌리라(벧전 4:16).

모든 은혜의 하나님 곧 그리스도 안에서 너희를 부르사 자기의 영원한 영광에 들어가게 하신 이가 잠깐 고난을 당한 너희를 친히 온전하게 하시며 굳건하게 하시며 강하게 하시며 터를 견고하게 하시리라(벧전 5:10).

나로 말미암아 너희를 욕하고 박해하고 거짓으로 너희를 거슬러 모든 악한 말을 할 때에는 너희에게 복이 있나니(마 5:11).

또 너희가 내 이름으로 말미암아 모든 사람에게 미움을 받을 것이나 끝까지 견디는 자는 구원을 얻으리라(마 10:22).

자기 목숨을 얻는 자는 잃을 것이요 나를 위하여 자기 목숨을 잃는 자는 얻으리라(마 10:39).

또 내 이름을 위하여 집이나 형제나 자매나 부모나 자식이나 전토를 버린 자마다 여러 배를 받고 또 영생을 상속하리라(마 19:29).

우리는 그리스도 때문에 어리석으나 너희는 그리스도 안에서 지혜롭고 우리는 약하나 너희는 강하고 너희는 존귀하나 우리는 비천하여(고전 4:10).

우리는 우리를 전파하는 것이 아니라 오직 그리스도 예수의 주 되신 것과 또 예수를 위하여 우리가 너희의 종 된 것을 전파함이라(고후 4:5).

우리 살아 있는 자가 항상 예수를 위하여 죽음에 넘겨짐은 예수의 생명이 또한 우리 죽을 육체에 나타나게 하려 함이라(고후 4:11).

그러므로 내가 그리스도를 위하여 약한 것들과 능욕과 궁핍과 박해와 곤고를 기뻐하노니 이는 내가 약한 그때에 강함이라(고후 12:10).

그리스도를 위하여 너희에게 은혜를 주신 것은 다만 그를 믿을 뿐 아니라 또한 그를 위하여 고난도 받게 하려 하심이라(빌 1:29).

성경은 예수 그리스도의 제자가 지녀야 할 가장 중요한 특징으로 섬김을 꼽는다. 그렇다면 리더로 부름받은 이들은 얼마나 더 섬김을 잘 실천해야겠는가? 당신은 어떤지 모르겠지만, 내게 위의 구절들은 가슴을 깊이 찌르기도 하고 큰 격려도 준다. 이 구절들은 내가 얼마나 형편없는 종인지를 드러낸다. 나는 일이 내 뜻대로 풀리지 않는 것을 지독히 싫어한다. 귀찮은 일이 발생하거나 일이 지체되면 금세 짜증이 난다. 누군가가 나를 지적하거나 내 의견에 반박할 때 내 마음이 요동치지 않는다고 말하면 좋겠지만, 전혀 그렇지 않다. 나를 인정하는 사람들에게 둘러싸여 모든 일이 내 예상대로 흘러가는 한 주를 보내고 싶다. 내 사랑을 비판하는 사람들을 사랑하기가 언제나 힘들다.

그래서 나는 내 구주께 도와달라고 부르짖는다. 나와 동역하는 리더들도 하나님께 부르짖기를 원한다. 그리고 다음과 같은 사실을 기억하며 다시 한번 놀라워한다. 하나님은 나를 사용하신다. 그분은 나를 부르신 것을 실수로 생각하지 않으신다. 나를 역겨워하지도 않으신다. 나의 문제를 끝없는 사랑과 헤아릴 수 없는 인내, 매일 새로워지는 자비로 받아주신다. 또한 하나님은 나의 갈망을 들으시고, 은혜로 내 마음을 종의 형태로 빚어가고 계신다.

우리에게 힘을 주는 아름다운 사실이 하나 더 있다. 기쁘게 섬기고 기꺼이 고난을 받는 삶으로 부르신 것 자체가 은혜라는 점이다. 하나님이 자기부인의 삶을 살도록 나를 부르신 것은 나 자신에게 속박된 상태에서 나를 해방하기 위해서다. 자기중심적인 삶을 살면 절대 행복으로 이어질 수 없고 절대 만족할 수 없으며, 좀처럼 만족하는 마음을 품기도 어렵다. 자신에게 시선을 고정할수록 사역의 어려움만 생각하게 된다. 그럴수록 참된 기쁨과 지속되는 만족은 점점 멀어져만 간다. 하나님이 우리를 종으로 부르신 것은, 자아에 속박되어 점점 낙심하고 쇠약해지는 상태에서 우리를 해방하기 위해 사용하시는 도구다. 종으로 부르신 것은 하나님의 영광과 이웃의 유익만을 위한 것이 아니고, 리더 공동체인 우리에게 주시는 하나님의 은혜다. 종의 길은 자유로 가는 길이며, 위대함으로 가는 길이다. 또 깊고도 사람이나 상황 때문에 빼앗기지 않는 영원한 기쁨으로 가는 자기부인의 길이다. 구속자의 은혜를 통해서만 우리는 힘든 사역의 길에서 기쁨을 발견할 수 있다. 그런 기쁨으로 들어갔는가? 아니면 자신이 주인이라는 기만에 빠져 기쁨을 빼앗겼는가?

나는 이 책에서 가능한 한 솔직하게 이야기하고 싶다. 예수 그리스도의 복음은 말하기 망설여지는 것들, 숨기고 싶은 것들을 솔직히 열어 보이게 해준다. 예수님이 삶과 죽음과 부활을 통해 우리가 축소하거나 숨기거나 부인하고 싶은 문제들을 이미 온전히 다루셨기 때문이다. 온 세상을 돌면서 사역 리더들과 대화를 나눠보면, 많은 리더가 고난받는 종의 소명을 잘 감당하지 못하고 있는 듯했다.

다른 사람을 심하게 비판하는 신학적 오만은 종의 마음이 아니다. 트위터에서 짓밟을 사람을 찾는 것은 종의 마음이 아니다. 성과에 대한 교만은 종의 겸손과 상충한다. 그리스도의 몸의 건강에 여성의 은사가 중요함을 무시하는 것도 예수님의 종이 품어야 할 마음과 어울리지 않는다. 자신이 속한 교회나 사역 단체가 자신의 소유인 양 행동하는 것도 종의 소명을 부인하는 태도다. 동료 리더들이 사랑으로 조언하고, 우려를 표시하며, 지켜보고, 꾸짖는 것을 거부하는 반응 역시 종의 소명을 거부하는 것이다. 목회자보다 정치인에 가까운 리더십을 발휘한다면 종의 마음으로 섬기는 것이 아니다. 사역자들과 함께 주님을 섬기는 것이 아니라 그들이 자신을 위해 존재하는 것처럼 구는 것은 종의 소명을 잊어버린 탓이다. 경멸적이고 무례하며 참을성 없고 공격적인 행동은 종의 삶을 기쁘게 받아들이지 않은 결과다. 사역 리더들 사이의 대화에 불평이 끊이지 않는 것은 종의 마음을 잊고 특권 의식에 빠진 데서 비롯한 것이다. 그리스도를 따라 고난의 길을 걷도록 부름받은 리더들이 사역하다가 조금만 힘들어도 짜증 내는 것을 보면, 우리가 주님이 부르신 삶과 행동에서 벗어나기가 얼마나 쉬운지를 알 수 있다.

　이번 장은 리더들이 읽기 매우 힘들었을 것이다. 나는 비난하기 위해서가 아니라 격려하기 위해 이번 장을 썼다. 그리스도 안에서 얻은 새로운 정체성과 잠재력 덕분에 우리는 얼마든지 더 잘할 수 있다. 우리가 잘할 수 있는 이유는 우리에게 능력이 있어서가 아니다. 우리와 함께 계시고, 우리를 위하시며, 우리 안에 계신 그리스도께 능력이 있기 때문이다. 그분의 은혜는 우리가 새롭게 출발할 수 있는 문을 열어준다. 사역 리더의 역할을 감당하다 보면 고백하고 회개하며 버려야 할 것이 정말 많다. 은혜는 예수님의 종의 마음과 삶에 존재해서는 안 되는 것들을 변명하고 합리화하려는 마음에서 우리를 해방한다.

　이것이 왜 그토록 중요한가? 복음이 현재와 미래에 우리에게 제시하는 모든 소망의 중심에 고난의 종이 계시기 때문이다. 예수님이 기꺼이 자신을 낮추고 부인하지 않으셨다면, 기꺼이 종이 되지 않으셨다면, 또 죽기까지 고난을 감내하지 않으셨다면, 용서도 없고 교회도 없었을 것이다. 그리고 복음의 사명을 감당할 리더도 없고, 그들이 전해야 할 메시지도 없었을 것이다. 고난의 종은 구속 이야기와 복음 메시지의 중심이다. 그렇다면 복음의 사명을 감당하는 교회와 사역 단체 리더로서 우리도 고난받는 종의 자세를 핵심으로 삼아야 하지 않겠는가? 복음의 사명을 감당한다고 하면서도 자신을 종으로 생각하지 않고 종으로서 행동하지 않아 오히려 그 사명에 반대되게 행동하지 않도록 자신을 살펴야 한다.

우리 리더들이 고난받는 종의 복음을 기쁘게 실천하도록 은혜 주시기를 간절히 바란다. 우리가 구주께 부름받은 자리에서 고난받는 종의 자세로 말하고 행동하도록 함께 간구하겠다.

리더 공동체는 어떤 리더든지
자기 문제를 고백할 수 있는 안전한 곳이 되어야 한다.

8장

솔직함

한 교회 위원회 위원에게 전화가 걸려 왔다. 몹시 걱정스러운 목소리였다. 아마도 나의 책 『목회, 위험한 소명』을 읽은 뒤, 내가 이 방면에 지식과 이해를 갖추고 있으니 내게는 털어놓아도 안전하다고 생각했던 것 같다. 그가 전화를 건 이유는 말하지 않아도 알 것 같았다. 목소리에서 긴박감과 불안함이 느껴지는 걸 보니 담임목사가 뭔가 큰 문제를 일으킨 것이 분명했다. 하지만 이 대화를 나눈 후 함께 위기를 다루는 과정이 이 책의 탄생으로 이어질 줄은 미처 몰랐다.

그 일은 문제의 담임목사가 인도하는 교회의 연례 회의가 막 끝난 때 벌어졌다. 그 교회에서는 놀라운 일들이 일어나고 있었다. 지역 사회에 많은 영향을 끼치던 교회는 재정도 탄탄하고 장래도 밝아 보였다. 담임목사는 사람들과 커뮤니케이션을 잘했고, 질의문답 시간에도 귀를 기울이며 적절한 답변을 내놓았다. 토요일 밤에는 교제를 나누며 함께 저녁을 먹고 회의했다. 주일 아침에 담임목사는 새로운 설교 시리즈를 시작할 것이라고 선언하면서 교회가 함께 나아갈 성경적 방향을 제시했다. 누가 봐도 하나님이 맡기신 선한 일을 하는 건강한 교회를 이끄는 좋은 리더였다.

나에게 전화를 걸어온 사람은, 연례회 결과를 보고하고 실행 계획을 의논하러 모인 월요일 밤의 위원회에서 벌어진 일을 설명했다. 모임이 시작되기 직전, 담임목사는 어딘가 약간 불안해 보였지만 다들 대수롭지 않게 생각했다. 한 리더가 대표 기도를 한 뒤에 마이크를 담임목사에게로 넘겼다. 그런데 담임목사는 곧바로 회의 결과를 보고하는 대신 깊은 감정을 실어 말하기 시작했다. 마치 가슴에 돌덩어리를 올려놓은 사람처럼 보였다.

담임목사는 이렇게 말했다. "더는 못하겠습니다. 더 이상 설교를 하고 싶지 않습니다. 더는 회의를 이끌고 싶지도 않고요. 다른 사람들의 문제에 신경 쓸 겨를이 없네요. 어쩌면 이혼해야 할지도 모르겠습니다. 혹시 오해하실까 봐 말씀드리면, 제가 바람을 피운 건 아닙니다. 교회의 재정을 착복하지도 않았고요. 그냥 지쳤습니다. 더는 이 일을 계속하지 못하겠습니다. 목회가 너무 버겁습니다. 진이 빠집니다. 계속할 엄두가 나지 않습니다. 당장 다른 일을 할 계획은 없습니다. 그냥 그만두고 싶을 뿐입니다. 내일부터 목사가 아니라고 생각하니까 얼마나 후련한지 모릅니다. 이 문제로 더 이야기할 생각은 없습니다. 기도해주지 않으셔도 됩니다. 상담받으러 가지도 않을 겁니다. 저를 돕고 싶으시겠지만 정중히 사양합니다. 그냥 저를 내버려두세요. 저를 놔주세요. 퇴직금을 깎는다고 해도 어쩔 수 없습니다. 이젠 지쳤습니다. 그 무엇도 제 결심을 바꿀 수는 없습니다."

그는 이렇게 말을 이어갔다. "혹시 오해하실지 몰라서 말씀드리면, 저는 여전히 성경과 예수 그리스도를 믿습니다. 다만 제가 목회를 계속해야 한다고 믿지 않을 뿐입니다. 가정을 챙기기도 버거운 상황입니다. 아내의 잘못도 아니에요. 단지 부부 관계가 피곤하고 버거워졌을 뿐입니다. 다시 희망을 품고 시도하기를 반복하는 것이 지긋지긋하네요. 앞으로 어디서 무슨 일을 해야 할지 모르겠지만 하나만큼은 분명합니다. 다시는 목회를 하지 않을 겁니다."

이 말을 끝으로 담임목사는 자리에서 일어나 나가버렸다. 리더 중 한 명이 차 앞까지 따라 나가서 다시 차근차근 대화하자고 설득했지만, 담임목사는 아무 대답도 없이 차를 타고 가버렸다. 그를 쫓아갔던 리더는 눈물을 흘리며 회의실로 돌아왔고, 다른 리더들은 충격에 휩싸여 아무 말도 하지 못했다. 내게 전화했던 위원은 그 뒤로 담임목사의 소식을 듣지 못했다고 말했다. 전화도 받지 않는다고 했다. 담임목사는 다시는 그 교회의 문턱을 넘지 않았고 결국 아내와 별거에 들어갔다.

그들이 내게 어떤 질문을 하고 싶은지 잘 알고 있었다. "이제 어떻게 해야 하죠?" 하지만 전화를 끊고 나서 내 머릿속에 떠오른 질문은 따로 있었다. "이 리더와 리더 공동체가 어떻게 했기에 이런 일이 일어났을까?"였다. 그 월요일 밤의 가슴 아픈 사건은 다른 일과 관계없는 개별적인 사건이 아니라, 길고도 어두운 과정의 결말이었다. 이 담임목사는 오랫동안 무거운 짐을 지고 목회를 해왔던 것이 분명하다. 그는 오랫동안 버거운 의무를 감당하느라 힘들었다. 아내와의 관계가 악화하는 데도 긴 시간이 걸렸다. 그뿐 아니라 설교가 즐겁지 않은 일이 되고, 사역 회의가 싫어진 지도 꽤 되었다. 그는 오랫동안 다른 삶을 꿈꾸어왔다. 이 현실에서 탈출할 방법만을 생각해왔을 것이다. 목회하면서 끓어오르는 분노를 감쪽같이 숨겼다. 그는 사람들의 의문을 늘 일축하면서 아무런 문제가 없는 척했다. 하지만 숨기기 기술은 그의 고통을 더 깊어지게 했을 뿐이었다.

담임목사가 그만두기까지 일어난 모든 일은 그가 동료 리더들을 주기적으로 만나는 가운데 진행되었다. 그들은 공식적인 모임과 사역 현장에서, 그리고 복도에서 나누는 가벼운 대화와 교제 시간에 함께했다. 담임목사는 주말 리더 수련회, 리더 세미나, 단기 선교 여행에서도 리더 공동체와 함께했다. 모든 위원회 모임은 식사로 시작했다. 식사 자리에서 깊은 대화가 오갔고, 개인적인 대화를 나누거나 다 같이 기도하는 시간에도 서로 속내를 털어놓았다. 하지만 그 운명의 월요일에 담임목사가 한 말은 충격 그 자체였다.

이 이야기는 단순히 길을 잃은 리더에 관한 것이 아니다. 이것은 담임목사에게 필요한 것을 가장 필요할 때 제공하지 못한 사역 리더 공동체에 관한 이야기다. 서로 깊이 아는 것처럼 보였던 동역이 어떻게 충격적인 선포로 끝날 수 있는가? 어떻게 사역 공동체가 잘 안다고 생각했던 사람을 그토록 모를 수 있었는가? 앞서 했던 말을

이끎

다시 하고 싶다. 분리되어 서로의 속내를 숨기는 그리스도인의 삶은 신약에서 전혀 찾아볼 수 없다. 그리스도의 몸 안에서 다른 지체들의 도움 없이 영적으로 건강할 수 있는 사람은 아무도 없다. 영적으로 너무 성숙해서 다른 사람들의 위로, 경고, 격려, 질책, 교훈, 통찰이 전혀 필요 없는 사람은 세상 어디에도 없다. 모든 사람에게는 문제가 있고 도움의 손길이 필요하다. 또 스스로 볼 수 없는 자기 모습을 보게 해줄 사람이 필요하다. 리더도 예외는 아니다. 단순히 각자의 역할을 함께 감당하는 것만으로는 충분하지 않다. 우리에게 복음의 공동체가 필요하지 않은 순간은 단 1초도 없다. 모든 리더는 영적으로 성숙해지기 위해 영적으로 다른 사람의 도움을 받아야 한다. 모든 리더가 그렇다.

이 극적이고 힘든 순간에 처한 리더들을 돕다 보니, 털어놓아야 할 속내를 숨기는 목사와 리더가 얼마나 많을까 하는 생각이 들었다. 하지만 언제까지고 숨길 수만은 없다. 나는 얼마나 많은 리더가 문제를 솔직하게 털어놓고 함께 해결해나가도 된다고 생각하지 않는지 궁금해지기 시작했다. 또한 사적이거나 공적인 문제를 털어놓으면 다른 리더들이 은혜로 받아주고 거기에서 벗어나도록 도와주리라고 믿지 못하는 리더도 얼마나 많을까. 아내를 사랑하지 않고 자녀와도 사이가 좋지 않은데 그것을 동료 리더들 앞에서 털어놓을 수 있는 리더는 또 얼마나 될까. 리더들이 사실상 서로 잘 모르고, 리더 혼자 문제와 씨름하도록 방치하는 리더 공동체는 얼마나 많을까!

우리는 문제를 안고 있는 리더가 주변 동료들에게 이렇게 말할 수 있을 것으로 여긴다. "이 리더들은 나와 같은 사람입니다. 그래서.여러 문제와 씨름하는 고통을 잘 알고 있습니다. 낙심한 적이 있고, 누구나 어느 때고 그릇된 선택을 내릴 수 있음도 압니다. 이들은 나를 사랑합니다. 분명히 나를 위로하고 격려하며 회복되게 하려고 애쓸 겁니다. 이들에게 내 문제를 솔직히 고백해도 좋다는 생각이 듭니다. 내 문제를 거리낌 없이 이야기할 수 있을 것 같습니다." 리더들이 이렇게 말할 것으로 생각하는가? 전혀 그렇지 않다. 우리는 고백을 망설이고 최대한 뒤로 미룬다. 그것은 우리가 자기방어적이거나 죄를 사랑하기 때문만은 아니다. 리더 공동체가 문제에 빠진 나를 복음의 사랑으로 사랑해줄지 확신하지 못하기 때문이다. 리더들이 희망을 품고 문제를 솔직하게 털어놓을 수 있어야 영적으로 건강한 리더 공동체라고 할 수 있다.

리더들의 솔직함: 성경의 사례 연구

여기서 내가 권하는 솔직함은 어떤 것인지, 그 솔직함의 결과는 무엇인지 성경의 사례를 살펴보자. 사도 바울의 말을 유심히 읽어보라.

> 찬송하리로다 그는 우리 주 예수 그리스도의 하나님이시요 자비의 아버지시요 모든 위로의 하나님이시며 우리의 모든 환난 중에서 우

리를 위로하사 우리로 하여금 하나님께 받는 위로로써 모든 환난 중에 있는 자들을 능히 위로하게 하시는 이시로다 그리스도의 고난이 우리에게 넘친 것같이 우리가 받는 위로도 그리스도로 말미암아 넘치는도다 우리가 환난당하는 것도 너희가 위로와 구원을 받게 하려는 것이요 우리가 위로를 받는 것도 너희가 위로를 받게 하려는 것이니 이 위로가 너희 속에 역사하여 우리가 받는 것 같은 고난을 너희도 견디게 하느니라 너희를 위한 우리의 소망이 견고함은 너희가 고난에 참여하는 자가 된 것같이 위로에도 그러할 줄을 앎이라

형제들아 우리가 아시아에서 당한 환난을 너희가 모르기를 원하지 아니하노니 힘에 겹도록 심한 고난을 당하여 살 소망까지 끊어지고 우리는 우리 자신이 사형 선고를 받은 줄 알았으니 이는 우리로 자기를 의지하지 말고 오직 죽은 자를 다시 살리시는 하나님만 의지하게 하심이라 그가 이같이 큰 사망에서 우리를 건지셨고 또 건지실 것이며 이 후에도 건지시기를 그에게 바라노라 너희도 우리를 위하여 간구함으로 도우라 이는 우리가 많은 사람의 기도로 얻은 은사로 말미암아 많은 사람이 우리를 위하여 감사하게 하려 함이라(고후 1:3-11).

여기에서 나는 배경이 되는 구절까지 인용했는데, 우리의 논의와 관련된 구절은 두 번째 문단이다. 바울이 자신의 힘든 상황을 어떻게 말하는지 주의 깊게 읽어보라. 자기방어적인 모습이라고는 눈곱만큼도 찾아볼 수 없다. 내가 주기적으로 만나는 사역 리더들은 개인적인 경험을 자주 이야기하지만, 자신에 관한 이야기는 쏙 빼놓

을 때가 많다. 어떤 일이 벌어졌고 남들이 어떤 말이나 행동을 했는지만 이야기하고, 자기 마음속에서 벌어지는 문제는 잘 말하지 않는다. 내가 몇 번이나 캐물어야 비로소 자신의 영적 문제를 털어놓는다.

아무리 훌륭한 사역 리더도 항상 옳은 길만 걸을 수 없다는 사실을 누구나 잘 알 것이다. 우리는 그들도 가정이나 사역에 찾아온 어려움으로 낙심한다는 점을 안다. 그들도 짜증이나 분노, 좌절감, 시기심을 느낄 때가 있다. 또 주님을 섬기는 일을 항상 기쁨으로만 하게 되지 않는다는 사실도 안다. 사역 리더들이 수많은 책임과 그에 따른 바쁜 삶으로 힘들어한다는 사실에 대부분 리더가 공감할 것이다. 또 사역 리더가 품지 말아야 할 생각과 욕구에 넘어갈 때가 있다는 점도 인정할 것이다. 하지만 사역 공동체 안에서 이런 문제를 두고 이야기하는 것은 좀처럼 들을 수가 없다.

이제 바울의 이야기로 돌아가 보자. 바울은 고린도후서에서 단순히 힘든 상황만을 묘사하지 않는다. 그는 그 상황 때문에 생겨난 마음의 괴로움을 솔직하게 털어놓는다. "힘에 겹도록 심한 고난을 당하여 살 소망까지 끊어지고 우리는 우리 자신이 사형 선고를 받은 줄 알았으니"(1:8-9). 이보다 더 겸손하고 솔직한 고백이 있을까? 이런 절박한 말이 바울이 입에서 나왔다는 것이 좀처럼 믿기지 않는다. 바울은 복음의 거장이다. 그는 우리를 위해 복음을 해석해준 대학자다. 또 그는 복음의 변화시키는 힘을 삶으로 보여준 산증인이다. 그런 위대한 인물이 절망의 경험을 고백하고 있다. 사도 바울에게도 '다 끝이야'라고 생각한 순간이 있었다. 바울도 우리와 같은 인간이었다. 그도 우리처럼 영적 절망에 빠질 수 있었다. 바울도 나도 이 책을 읽고 있는 어떤 리더도, 마음의 연약함에서 완전히 자유로울 수는 없다. 하지만 우리 대부분이 사역하고 있는 곳의 리더십 문화에서 보면, 바울이 자기 마음의 문제를 솔직히 털어놓는 데 전혀 거리낌이 없었다는 사실이 실로 놀랍다.

지금부터 내가 하는 질문에 답해보라. 리더인 당신은 이 정도의 솔직함을 드러내 보일 수 있겠는가? 당신이 속한 리더 공동체는 자신의 약함과 문제를 고백하는 리더를 은혜로 받아주는가? 혹시 연약한 리더를 은근히 깔보는 분위기가 있는가? 문제를 고백하기 힘들게 하는 문화가 있지는 않은가? 의심과 절망을 고백하는 리더를 리더답지 않게 여기는가? 인내하는 사랑과 복음에 기초한 돌봄이 활발히 이루어져서 모든 리더가 자기 문제를 솔직하게 털어놓을 수 있는가? 이런 환경 덕분에 리더가 장기적으로 영적 건강을 유지할 수 있는가? 동료 리더들에게 자신의 진짜 모습을 숨기는가? 혹은 다른 리더들도 그렇게 하고 있다고 생각하는가? 누군가가 자신의 문제를 솔직히 고백하면 동료 리더들의 격려, 위로, 도와준다는 약속, 경고, 기도가 잇따르는가? 당신은 함께 일하는 리더들을 진정으로 아는가? 당신의 공동체에서 리더들이 기능하고, 서로 관계를 맺는 방식 때문에 개인적인 마음의 문제를 솔직히 고백하기 힘든가?

리더 공동체가 복음의 사역을 탄탄하게 이끌면서, 정작 그 자신은 복음을 부인하는 일이 얼마든지 일어날 수 있다. 두려움, 침묵,

부인, 방어적인 태도, 겸손한 솔직함의 부재 뒤에 숨는 것은 승리의 갈보리가 아닌 깨어진 에덴의 문화다. 하나님이 예수 그리스도의 삶과 희생을 통해 우리에게 주시는 놀랍도록 새로운 삶의 중심에는 고백할 자유가 있다. 하나님은 사랑으로 우리를 어둠에서 빛으로 불러내셨다. 그분은 우리를 수풀 뒤에서 사방이 열린 곳으로 부르셨다. 그것은 우리에게 숨길 것이 없기 때문이 아니다. 은혜로 말미암아 더는 숨길 필요가 없어졌기 때문이다. 우리가 피해서 숨었던 분이 이제는 우리의 아버지이시고, 우리가 숨겼던 것들은 온전히 대속되었다. 신약을 보면 알 수 있듯, 하나님은 그분께 모든 것을 솔직히 드러낼 수 있는 수직적 자유를 우리에게 주셨다. 이 자유는 우리가 함께 살고 서로 관계를 맺는 모습에도 그대로 반영되어야 한다. 우리는 하나님 앞에서 솔직해질 수 있기 때문에 다른 사람들 앞에서도 솔직해질 수 있다. 바로 이것이 야고보가 담대하게 선포한 것이다. "너희 죄를 서로 고백하며 병이 낫기를 위하여 서로 기도하라"(약 5:16).

복음 중심의 리더 공동체는 서로 문제를 털어놓을 수 있는 공동체다. 솔직하게 자기 문제를 고백하면, 서로 보호해주려고 할 뿐 아니라 하나님을 더 깊이 의지하도록 격려할 수 있다. 이렇게 문제를 서로 고백하는 공동체는 대개 겸손하며, 예배가 살아 있고 열심히 기도한다. 문제를 서로 고백하는 리더 공동체에서는 그들이 이끄는 사람들에게 문제가 생겨, 그것을 나눌 때도 서로 부드럽고 친절하게 대해준다. 리더가 이런 공동체에 속하기를 즐거워할수록, 자신에게 은혜가 필요함을 더 분명하게 본다. 더 나아가 그로 인해 다른 사람들에게 더 은혜를 베풀게 된다. 문제를 서로 고백하는 공동체에서는 리더들의 교만은 작아지고 하나님을 향한 예배는 커진다.

당장은 창피하더라도 서로 문제를 고백할 때 섬기는 리더가 자라간다. 솔직하게 고백하며 고통스러워하는 가운데 권력욕은 사라지고 복음의 열정이 자라난다. 바울의 삶이 바로 이와 같지 않았는가? 위의 구절에서 바울은 힘든 상황 가운데서 하나님을 더 의지하게 되었음을 고백하며, 공동체를 위해 겸손하게 기도하는 것으로 끝맺는다. 모든 리더 공동체는 이러한 문화를 촉진하고 권장해야 한다. 리더 공동체로서 우리가 복음 안에서 서로 문제를 고백하고 받아주지 않으면, 우리가 이끄는 사람들은 어떻게 그렇게 해줄 수 있겠는가? 우리가 숨는다면 어떻게 숨어 있는 사람들을 불러낼 수 있는가? 또 우리가 계속해서 문제를 부인하면서 어떻게 사람들에게 문제를 직시하라고 말할 수 있겠는가? 우리는 문제를 두려워하면서 어떻게 사람들이 자기 문제를 고백하게 할 수 있겠는가? 또 리더 공동체 안에서 서로 사랑하지 않으면서, 어떠한 경우든 서로 사랑하라고 말할 수 있겠는가? 리더 공동체의 문화 속에 복음에 대한 실질적인 확신이 없는데, 어떻게 사람들에게 복음을 절대적으로 믿으라고 가르칠 수 있겠는가? 하지만 리더들이여, 복음에 따르면 우리는 분명히 더 잘할 수 있다.

우리는 왜 솔직하지 못한가?

왜 대부분의 사역 리더 공동체의 문화에는 겸손한 솔직함이 없을까? 왜 우리는 영적 낙심이나 문제를 잘 고백하지 못하는가? 왜 동료들이 하나님이 원하시는 모습에서 멀어지는 것을 보고서도 침묵하고만 있는가? 너무도 많은 리더가 자신을 열지 않고 방어적으로 구는 이유는 무엇인가? 왜 우리는 다른 사람들의 죄만 지적하고 자신의 죄는 고백하지 않는가? 리더 공동체 가운데 겸손한 복음에서 나온 솔직함을 찾아보기 힘든 이유는 무엇인가? 이런 질문에 몇 가지 답을 제시하고자 한다. 이 답이 당신의 리더 공동체를 점검하고, 문제를 함께 해결해나가는 계기가 되기를 바란다.

개인적인 성숙에 관한 교만

교만은 모든 사역 리더에게 있는 큰 문제다. 지식이 우리를 교만하게 만든다. 경험이 우리를 교만하게 만든다. 성공이 우리를 교만하게 만든다. 지위가 우리를 교만하게 만든다. 이런 것에 빠질 때 영적으로 위험한 상태에 처한다. 교만은 모든 리더 공동체가 항상 경계해야 하는 죄다. 안타깝게도 너무도 많은 리더가 사역을 하다가 변질된다. 지식과 성공과 명성이 높아지면서 겸손하고 은혜로운 종의 태도가 사라진다. 자신에 대해 말하는 모습에서, 다른 사람들에 대해 말하고 그들을 대하는 모습에서 교만이 배어 나온다.

사역에 관한 지식, 경험, 성공, 지위 때문에 자신을 바라보는 시각이 왜곡되기 시작했는가? 자신의 진정한 정체성이 무엇이고, 자신에게 매일 무엇이 필요한지를 잊어버렸는가? 그러면 자신이나 다른 이들에게 자기 죄와 약점, 실패를 잘 인정하지 않게 된다. 교만과 고백은 서로 적이다. 둘은 항상 상충한다. 복음을 보지 않고 사역의 성공을 통해 자신을 보면 교만이 싹튼다. 많은 리더가 자신은 솔직하게 고백할 것이 없고, 동료 리더들의 사랑과 도움도 필요하지 않다는 착각에 빠져, 자신의 문제점을 고백하지 않는다.

죄를 축소하는 능력

이것은 죄의 가장 무섭고 파괴적인 기만 능력 중 하나다. 우리 안에 여전히 죄가 남아 있기에 우리는 영적인 소경이 될 수 있다. 리더 공동체는 구성원들이 죄를 죄로 여기지 않을 수 있다는 점을 늘 기억해야 한다. 우리는 분노를 의를 위한 열정으로 왜곡할 수 있고, 조급함을 복음의 사명을 수행하기 위한 열정으로 포장하는 기술이 뛰어나다. 또 험담을 우려해서 하는 말이라고 곧잘 주장하며, 권력욕을 하나님이 주신 리더십의 은사로 바꿔버린다.

모든 리더 공동체는 죄를 있는 그대로, 즉 어둡고 비열하며 파괴적이고 불경한 것으로 보는 은혜를 달라고 함께 기도해야 한다. 또한 죄가 죄로 보이지 않을 때가 많다고 인정하면서 하나님께 도움을 구해야 한다. 경건한 슬픔과 겸손한 고백으로 반응하지 않고 죄를 죄로 보지 않음으로써 자기 의를 만들어내려는 시도를 멈추게 해달라고 간구해야 한다. 개인이나 집단의 죄를 축소하는 것을 당연하게 여기는 리더 공동체는 영적으로 큰 위험에 처한 것이다.

다른 사람들에게 존경받아야 한다는 강박 관념

나는 이 유혹에 자주 넘어간다. 물론 리더라면 다 이런 유혹을 느낄 것이다. 우리는 동료 리더들이 우리를 어떻게 생각하는지에 지나치게 연연한다. 나는 하나님의 시각보다 특정한 동역자의 의견에 더 많은 신경을 쓰곤 한다. 나는 다른 사람들에게 존경받기를 지나치게 원한다. 다른 이들이 나를 좋아해 주기를 간절히 바라고, 나에 대해 좋게 말해주었으면 좋겠다. 또 동료 리더들이 내 의견을 지지하고 내 계획에 동의해주기만을 바란다. 그래서 동료들이 어떤 반응을 보일지를 과도하게 신경 쓴다. 여느 리더처럼 나도 다른 사람이 나를 어떻게 생각할지에 너무 많이 연연한다.

리더 공동체 안에서 균형 잡힌 관계를 유지하기는 쉽지 않다. 그래서 우리에게는 많은 은혜가 필요하다. 한편으로, 나와 동료 리더들은 나란히 영적 전쟁을 치르고 있기에 존중과 신뢰의 관계를 맺을 필요가 있다. 그렇다고 동료 리더들의 인정과 존중을 얻는 일에 지나치게 몰입해서는 안 된다. 그들에게 인정과 존중을 받아야 한다는 강박 관념이 그들과 맺은 관계에 영향을 미쳐서는 안 된다. 나에 대한 생각에 그들의 너무 신경을 쓰면 약점과 실패는 감추고 강점은 과장하게 된다. 하지만 내 마음속에서 그들이 적절한 자리를 차지하면, 그들을 하나님이 주신 은혜의 도구로 보고 내 마음과 삶의 문제들을 솔직히 털어놓을 수 있다. 모든 리더 공동체는 이런 균형을 회복하기 위한 은혜를 달라고 기도해야 한다.

사역에서 정체성을 얻는 것

사역 리더가 정체성의 핵심이라면, 당신은 그리스도 안에서 정체성을 세우지 못한 것이다. 그러면 그분의 삶과 사역에서 흘러나오는 인생을 바꿀 많은 위안을 누리지 못한다. 사역 리더를 정체성의 핵심으로 삼으면 두려움과 근심에 시달리고, 그리스도 안에서 얻은 정체성의 특징인 겸손과 용기는 나타나지 않는다. 사람, 장소, 지위 같은 수평적인 것에서 정체성, 의미, 목적, 내적 평안을 찾으려 한다면, 오직 메시아만 주실 수 있는 것을 엉뚱한 곳에서 찾게 된다. 이런 리더는 결국 성공으로 인한 교만이나 실패로 인한 두려움에 빠지고, 자신의 문제를 솔직하게 고백하는 겸손과 용기는 얻지 못한다. 사역을 정체성의 핵심으로 삼으면 리더 공동체 안에 복음 중심의 건강한 관계가 싹트지 못한다. 솔직한 고백을 권장하거나 은혜로 서로 받아주거나 사랑, 존중, 이해를 바탕으로 한 건강한 관계를 맺는 일을 할 수 없다.

실제로는 복음을 의심하는 것

복음을 중심 메시지로 삼고 복음 전파를 핵심 사명으로 삼는 리더 공동체 안에도 복음에 대한 의심 때문에 문제를 고백하지 않는 사람이 있을 수 있다. 마음과 삶과 관계에 문제가 있지만, 복음의 약속에서 비롯한 소망이 아닌 의심과 두려움으로 반응하는 리더가 너무도 많다. 그들은 문제를 고백하면 좋은 결과를 얻으리라고 믿지 못한다. 그래서 침묵이나 부인, 묵묵부답으로 반응한다. 그리스도와 은혜의 공동체 안에서 누릴 수 있는 은혜에 감사하지 않는다. 구원하고 용서하는 은혜를 의심하며, 하나님이 은혜의 도구로 주신 사람들을 오히려 두려워한다.

복음은 용서와 회복의 약속으로 가득하다. 복음은 새롭게 출발할 수 있다는 위안을 제시한다. 복음은 하나님의 명령대로 선을 행하면 삶에서 좋은 열매를 맺는다고 약속한다. 물론 그 열매가 우리가 기대했던 것과는 다를 수도 있다. 또 복음은 하나님의 손에서 나온 고난이 구원하고 용서하며 변화시키는 은혜의 도구라는 사실을 기억하게 해준다. 복음은 모든 면에서 완벽하신 예수님이 하나님께 거부당하셨기 때문에 우리는 거부당할 필요가 없다고 말한다. 모든 리더 공동체가 믿어야 할 사실이 있다. 바로 숨어 있던 곳에서 나오면 좋은 열매를 맺는다는 것이다. 우리가 지금까지 부인해왔던 것을 인정하고 죄를 고백하면 좋은 열매를 맺는다. 자신이 약하다고 인정하면 좋은 열매를 맺는다. 당장 힘들어지더라도 교만을 거부하고 도움을 요청하면 좋은 열매를 맺는다.

주님 앞에서 겸손하고 깨끗한 마음으로 서 있는 것과 주님이 보내신 동료 리더들과의 관계보다도 사역에서 얻는 정체성과 지위를 더 중시할 것인가? 죄가 우리 마음과 삶에 악한 영향을 미치는 것보다 리더의 지위를 잃는 것이 더 두려운가? 우리의 구속자가 온유하고 자비로우며 사랑이 많고 선하시다고 진정으로 믿는가? 그분의 길이 언제나 옳고 참되다고 진정으로 믿는가? 또 그분의 길이 우리의 길보다 위험하다는 기만에 빠져 있는가? 우리의 구주는 죄를 고백하고 치유를 받으라고 말씀하시는데 사실상 복음을 의심함으로 침묵하고 있는가?

이번 장은 정말 쓰기 힘들었다. 쓰는 내내 마음에 찔림이 있었다. "제가 잘못했습니다. 저를 용서해주십시오"라고 고백하지 못하는 이유를 깊이 숙고해야만 했다. 나의 약함을 인정하고 도움을 구하기 어려워하는 이유를 자문하며 답을 찾는 작업은 쉽지 않았다. 아울러 건강한 복음의 공동체에 속하고 싶은 갈망은 더 깊어졌다. 사랑받는다는 느낌을 받을 수 있는 곳, 은혜를 찾을 수 있는 곳, 자신의 약함을 알고 문제를 솔직히 고백하는 일이 늘 일어나는 곳 같은 공동체를 향한 갈망이 더 강해졌다. 이런 주제와 관련해서 모든 리더에게는 은혜가 필요하다. 우리의 동료 리더이자 동반자이며, 친구이신 어린양 주 예수 그리스도의 삶과 죽음과 부활 덕분에 그 은혜는 우리의 것이 되었다. 오직 그리스도의 능력을 통해서만 두려움이 사라지고 우리의 입술에 겸손, 소망, 고백, 찬양이 가득해질 수 있다. 우리가 그분 안에서 쉬고, 그로 말미암아 숨어 있던 곳에서 나와 문제를 고백하게 되기를 소망한다. 이렇게 고백할 때 우리가 두려워했던 나쁜 일은 일어나지 않을 것이다. 오히려 우리는 그리스도가 주시는 좋은 것들을 누리게 될 것이다.

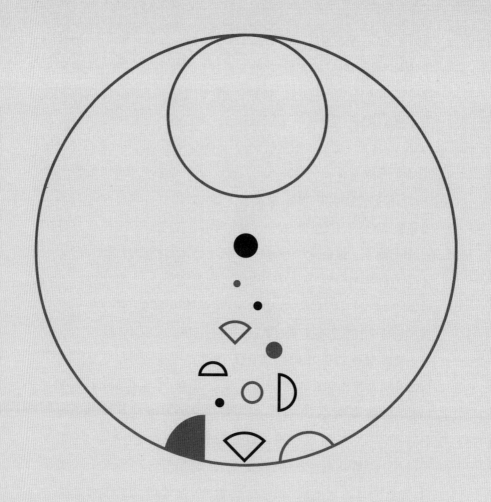

원리 9

어디에서 정체성을 찾느냐가
어떤 리더십을 발휘할지를 결정한다.

9장

정체성

나는 회의실에 앉아 있었다. 나는 신입 회원이었는데, 그곳에서 귀를 의심할 정도로 충격적인 말을 들었다. 내가 우러러보며 닮고 싶어 했던 리더가 전혀 예상치 못했던 문제를 고백했다. 그의 입에서 그런 고백이 나올 줄은 꿈에도 생각하지 못했다. 그는 테이블에 앉은 사람들에게 자신이 이끌고 사랑해야 하는 어떤 사람이 죽도록 미운 지경에 이르렀다고 고백했다. 그 미움과 냉소적인 마음이 너무 깊어져서 이제 그를 보기조차 싫다고 했다. 그와 억지로 말을 섞고 있고, 늘 그 사람에 대해 불평한다고 말했다. 나는 충격을 받았다. 그 리더가 완벽하다고 생각했는데 실상은 그렇지 못해서가 아니었다. 그가 자신의 불완전한 모습을 매일 함께 일하는 동료 리더들에게 털어놓기를 두려워하지 않았기 때문이다.

'나라면 저렇게 못 해!'라는 생각이 가장 먼저 들었다. 나는 그 그

룹에 들어간 지 얼마 안 되었고, 주변 사람들이 나를 좋게 보고 신뢰해주기를 바랐다. 그래서 그토록 솔직하게 나 자신을 드러내는 일은 상상도 할 수 없었다. 내 마음을 털어놓는 것보다 정체성을 구축하는 데 더 신경을 썼다. 회의에서는 거의 말을 하지 않았고, 내 사무실로 돌아와서 찜찜한 마음으로 앉아 있었다. 내 안에서 전쟁이 벌어지고 있었다. 욕구들의 전쟁이었다. 처음에 그 테이블의 한 자리를 제의받고 얼마나 기뻤는지 모른다. 내가 올라가리라고 생각지도 못했던 자리였기 때문이다. 오랫동안 존경해오던 리더들의 동료가 되었다는 사실이 믿기지 않았다. 그래서 나는 그들에게 약한 모습을 보이고 싶지 않았다. 강한 모습만 보여주고 싶었다. 그 회의실 안에 있는 다른 리더들과 버금가는 기여를 하고 싶었다. 하지만 다른 한편으로, 지위에 대한 교만에 지배당하면 복음의 은혜를 향해 달려가지도 않고, 주변의 복음 공동체가 주려는 도움과 보호를 받아들이지 않게 된다는 사실도 잘 알고 있었다. 사역 리더라는 자리에서 나의 정체성을 찾기 시작하면 나에 관해서는 최대한 숨기고, 대화를 주도하며, 좋은 자리를 위해 경쟁하고, 약점을 부인하며, 강한 척하게 된다. 이 외에도 수많은 영적 위험에 노출된다.

첫 모임부터 사역 리더의 자리에서 정체성을 찾을 때의 위험성을 직시할 수 있는 상황을 허락하신 하나님께 감사한다. 그래서 지난 장에서 시작한 주제를 이어서 확장하고자 한다. 사역에서 정체성을 얻는 것은 개인적으로도 위험하고 불행한 일이지만, 서로의 영적 건강을 돌보는 리더 공동체 전체를 뒤흔드는 일이다.

정체성에 관해 이야기해보자

정체성에 관한 성경적인 신학을 논해보자. 그렇게 하면 이 문제가 얼마나 중요한지 그리고 이것이 리더 공동체의 영적 건강과 기능에 어떤 영향을 미치는지를 이해할 수 있을 것이다. 성경에는 정체성에 관한 진술과 용어가 가득하다. 그 예로 피조물, 창조주, 남성, 여성, 아이, 부모, 아들, 딸, 하나님의 아들, 하나님의 자녀, 주인, 제자, 그리스도의 몸, 이방인, 나그네 등을 들 수 있다. 이 외에도 예를 들자면 끝이 없다. 자기 정체성이 무엇인지 고민하는 것은 이성을 지닌 존재인 우리에게 당연한 일이다. 하나님은 우리를 무엇이든 해석하는 존재로 설계하셨다. 우리가 매일 하는 모든 일은 하나님이 누구시고 우리가 누구인지에 대한 해석부터 시작해서, 옳고 그름, 의미와 목적, 관계, 동기에 관한 해석을 바탕으로 이루어진다. 이 외에도 수많은 것에 관한 해석은 우리가 보고 생각하며 선택하고 행동하며 말하는 방식에 영향을 미친다.

이는 가장 영향력 높은 리더부터 영향력이 가장 미미한 조직 구성원까지 누구도 삶의 순전한 사실 그 자체만 보고 반응하지 않는다는 뜻이다. 우리가 보이는 모든 반응은 그런 사실들을 해석한 결과다. 바로 이것이 같은 조직 안에서 같은 상황을 마주하고도 사람마다 반응이 천차만별인 이유다. 우리는 해석하기를 멈추지 않는다. 하나님이 우리를 의미와 이해를 추구하도록 설계하셨기 때문이다. 우리 모두에게는 삶을 이해하려는 깊은 욕구가 있다. 하나님은 우리를 그분께로 이끌기 위해 이런 욕구를 우리 안에 불어넣으셨다. 즉, 하나님은 우리가 그분을 중심으로 우리 자신과 삶과 상황을 이해하기를 원하신다.

내가 오래전에 쓴 책 『치유와 회복의 동반자』*에서 이것이 하나님이 아담과 하와를 창조하신 후 그들에게 말을 하기 시작하신 이유라고 설명했다. 그들은 하나님 없이는 자신의 삶을 제대로 이해할 수 없었을 것이다. 에덴동산에서 하나님은 그들에게 삶을 올바로 해석할 수 있도록, 즉 하나님 중심으로 해석할 수 있도록 기본적인 요소들을 주셨다. 예를 들어, '피조물'을 우리 정체성의 기본적인 조각으로 이해하면 모든 것이 달라진다. 내가 누군가의 손에 창조되었다면, 그 누군가는 어떤 목적으로 나를 창조했을 것이다. 따라서 그 목적을 이해하는 것은 내가 올바르게 기능하는 데 매우 중요하다.

앞서 암시하기는 했지만 분명히 말해보겠다. 인간이 하는 해석 중에서 정체성보다 더 중요하고 삶에 큰 영향을 미치는 것은 없다. 하나님의 완벽한 계획 속에서 그분이 지으신 남녀와 그들의 자손은 핵심적인 정체성을 수직적으로 얻어야 했다. 그들은 수직적인 관점에서 자신을 알고, 자기 의미와 목적을 이해하며, 모든 사람이 원하는 내적 평안을 얻어야 했다. 그들은 이런 수직적 정체성을 통해 삶의 방향을 깨닫고 마음을 보호하기 위한 경계를 세워야 했다. 따라

---

* Paul David Tripp, *Instruments in the Redeemer's Hands: People in Need of Change Helping People in Need of Change,* Resources for Changing Lives(Phillipsburg, NJ: P&R, 2002), n.p. 『치유와 회복의 동반자』(디모데 역간)

이끎

서 아담과 하와의 불순종은 단순히 금지된 음식을 먹은 차원이 아니었다. 그것은 지극히 높으신 하나님의 피조물이라는 정체성을 거부하고, 하나님을 중심에 놓지 않는 정체성을 받아들인 일이었다. 그리고 이 안타까운 거부로 말미암아, 인간의 정체성은 혼란의 수렁이 되었을 뿐만 아니라 치열한 영적 전쟁이 벌어지는 전장으로 전락하고 말았다.

인류가 타락한 이후 사람들은 수직적으로 찾아야 마땅한 것을 수평에서 찾고 있다. 오직 하나님 안에서 세워진 정체성을 통해서만 얻을 수 있는 것을 사람, 장소, 물질을 통해 얻으려고 한다. 그리고 사람들은 정체성의 근원으로 삼는 것이 자기 마음을 지배하고, 더 나아가 삶의 방향을 정한다는 사실을 이해하지 못한다. 정체성의 근원의 되지 말아야 할 것들이 근원이 되는 바람에 끝없는 문제와 혼란을 일으키고 있다.

일은 하나님의 놀라운 선물이다. 하지만 일이 정체성의 핵심이 되어버리면 불행해지며 가정이 무너진다. 가정은 아주 중요한 인간관계다. 하지만 가정이 정체성의 핵심이 되어버리면 배우자에게 자신의 개인적인 메시아가 될 것을 요구한다. 그로써 배우자의 어깨에 도무지 감당할 수 없는 짐을 지우게 된다. 몸은 인간이 존재하는 데 가장 중요한 부분이다. 하지만 몸을 정체성의 주요 근원으로 삼으면, 노화나 노쇠, 질병이 찾아왔을 때 자기 자신을 잃어버린다. 우울증은 강렬한 감정적 경험이다. 그런데 이것을 정체성의 핵심으로 삼으면 영적, 정서적으로 더 나락으로 떨어진다. 이생에서는 수평적으로 정체성을 찾으려는 유혹이 끊이지 않는다. 하지만 수평적으로는 우리가 찾는 것을 얻을 수도 없고, 절대 좋은 열매를 거둘 수도 없다.

그래서 신약은 모든 신자에게 그리스도 안에서의 정체성을 깨닫게 하고, 그 정체성이 삶에 관한 우리의 생각과 실제 삶에 어떤 영향을 미치는지를 설명한다. 몇 구절만 살펴보자.

> 그런즉 누구든지 그리스도 안에 있으면 새로운 피조물이라 이전 것은 지나갔으니 보라 새것이 되었도다(고후 5:17).
>
> 그러나 너희는 택하신 족속이요 왕 같은 제사장들이요 거룩한 나라요 그의 소유가 된 백성이니 이는 너희를 어두운 데서 불러내어 그의 기이한 빛에 들어가게 하신 이의 아름다운 덕을 선포하게 하려 하심이라(벧전 2:9).
>
> 내가 그리스도와 함께 십자가에 못 박혔나니 그런즉 이제는 내가 사는 것이 아니요 오직 내 안에 그리스도께서 사시는 것이라 이제 내가 육체 가운데 사는 것은 나를 사랑하사 나를 위하여 자기 자신을 버리신 하나님의 아들을 믿는 믿음 안에서 사는 것이라(갈 2:20).
>
> 이제부터는 너희를 종이라 하지 아니하리니 종은 주인이 하는 것을 알지 못함이라 너희를 친구라 하였노니 내가 내 아버지께 들은 것을 다 너희에게 알게 하였음이라(요 15:15).
>
> 영접하는 자 곧 그 이름을 믿는 자들에게는 하나님의 자녀가 되는 권세를 주셨으니(요 1:12).

성령이 친히 우리의 영과 더불어 우리가 하나님의 자녀인 것을 증언하시나니 자녀이면 또한 상속자 곧 하나님의 상속자요 그리스도와 함께한 상속자니 우리가 그와 함께 영광을 받기 위하여 고난도 함께 받아야 할 것이니라(롬 8:16-17).

이는 너희가 죽었고 너희 생명이 그리스도와 함께 하나님 안에 감추어졌음이라(골 3:3).

너희가 다 믿음으로 말미암아 그리스도 예수 안에서 하나님의 아들이 되었으니(갈 3:26).

그러므로 이제 그리스도 예수 안에 있는 자에게는 결코 정죄함이 없나니(롬 8:1).

그러나 우리의 시민권은 하늘에 있는지라 거기로부터 구원하는 자 곧 주 예수 그리스도를 기다리노니(빌 3:20).

너희는 그리스도의 몸이요 지체의 각 부분이라(고전 12:27).

너희 몸은 너희가 하나님께로부터 받은 바 너희 가운데 계신 성령의 전인 줄을 알지 못하느냐 너희는 너희 자신의 것이 아니라 값으로 산 것이 되었으니 그런즉 너희 몸으로 하나님께 영광을 돌리라(고전 6:19-20).

우리는 그가 만드신 바라 그리스도 예수 안에서 선한 일을 위하여 지으심을 받은 자니 이 일은 하나님이 전에 예비하사 우리로 그 가운데서 행하게 하려 하심이니라(엡 2:10).

하나님을 따라 의와 진리의 거룩함으로 지으심을 받은 새 사람을 입으라(엡 4:24).

이 외의 많은 구절을 볼 때, 그리스도 안에서의 정체성은 신자들이 자신과 자신이 지어진 목적을 이해하기 위한 결정적 요소가 되어야 한다. 다른 정체성은 모두 신자의 마음을 흔들고, 신자를 다양한 우상숭배에 노출하며, 피조물이 줄 수 없는 것을 피조물에서 구하게 하고, 하나님의 지혜롭고 사랑 가득한 경계에서 벗어나게 한다. 정체성은 삶을 이해하기 위한 기본적인 틀이다. 그래서 정체성은 영적 전쟁이 벌어지는 장이기도 하지만, 우리를 온전하고 안전한 삶으로 회복시키기 위한 성경의 수단 중 하나이기도 하다.

여기서 내가 설명한 내용은 대부분의 사역 리더에게 새로운 통찰을 준다기보다는, 아는 내용을 복습했다고 볼 수 있다. 특별히 사역 리더 공동체의 지속적인 영적 건강과 관련하여 리더들이 이 주제의 중요성을 돌아보게 하고자 이 내용을 넣었다. 모든 리더 공동체의 리더는 정체성을 바탕으로 자신의 사역을 이끌고 있다. 하지만 사역 리더들이 실질적인 의미에서 항상 그리스도 안에서 세운 정체성을 바탕으로 사역하리라고 생각한다면 큰 오산이다. 사역 리더의 정체성은 시험과 영적 전쟁이 일어나는 장이며, 안타깝게도 정체성이 항상 일관되게 유지되지는 않는다. 사역 리더들의 방황과 이후의 몰락은 정체성의 변질에서 시작하는 경우가 매우 많다. 이런 변질은 대개 극적인 사건이 아니라 미묘하고 장기적으로 진행되는 과정을 거친다.

실제로 "사역을 내 정체성으로 삼겠어"라고 말하면서 사역에 뛰어드는 사람은 아무도 없다. 하지만 사역하는 중에 변질이 일어난다. 우리가 이 책에서 논했던 점들, 즉 그리스도의 소명을 받아들이고 그분께 쓰이도록 자기 은사를 사용하는 삶이라는 열매는 올바른 정체성을 보여주는 지표다. 신학적 지식, 깊은 성경 지식, 오랜 사역 경험, 성공, 사람들을 받아주고 존중하며 사랑하는 것, 은사와 영향력, 지위를 올바로 사용하는 것은 리더가 자기 정체성을 제대로 세울 때 시작된다. 그런데 아이러니하게도 그리스도 안에서 세운 정체성에서 비롯한 이런 열매가 다른 곳에서 정체성을 찾도록 유혹하는 요인이 되기도 한다. 복음의 신학을 의식적으로 거부하지는 않지만, 수직적 정체성의 안정성을 수평적 정체성의 불안정성과 맞바꾼다. 이렇게 변질하여 그의 마음이 사역과 관련한 갖가지 우상(지식, 권력, 통제, 지위, 성공, 찬사, 편안한 삶)에 노출된다. 처음 사역을 시작할 때와 완전히 다른 사람이 되어 다르게 행동하는 것이다.

바로 지금, 우리 주변의 수많은 리더에게 이런 일이 벌어지고 있다. 그러니 우리가 어떻게 이런 역학을 걱정하지 않을 수 있겠는가? 리더로서 우리는 서로 보호하고, 리더 공동체의 영적 건강을 유지하기 위해 이 문제를 두고 자주 대화를 나누어야 한다. 우리 마음과 행동에 죄가 없는지 늘 점검해야 한다. 위험한 정체성의 변질을 경험하지는 않았는지 자신을 늘 확인해야 한다. 사역 자체에서 정체성을 찾는 것은 불행하고 영적으로 위험하며 파괴적인 일이다. 그리스도 안에서 세운 정체성을 사역에서 얻은 정체성과 맞바꾼 리더의 삶에는 그 어떤 좋은 열매도 맺히지 않는다.

정체성의 변질을 겪은 리더의 특징

모든 사역 리더에게 정체성은 치열한 전쟁이 벌어지는 영역이다. 그리고 그리스도 안에서 세운 정체성을 사역에서 얻은 정체성으로 맞바꾸는 일은 대개 부지불식간에 그리고 오랜 시간에 걸쳐 진행된다. 따라서 리더가 그리스도 안에서 찾아야 할 것을 사역 리더라는 자리에서 찾을 때 어떤 증상이 나타나는지를 아는 것이 매우 중요하다. 다음 증상들을 눈여겨보라. 하지만 이것은 수많은 증상의 일부일 뿐임을 기억하라.

두려움

정체성, 자신의 가치, 계속해서 노력할 이유, 내적 평안과 안정감을 수평적으로 찾으면 주변의 의견, 반응, 상황에 너무 민감해진다. 사람들이 자신에게 어떻게 반응하는지를 유심히 살피고, 무슨 말을 어떻게 하는지에 귀를 쫑긋하게 된다. 당신과 관련된 논의나 계획을 신경 쓰게 된다. 또 다른 이들의 승진에 배 아파하고, 남들의 성공을 질투한다. 이렇게 주변에 너무 신경을 쓰면 마음의 평안함이 깨지고, 걱정과 근심, 불안감, 두려움이 밀려온다. 이는 악순환으로 이어진다. 신경을 쓰면 신경 쓸 이유가 더 많이 보이고, 그러다 보면 더 많이 신경이 쓰인다. 영적으로 무너지고, 건강한 관계를 맺지 못하게 되며, 의욕을 잃는다. 우리가 두려움을 경험하는 이유는 사역에서 얻을 수 없는 것을 얻으려고 하기 때문이다. 사역 리더가 구주의 대사로 부름받은 자리인 것은 맞다. 하지만 우리는 그 자리를 통해 오직 구주만이 주실 수 있는 것을 얻을 수 없다.

사역의 성공에서 우리가 찾는 평안을 찾을 수는 없다. 계속해서 성공할 수는 없기 때문이다. 성공한 뒤에 실패가 이어지는 경우가 많다. 사람들의 인정과 존경에서 우리의 진정한 가치를 발견할 수 없다. 오늘 우리를 칭찬했던 사람이 내일 우리를 비판할 수 있기 때문이다. 동료 리더들의 훌륭한 본보기는 우리를 영적으로 온전하게 해주지 못한다. 그 어떤 리더도 우리의 개인적인 메시아가 될 수 없다. 그들도 내적 전쟁을 벌이고 있기 때문이다. 리더의 위치에 올랐다는 흥분감은 오래가지 않는다. 곧 큰 책임으로 인한 부담감이 밀려온다. 수직적으로 이미 받은 것을 수평적인 차원에서 찾아봐야 소용없다. 원하는 것을 줄 것 같은 것들은 결국 우리를 실망하게 할 뿐이다.

믿음이 아닌 두려움으로 행동하는 리더가 너무도 많다. 불안감에 쫓기는 리더도 너무 많다. 다른 사람의 비난이나 비판에 너무 신경 쓰는 리더도 많다. 자기 의견이 관철되는 것, 설교를 전하고 박수갈채를 받는 것, 사람들이 자신을 좋아해 주는 것을 지나치게 바라는 리더도 많다. 또 많은 리더가 사역 리더의 삶 자체라고 할 수 있는 고난을 잘 헤쳐 나가지 못한다. 그뿐 아니라 동료 리더들에게 인정받기를 너무 원한 나머지, 자신을 인정해주지 않는 동료들을 미워하기도 한다. 이처럼 정체성과 평안을 수평에서 찾으면 사역이 버거워진다. 그러면 리더는 쉽게 피곤해지고 무너져버린다. 급기야 다른 사역지로 가거나 아예 사역을 그만두려고 고민하는 리더가 참 많다.

나도 주변에 너무 신경 쓰고, 다른 이들에게 안 좋은 마음을 품고, 실망감에 젖어 들었던 시절을 보낸 적이 있다. 그런데 이 모든 일이 언제 일어났는지 아는가? 예수님이 나를 사랑하셔서 은혜를 부어주시고, 모든 약속을 지키시며 은사로 복을 주실 때 그리고 구속의 역사에 참여하도록 나를 부르시고, 힘을 주고 보호해주시며, 나를 변화시키시고 구해주실 때 일어났다. 그런 순간이었는데도 사역 리더로서 나는 복음의 정신을 잃어버린 것이다. 그래서 실제로는 모든 것을 공급받아 부요한 상태였는데도 스스로 가난하게 느껴 다른 것들로 나를 채우려는 정신 나간 짓을 했다.

교만

사역에서 정체성을 찾을 때 찾아오는 두려움과 교만은 같은 뿌리를 두고 있다. 두려움과 교만은 겉보기에는 매우 다르지만, 리더가 이미 받은 것을 엉뚱한 곳에서 찾는다는 점에서는 같다. 사역 리더라는 자리에서 자기 가치, 안전, 사역을 계속할 이유를 찾으면 너무 민감해지고 예민해진다. 그뿐만 아니라 스스로 얻거나 만들어내거나 이루어낼 수 없는 것에 대한 공을 가로채게 된다. 리더의 교만은 앞서 말한 정체성의 변질과 직접적으로 연관된 경우가 많다.

사역 리더라는 자리에서 얻을 수 없는 것을 얻으려면, 자신을 실제보다 더 중요하게 여겨야만 한다. 사역에서 자기 가치를 찾으려 들면, 좋은 성과를 내는 능력이 다른 리더들보다 뛰어나다고 생각할 수 있다. 그런 리더는 잘못된 영적 셈법으로 영적 쉼과 안정을 추구한다. 즉, 2에 2를 더해서 5를 얻으려고 한다. 어떤 리더도 변화를 만들어낼 힘은 없다. 상황은커녕 사람들의 반응을 통제할 힘도 없다. 사람의 마음을 부드럽게 만들 능력, 혹은 충성스럽고 겸손하고 용감하게 만들 능력이 없다. 그리고 동료 리더들의 의견을 완전히 통제할 수 있는 리더도 없다. 리더는 사람들이 복음을 갈망하게 만들 수 없다. 왜냐하면 리더는 변화를 만들어내는 주체가 아니라, 변화시키는 힘이 있으신 유일하신 분의 도구상자 안에 있는 도구일 뿐이기 때문이다.

사역 성과에서 비롯된 리더의 교만은 이기적인 환상이고, 심지어 도둑질한 것과 같다. 오직 구속자만이 하실 수 있는 일을 자신의 성과로 여기는 것이기 때문이다. 그 교만은 사실이 아닌 것에 근거하기에 얇은 거품에 불과하다. 교만은 모든 리더에게 필요한 영적 영양소를 공급하지 못한다.

감정 기복

복음의 진리는, 구주의 임재와 약속, 능력, 사랑, 은혜라는 놀라운 현실만이 사역 리더의 안정을 위한 유일한 바위라는 것이다. 모든 리더는 그 외의 다른 모든 땅이 가라앉는 모래라는 사실을 계속해서 되새겨야 한다. 사역 리더가 걸어가는 길은 어두운 골짜기가 끊이지 않아 험난하다. 우리를 사랑하고 존중하는 사람들이 있는가 하면, 오해하고 비판하는 사람들도 있다. 놀랍게 연합하는 순간이 있는가 하면, 갈가리 찢기는 것만 같은 순간도 있다. 상황에 잘 대처할 수 있는 시기가 있는가 하면, 자신의 약함과 부족함을 통감하게 되는 시기도 있다. 리더의 책임 중에는 즐겁게 할 수 있는 영역과 하기 싫은 영역이 뒤섞여 있다. 사역 리더의 길을 걷다 보면, 이런 부침은 필연적으로 따르기 마련이다.

사역은 우리에게 모든 지각을 뛰어넘는 평강을 줄 수 없다. 그 일은 오직 예수님만 하실 수 있다. 리더의 자리는 어둠 속에서 용기를 줄 수 없다. 그 일은 오직 예수님만 하실 수 있다. 사역 리더의 자리는 항상 우리가 가치 있는 것처럼 느끼게 해줄 수 없다. 그 일은 우리를 위해 보혈을 흘리신 분만 하실 수 있다. 사역은 우리의 굶주린 영혼에 만족을 줄 수 없다. 그 일은 생명의 떡과 생수이신 분만 하실 수 있다. 진정한 만족을 줄 수 없는 영적 음식을 먹으면, 얼마간은 영적으로 강력한 기분을 느낄 수 있지만 이내 다시 굶주림에 빠질 것이다.

주님이 약속하셨고 실제로 주시는 것을 사역 리더의 자리와 기능에서 찾으면 장기적인 영적 건강과 안정을 경험할 수 없다. 리더들이 겪는 감정 기복과 불안정은 앞서 말한 정체성의 변질에서 오는 경우가 많다.

통제

내가 상담했던 사람 중 통제 욕구가 강한 사람들은 하나같이 두려움이 많았다. 얻고자 갈망하는 것을 엉뚱한 곳에서 찾으면 두려움에 빠질 수밖에 없다. 그 두려움을 달래는 한 가지 방법은 통제해야 할 것을 통제하는 것이다. 자신이 구하는 것을 성취할 가능성을 최대한 높이기 위해서다. 시편 112편 7절은 의인에 관해서 다음과 같이 말한다.

그는 흉한 소문을 두려워하지 아니함이여 여호와를 의뢰하고 그의 마음을 굳게 정하였도다.

내가 자주 묵상하는 구절이다. 주님 안에서 정체성과 안정을 얻는 사람은 두려움에서 해방된다. 그는 아무리 나쁜 소식이 들려와도 두려움에 빠지지 않는다. 그의 마음은 불안정하거나 약하지 않고 굳건하다. 그는 자신이 상황을 완벽하게 통제하기 때문에 두려워하지 않는 것이 아니다. 두려워할 것이 없기 때문도 아니다. 그가 두려워하지 않는 이유는 자신의 안정과 평안을 수직적으로 얻기 때문이다. 그는 상황을 통제하려고 하지 않는다. 그의 마음은 상황이 잘 풀리든 풀리지 않든 상관없이 굳건하기 때문이다.

모든 리더 공동체의 리더들은 모든 사람과 모든 상황을 완벽히 통제하시는 하늘 아버지의 온전한 다스림 속에서 편히 쉬거나 스스로 통제하려고 하거나 둘 중 하나다. 모든 리더는 마음의 굳건함을 수직적으로 찾거나 수평적으로 찾는다. 수평적인 시각으로 바라보면 사람, 계획, 상황을 자기 능력이나 자격 이상으로 통제하려고 한다. 통제 욕구는 두려움의 증상이며, 두려움은 우리 마음이 갈망하는 것을 줄 수 없는 가짜 구원자를 믿을 때 나타나는 증상이다.

민감함

이 이야기는 앞서 했으므로 여기서 많은 지면을 할애하지는 않을 것이다. 세상의 것들과 사람들에게서 얻을 수 없는 것을 얻으려고 애쓰면, 사람들이 보이는 반응과 그 결과에 너무 신경을 쓰게 된다. 그러면 주변에서 일어나는 상황에 너무 민감해진다. 자기 자신과 남들에 관한 것을 너무 심각하게 받아들이게 된다. 사람들의 반응을 실제보다 더 중요하게 여긴다. 결과를 자신, 자기 성과, 자기 통찰, 자기 헌신, 자기 충성과 너무 연결 지어 생각하게 된다. 기분 나빠지라고 한 말이 아닌데 괜히 기분 나빠지고, 개인적인 공격이 아닌데 개인적인 공격으로 받아들이며, 아무런 개인적인 요소가 없는 사건과 대화에서 개인적인 의미를 찾아낸다. 이런 자기중심적인 강박증은 리더가 맺고 있는 관계를 망가뜨리고, 그가 속한 리더 공동체의 영적 건강과 연합을 방해한다.

리더들이여, 당신의 마음이나 관계, 리더십에 이런 정체성의 변질이 진행되었다는 증거가 있는가? 예수님 안에서 이미 얻은 것을 수평적으로 찾고 있는가? 두려움, 교만, 통제 욕구, 민감함의 증상이 나타나고 있는가? 마음이 굳건하고 평안한 상태인가? 사역 리더로서 맡은 책임이 당신에게 두려운 짐인가, 아니면 기쁨인가? 마음을 들여다보는 일을 두려워할 필요는 없다. 그 안에서 무엇을 발견하든, 예수님이 그 모든 것을 이미 다루셨기 때문이다.

이번 장을 읽고 낙심한 리더들에게 힘을 주는 이야기로 이번 장을 마무리하고 싶다. 물론 사역 리더의 삶에는 망가진 구석이 많다. 하지만 하나님은 교회의 리더로 선택하신 이들의 죄와 약함을 잘 아신다. 하나님은 우리가 엉뚱한 것들에서 영적 안정을 찾을 때가 있을 줄 알고 계셨다. 우리가 너무 두려워하거나 너무 통제하려고 한다거나, 너무 교만하거나 너무 민감하거나 인정과 성공에 너무 연연할 때가 있을 줄 아셨다. 하나님은 우리의 모든 약함을 아시면서도 구속 역사를 위해 사람들을 이끌 자들로 우리를 선택하셨다. 그분은 우리의 실패에 충격받거나 경악하시지 않는다. 그분이 충격을 받고 우리를 포기하실 일은 절대 없다. 하나님은 우리의 약함 가운데 우리를 만나주신다. 우리의 우상을 부수시고 우리의 마음을 드러내신 뒤 다시 가까이 우리를 불러 말씀하신다. "내가 너를 부른 것은 네게 능력이 있어서가 아니라 내가 능력이 있기 때문이야. 나의 은혜 안에서 쉬거라. 오직 나만 줄 수 있는 것을 다른 곳에서 찾지 마라." 하나님은 사랑이 듬뿍 담긴 이 부드러운 말씀으로 우리가 다시 새롭게 출발하게 해주신다.

원리 10

리더가 넘어졌을 때 하나님의 은혜로
새롭게 출발할 기회를 주어야 한다.

10장

회복

그는 혼란에 빠진 목소리로 내게 전화를 걸었다. 달리 전화를 걸 곳에 없어서 전화했다고 했다. (그는 나의 수업을 청강했던 학생이었다.) 자신의 멘토였던 담임목사가 정서적으로 무너진 것 같다고 했다. 그 담임목사는 이성을 잃고 횡설수설했다고 한다. 그는 담임목사를 집까지 태워다주었다. 그러고서 차에서 내려 혼자 중얼거리며 집으로 들어가는 담임목사를 보고 황급히 내게 도움을 요청하는 전화를 걸었다. 그래서 나는 담임목사에게 전화를 걸어 내 소개를 했다. 전화를 건 이유를 설명하고 필요하다면 상담을 해주고 싶다고 말했다. 담임목사는 관심을 보여줘서 고맙다며 일주일 내내 고된 사역을 하느라 잠을 거의 못 자서 쓰러지기 직전이라고 답했다. 나는 함께 기도해주었지만, 걱정이 가시지 않은 채로 전화를 끊었다. 아무래도 그 목사의 일로 다시 전화가 걸려 올 것 같았다.

몇 주 뒤 모르는 사람에게서 전화가 왔다. 그는 매우 흥분한 상태로, 앞으로 자신이 말할 내용은 즉각적인 조치가 필요한 일인데, 꼭 비밀에 부쳐달라고 신신당부했다. 놀랍게도 몇 주 전에 문제가 있다고 전화가 걸려 왔던 그 담임목사와 관련한 일이었다. 그가 나에게 전화를 건 것은 담임목사를 만나고 나서였다. 담임목사를 만날 수 있는 유일한 시간은 그의 업무가 끝난 후였다. 그가 담임목사의 사무실에 도착해보니 교역자들은 다 집으로 돌아간 뒤여서 사찰집사가 문을 열어주었다. 담임목사의 사무실 문을 두드리자 아무런 답이 없었다. 그래서 잠시 망설이다가 문을 열고 들어갔다. 그런데 목사가 책상에 고개를 박고 엎드려 있었다. 그가 아무리 불러도 대답이 없자 너무 놀라서 목사가 괜찮은지 확인해보려고 목사의 몸을 흔들려고 했다. 그런데 목사에게 가까이 다가간 순간, 술 냄새가 확 풍겼다. 그는 목사가 아프거나 잠자는 것이 아니라 만취했다는 사실을 즉시 알아차렸다.

그는 쿵쾅거리는 가슴을 억지로 진정하며 교회 건물을 뛰쳐나왔고, 내게 전화를 걸었다. 담임목사와 나름 가까웠기에 무엇을 어떻게 해야 할지 모를 정도로 정신이 혼미하다고 했다. 나는 장로회 회장에게 전화를 걸라고 말했고, 그는 그렇게 했다. 마치 교회의 한복판에 폭탄이 떨어진 것과 같았다. 교회 리더들은 그런 문제가 자신들에게 닥칠 줄은 꿈에도 몰랐다. 그토록 출중하고 헌신적이었던 목사에게 그런 일이 일어날 줄은 생각지도 못했다. 무슨 조처를 해야 할지, 교회는 앞으로 어떻게 될지 논하는 장로들의 마음에 무거운 질문이 맴돌았다. 얼마 후, 그 담임목사를 방출하고 새로운 담임목사를 영입하는 방안을 고려하고 있다는 소식을 들었다.

그 담임목사는 분명 리더십과 설교, 목회에 은사를 지닌 사역자였다. 그는 많은 사람을 전도하고 제자로 훈련했으며, 성도들에게 성경과 신학 지식을 열심히 가르쳐온 설교자이자 선생이었다. 그런데 더는 쓸모가 없다고 판단되자, 하나님이 세우신 리더요 그리스도 안에서 함께하는 형제가 아니라 마치 소모품처럼 버려질 처지에 놓였다. 그 교회는 구원하고 회복시키는 은혜의 힘을 믿는 공동체가 마땅히 보여야 할 반응을 했다기보다는, 약해진 선수를 가차 없이 방출하는 프로 스포츠팀처럼 대처했다.

나는 장로들을 만나 이야기를 나눌 수 있는지 물었다. 그들에게 다른 조처를 하라고 제안하고 싶었다. 그렇게 만난 장로들에게 나는 두 가지를 하기 위해 최선을 다했다. 첫째, 훌륭하지만 두려움에 빠진 이 장로들에게 회복시키는 하나님의 은혜와 새롭게 출발하리라는 약속을 상기시켰다. 그러고서 장로와 집사들이 담임목사의 회복을 도울 수 있는 계획을 제시했다. 장로의 아내들은 무너진 목사의 아내를 챙기기로 했고, 필요하다면 베이비시터를 부르기로 했다. 그리고 중독 전문 상담사와 약속을 잡기로 했다. 회복 과정 내내 사랑의 질책과 지원을 병행하기로 했다.

오랜 시간이 걸렸다. 때로는 회복의 기미가 전혀 보이지 않아 낙심하기도 했다. 하지만 하나님은 이 과정 내내 역사하셨다. 많은 사람의 사랑과 지원을 통해 하나님은 이 목사를 회복시키시고, 그의 은사를 되찾게 하시고 그의 궤적을 바로잡으셨다. 그가 목회로 돌아오리라는 보장은 없었다. 하지만 온 성도는 계속해서 그를 지원하고 도우며 상담하고 격려했다.

타락의 길을 걷던 이 목사가 지금은 목회로 돌아왔다고 말할 수 있어서 너무나 기쁘다. 현재 그는 주변 지역으로 뻗어나가는 활력 넘치는 다른 교회의 담임목사로 사역하고 있다. 하나님은 그를 포기하지 않으셨다. 그리고 그분을 따라 교회도 그를 포기하지 않은 것은 너무도 잘한 일이었다. 물론 리더의 회복 과정은, 죄가 얼마나 깊고 심각한지를 제대로 이해하지 못하는 사람들의 생각처럼 아름답기만 하지는 않았다. 하지만 우리가 받은 복음의 중심에는 회복이 있다. 죄로 인해 리더를 사역자의 지위에서 내려오게 하더라도, 그에게 은혜를 베푸는 것은 언제나 옳다. 우리 죄인들에게는 용서하는 은혜, 더 나아가 화해하고 회복하게 하는 은혜가 필요하다. 또 구원하는 은혜도 필요하다. 회복시키는 은혜의 힘을 가까이서 지켜보는 일은 참 기쁘지만, 안타깝게도 하나님이 영향력이 큰 리더의 죄를 밝혀주셨을 때 많은 리더십 공동체가 실제로는 그 은혜의 힘을 믿지 못한다.

모든 사람이 은혜의 힘을 믿지만, 막상 리더에게 그 은혜가 필요한 순간이 오면 그것을 믿지 못한다

모든 교회나 사역 단체의 리더 공동체는 회복의 공동체가 되어야 한다. 그래야 장기적으로 영적 건강을 유지하고, 사역이 진정한 열매를 맺을 수 있다. 회복의 정신과 태도를 갖추고 행동하는 것이 중요하다. 앞서 말했듯이, 사역 리더 공동체는 모든 구성원이 각자 성화의 한복판에 있다는 사실을 늘 기억해야 한다. 그래야 겸손함을 유지하고 옳은 문화를 형성할 수 있다. 죄에서 완전히 자유로운 리더는 없으며, 마음의 주인 자리를 놓고 벌어지는 영적 전쟁에서 완전히 자유로운 리더도 없고, 은혜가 전혀 필요 없는 리더도 없다. 모든 리더는 말과 생각과 행동의 영역에서 매일 하나님 기준에 미치지 못한다. 모든 리더는 생각하지 말아야 할 것을 생각하고, 바라지 말아야 할 것을 바라며, 잘못된 행동이나 말을 할 때가 있다.

한순간이라도 교만이나 정욕에 빠지지 않는 리더는 없다. 짜증, 화, 질투, 조급함에서 완전히 자유로운 리더는 없다. 리더도 사람을 두려워할 때가 있고, 자신이 이룬 성과를 바라보며 교만한 마음을 품기도 한다. 또 다른 교역자들을 깔보거나 다른 이성을 잘못된 시선으로 바라볼 때가 있다. 완벽한 가정을 이루거나 완벽한 부모로서 행동하는 리더는 없다. 모든 리더가 항상 완전히 순수한 동기로 사역하는 것도 아니다. 내가 하고 싶은 말의 핵심은, 어떤 사역 공동체의 리더도 완성되지 않았다는 것이다. 즉, 예수 그리스도의 형상을 완전히 이룬 사람은 세상 어디에도 없다.

모든 리더는 하나님의 성화시키는 은혜로 계속해서 변화되고 있다. 이는 모든 리더의 마음속에 여전히 죄가 남아 있다는 뜻이다. 그렇기에 리더들도 실패하고 죄를 지어 넘어진다. 때로는 분노에 빠져 사역이 흔들리고, 질투심 때문에 영적 건강과 사역에 필요한 관계를 맺지 못하기도 한다. 때로는 높은 자리와 성과에 대한 교만이 강해져서 사역 리더에게 필요한 종의 자세를 취하지 않게 된다. 또 개인의 마음 가운데 있는 죄가 계속 커져, 중독에 빠지고 죄의 노예가 되는 리더도 있다. 점점 하나님을 추구하지 않고 영적으로 메마른 상태에서 억지로 사역하는 리더도 있다. 공적인 사역을 하는 내내 가정 문제가 끊이질 않는 리더도 있는데, 심지어 불륜 관계를 이어 나가면서 사역을 계속하는 경우도 있다. 이처럼 모든 리더에게는 영적 돌봄이 필요하다. 리더도 넘어질 때가 있다. 바로 그때, 사랑으로 회복시키는 은혜가 필요하다.

세계 곳곳을 다니면서 다양한 교파와 문화에서 사역하는 리더들을 만나 이야기해보고서 이런 결론을 내렸다. 우리가 비성경적인 가정을 하는 바람에 리더의 삶과 사역에서 벌어지는 전쟁에 제대로 대처할 준비가 되지 못했다는 것이다. 신학교 졸업생은 무조건 영적으로 문제가 없다는 가정은 잘못되었다. 뛰어난 은사가 있는 리더는 무조건 예수님과 옳은 관계를 맺을 것이라는 가정도 틀렸다. 신학적 통찰이 깊은 리더는 무조건 영적으로 성숙할 것이라는 가정도 잘못되었다. 사역의 성과와 마음의 깨끗함을 혼동해서는 안 된다.

리더가 대외적으로 좋은 모습을 보인다고 해서 그의 사적인 생활에 신경 쓸 필요가 없는 것은 아니다.

리더 공동체가 리더의 상태를 잘못 가정하고 그를 제대로 돌보지 않으면, 그가 무너져 회복의 은혜가 필요할 때 속수무책으로 충격에 휩싸여 있을 수밖에 없다. 리더의 죄가 공동체에 드러나는 것은 하나님이 그를 사랑해서 하신 일이다. 하나님은 그 리더를 친밀한 믿음의 공동체 안에 두셨고, 그 공동체가 죄를 깨우치고 회복시키는 은혜의 도구 역할을 하도록 그 죄를 드러내신 것이다. 모든 리더 공동체는 하나님의 회복시키는 은혜의 도구 역할을 해야 할 때가 있다. 그런 순간은 사적인 작은 사건과 함께 찾아오기도 하고, 대외적으로까지 큰 충격을 주는 사건과 함께 찾아올 수도 있다.

우리가 비성경적인 가정을 하면 그런 순간을 대비할 수 없다. 그래서 그런 상황이 찾아오면 즉시 공포, 분노의 감정을 드러내며 리더를 처벌하고 추방하자는 결론을 내려버린다. 리더가 무너질 때 많은 리더 공동체가 다음 두 가지 반응을 보인다. 이 사실이 실로 안타깝다. 둘 다 회복을 목표로 하는 반응이 아니다.

첫 번째 방식은 자신들이 믿었던 리더에 관해 드러난 사실을 믿지 못하고, 거의 즉시 그를 변호하는 것이다. 그 리더는 그런 짓을 저지를 사람이 절대 아니라며 드러난 사실을 축소하거나 아예 무시한다. 의심받는 리더에게 공개적으로 충성심을 드러내고, 그 의심이 정당하다고 주장하는 사람이나 리더에 관한 정보를 제공한 사람의 동기에 의문을 제기한다. 그러면 결국 그 리더는 자신이 속한 공동체에서 죄를 뉘우치고 회복하는 과정을 밟지 못한다. 그의 마음을 사로잡고 그의 삶을 통제하기 시작한 죄가 오히려 더 깊이 뿌리를 내려 단단히 자리를 잡는다. 지난 십 년간 이 땅의 사역 리더 공동체를 관심 있게 지켜본 사람이라면 이런 일이 계속 반복되었음을 알 것이다.

두 번째 방식도 하나님이 주신 회복의 기회를 잡을 준비가 안 된 반응이다. 리더들은 눈앞의 상황에 충격을 받고, 속았다고 느낀다. 죄를 지은 리더를 연민하는 마음은 없고 분노만 가득하다. 그가 회복되기를 바라며 돌봐주기는커녕 적대적으로 군다. 오로지 징벌을 내릴 생각만 한다. 다른 사람들에게 알리지 말아야 할 사실까지 재빨리 만천하에 공개하여 리더와 그의 가족까지 매장해버린다. 그리고 그 리더와의 관계를 재빨리 청산한다. 이제 그와 대화를 나눌 때 목회적인 내용이 아닌 법적인 이야기만 한다. 그를 더는 리더 공동체의 구성원으로 여기지 않는다. 최대한 빨리 그를 내보내고 다른 리더를 영입하기 위한 협상에 돌입한다.

오해하지는 말라. 타락해서 끝까지 고집을 부리는 리더를 내보내지 말아야 한다는 뜻은 아니다. 다만, 내보내더라도 복음의 정신으로 최대한 회복시키기 위해 노력해야 한다는 말이다. 두 가지 전형적인 반응에서 안타까운 점은 회복시키기 위한 노력이 전혀 없다는 것이다. 리더가 무너지거나 그에 관해 미심쩍은 점이 있어서 내게 전화를 거는 사람들은 대개 충격을 받은 상태이거나 분노의 반응을 보인다. 그럴 때 나는 성경적인 회복이 어떤 것인지를 잘 설명해준다.

다시 말하지만, 죄는 여전히 남아 있다. 따라서 모든 리더 공동체는 회복을 위해 미리 준비하고, 일이 터졌을 때 리더를 회복시키기 위해 최선을 다해야 한다.

회복 이야기

마지막 12장의 내용을 살짝 소개하면, 모든 리더 공동체는 리더십 문화와 관계 속에서 구속자의 회복시키시는 마음을 보여주어야 한다는 것이다. 요나의 이야기만큼 무너진 리더의 회복을 바라시는 하나님의 마음을 잘 보여주는 것은 없다. 이 이야기에서 배울 수 있는 하나님의 마음이 무엇인지 잠시 시간을 내서 살펴보자.

분명 대부분 요나의 이야기를 잘 알 것이다. 하지만 요나의 마음과 하나님의 마음을 다시 한번 확인할 수 있도록 요나서의 구절들을 읽어보자.

> 여호와의 말씀이 아밋대의 아들 요나에게 임하니라 이르시되 너는 일어나 저 큰 성읍 니느웨로 가서 그것을 향하여 외치라 그 악독이 내 앞에 상달되었음이니라 하시니라 그러나 요나가 여호와의 얼굴을 피하려고 일어나 다시스로 도망하려 하여 욥바로 내려갔더니 마침 다시스로 가는 배를 만난지라 여호와의 얼굴을 피하여 그들과 함께 다시스로 가려고 배삯을 주고 배에 올랐더라(욘 1:1-3).

요나만큼 하나님의 계획과 부르심에 저항하는 모습을 잘 보여주는 사례도 없다. 그는 하나님의 부르심을 듣고 몸을 돌려 거기에서 최대한 멀리 떨어지려고 했다. 성경을 통해 요나의 마음을 들여다보면, 그는 하나님에게서 도망칠 수 있다는 착각에 빠져 있었다. 하나님에게서 도망칠 수 있다고 생각한다면 그것은 영적으로 미친 것이다! 요나는 복음을 전하는 사역자로 부름받았다. "복음이라고?" 이렇게 되물을지 모르겠다. 경고의 메시지를 전하도록 부름받은 것은, 곧 그 메시지를 듣고 자기 죄를 살피고 고백하며 죄에서 돌아설 기회를 전하도록 부름받은 것이다. 복음은 바로 그와 같이 작용한다. 하나님이 정말로 사람들을 심판하시려고 했다면, 먼저 경고하실 까닭이 없다. 그래서 그분이 먼저 경고하셨다는 것은 은혜의 아름다운 측면을 보여준다. 명심하라. 복음은 먼저 전한 나쁜 소식을 듣고서 좋은 소식을 좋은 소식으로 받아들일 수 있게 하는 방식으로 작용한다.

하지만 요나는 힘든 것이 뻔한 곳에 가고 싶지 않았다. 또한 이해할 수도, 존중할 수도 없는 문화에서 사는 얼굴도 모르는 사람들에게 받아들이기 힘든 메시지를 전하고 싶지 않았다. 그래서 하나님과 그분의 부르심을 피해 도망쳤다. 요나는 하나님께 반항하며 어리석은 선택을 했지만, 그것을 전혀 깨닫지 못했다. 만약 내가 하나님이라면 요나서는 세 문장으로 끝났을 것이다. "요나, 너는 내게서 도망쳤다. 너는 이제 아웃이다. 다른 선지자들이 줄을 서 있다." 하지만 이런 반응은 그리스도의 마음과 도를 전혀 담지 않고 있다.

4절에서 구속자의 사람들을 회복시키시려는 계획이 처음 암시된다. 성경 원문에는 4절의 "여호와께서" 앞에 "하지만"이라는 말이 붙어 있다. "하지만 여호와께서." 이 두 단어는 성경 전체에서 가장 중요하다. 이 표현은 구속하고 보호하며 회복시키는 하나님의 계획을 보여주며, 하나님이 개입하시는 것이 드러난다. 그러나 그분의 개입은 의로운 심판이 아니라 참아주시는 은혜로 말미암은 것이었다. 당시 요나는 알지 못했지만, 그는 하나님이 가라고 명령하셨던 장소만이 아니라 그를 부르신 하나님께로 돌아가야 했다.

이제 곧 펼쳐질 드라마는 하나님의 크신 주권적 능력을 보여준다. 그런데 이것은 회복을 이야기하는 드라마이기도 하다. 이 사실을 이해하는 것이 중요하다. 하나님은 큰바람을 보내셨다. 평생 바다에서 지내며 잔뼈가 굵은 뱃사람들도 공포에 떨게 할 만큼 무시무시한 풍랑이 일었다. 선원들은 왜 이토록 큰 시련이 닥쳤는지를 파악하기 위해 제비뽑기를 했고, 그 결과 요나가 원인으로 지목되었다. 그들은 요나에게 그가 누구이며 무슨 짓을 저질렀는지 물었다. 요나의 대답을 주의 깊게 읽어보라. "나는 히브리 사람이요 바다와 육지를 지으신 하늘의 하나님 여호와를 경외하는 자로라"(욘 1:9). 이 정체성 선언은 매우 흥미롭다. 문화적으로 그는 하나님을 두려워하는 자였다. 하지만 하나님의 부르심에 반응하는 모습을 볼 때, 그는 전혀 그분을 두려워하는 것 같지 않았다. 그런 면에서 요나의 말은 입으로 고백하는 신학과 실천하는 신학이 전혀 다른 리더의 전형을 보여준다. 그러므로 모든 리더 공동체는 회복을 위해 노력해야 한다. 리더가 공식적으로 고백하는 신앙과 실제로 살며 행동하는 모습 사이에서 미묘하고도 점진적인 균열이 일어나는 경우가 많다. 모든 리더십 공동체는 이렇게 표류할 가능성을 경계해야 한다. 구주께서 주권적인 능력으로 요나의 상황을 어떻게 이끌어가시는지를 주목하라.

> **요나를 들어 바다에 던지매 바다가 뛰노는 것이 곧 그친지라 그 사람들이 여호와를 크게 두려워하여 여호와께 제물을 드리고 서원을 하였더라 여호와께서 이미 큰 물고기를 예비하사 요나를 삼키게 하셨으므로 요나가 밤낮 삼 일을 물고기 뱃속에 있으니라 요나가 물고기 뱃속에서 그의 하나님 여호와께 기도하여(욘 1:15-2:1).**

그렇다. 하나님은 요나는 물론이고 그를 향해 세우신 계획을 버리지 않으셨다. 전체 이야기를 모르는 사람이라면 여기서 끝이라고 생각할지도 모른다. 요나는 거칠게 요동치는 바닷속으로 던져졌다. 의로우신 하나님은 요나에게 마땅한 벌을 내리셨다. 하지만 이것은 끝이 아니었다. 하나님은 요나를 삼킬 물고기를 예비하셨다. "물고기를 예비하사"라는 표현에 주목해보라. 이 말은 하나님의 권세가 어디까지 미치는지를 보여준다. 하나님은 막 나가는 선지자를 회복시키기 위한 도구로 물고기까지 섭외할 능력이 있으시다. 만물을 온전히 다스리시는 하나님은 자신의 대변자로 부르신 이들의 삶에서 원하는 일을 이루시기 위해 무엇이든 사용하실 수 있다.

이끎

요나서에서 작은 돌이킴을 볼 수 있다. 하나님을 피해 도망치기로 작정했던 사람이 이제 그분께 기도하기 시작한다. 요나가 바닷속에서 드리는 기도를 보면 그의 마음을 엿볼 수 있다. 10절에 하나님이 예비하신 물고기가 무엇을 위해 준비된 것인지를 알려주는 단서가 나온다. "여호와께서 그 물고기에게 말씀하시매 요나를 육지에 토하니라." 때로 회복의 은혜는 구토 같아 보인다! 회복의 은혜는 항상 깔끔하고 편안하지만은 않다. 오히려 회복은 불편하고 힘든 과정을 거쳐 찾아오는 경우가 많다.

요나 이야기는 회복의 핵심을 보여준다. 회복은 단순히 리더를 재빨리 복직시키는 것보다 훨씬 더 깊고도 근본적인 작업이다. 나머지 이야기에서 보듯이 요나는 단순히 복직되는 것보다 훨씬 더 많은 것이 필요했다. 하나님은 회복시키시는 은혜를 베푸실 때 우리를 우리 자신에게서 구원하시는 일을 핵심으로 하신다. 요나는 단순히 풍랑이나 물고기, 니느웨 사람들에게서 구원되는 것 이상이 필요했다. 요나의 문제점이 바로 요나 자신이었기 때문이다. 따라서 요나가 하나님과 그분의 소명으로 회복되기 위해서는 자기 자신에게 종노릇하는 데서 해방되어야 했다.

나는 요나서 3장의 첫 구절을 좋아한다. 깊은 격려와 소망을 전하기 때문이다. 아울러 이 구절은 내가 동료 리더들에게 보여주어야 할 하나님의 마음의 단면을 보여준다. "여호와의 말씀이 두 번째로 요나에게 임하니라." 바로 이것이 회복의 핵심이다. 회복은 곧 새로운 시작이다. 은혜의 복음은 '이미'와 '아직' 사이를 살아가는 모든 사역 리더에게 이러한 회복을 제시한다. 하나님의 소명이 요나 그리고 우리에게 한 번만 오는 것이 아니라는 사실은 실로 놀랍다. 어리석게 행하고 반항하며 방황하는 우리에게 그 소명은 두 번째로 임한다. 하나님이 우리의 이기적이고 변덕스러운 마음을 훤히 아시는데도 여전히 우리를 사용하신다는 사실이 실로 감격스럽다. 도망자 요나가 설교자 요나가 되었다. 니느웨에서 최대한 멀리 도망쳤던 요나는 나중에 니느웨의 거리로 걸어 들어가 하나님의 메시지를 전했고, 아름다운 결과를 낳았다.

여기서 마침내 요나의 이야기와 회복시키는 은혜의 역사가 대단원의 막을 내렸다고 생각하기 쉽다. 하지만 아직 아니다. 니느웨의 회복 앞에서 요나가 보인 반응을 보라.

> 요나가 매우 싫어하고 성내며 여호와께 기도하여 이르되 여호와여 내가 고국에 있을 때에 이러하겠다고 말씀하지 아니하였나이까 그러므로 내가 빨리 다시스로 도망하였사오니 주께서는 은혜로우시며 자비로우시며 노하기를 더디하시며 인애가 크시사 뜻을 돌이켜 재앙을 내리지 아니하시는 하나님이신 줄을 내가 알았음이니이다 여호와여 원하건대 이제 내 생명을 거두어 가소서 사는 것보다 죽는 것이 내게 나음이니이다 하니(욘 4:1-3).

요나는 화를 내며 니느웨에 대한 하나님의 지혜로운 처분에 의문을 품었다. 이것을 보면 요나는 사역자로 복귀했지만, 내면은 아직 온전히 회복되지 않았음을 알 수 있다. 그는 하나님의 은혜 앞에서 깨달음을 얻고 겸손해져야 했지만 그러지 못했다. 은혜의 선물을 받을 자격이 없는 사람들이 그 선물을 받았다며 분노했다. 그 분노가 얼마나 심했는지 차라리 죽는 것이 낫다고 할 정도였다. 여기서 우리는 리더의 회복이 단순히 공식적으로 발표하는 수준, 상황만 해결되는 수준, 지위가 복권되는 수준에 그쳐서는 안 된다는 사실을 마주한다. 회복은 반드시 마음 깊은 곳에서 이루어져야 한다. 마음 깊은 곳에서 회복이 이루어지지 않으면, 리더와 그의 공동체는 또다시 문제를 일으킬 수밖에 없다. 그것은 문제의 핵심인 마음이 하나님이 원하시는 상태로 회복되지 않았기 때문이다.

곧바로 이어지는 상황은 요나 이야기에서 가장 중요하다. 이 구절에서 우리는 귀중한 통찰을 얻을 수 있다.

> 요나가 성읍에서 나가서 그 성읍 동쪽에 앉아 거기서 자기를 위하여 초막을 짓고 그 성읍에 무슨 일이 일어나는가를 보려고 그 그늘 아래에 앉았더라 하나님 여호와께서 박넝쿨을 예비하사 요나를 가리게 하셨으니 이는 그의 머리를 위하여 그늘이 지게 하며 그의 괴로움을 면하게 하려 하심이었더라 요나가 박넝쿨로 말미암아 크게 기뻐하였더니 하나님이 벌레를 예비하사 이튿날 새벽에 그 박넝쿨을 갉아먹게 하시매 시드니라 해가 뜰 때에 하나님이 뜨거운 동풍을 예비하셨고 해는 요나의 머리에 쪼이매 요나가 혼미하여 스스로 죽기를 구하여 이르되 사는 것보다 죽는 것이 내게 나으니이다 하니라 하나님이

요나에게 이르시되 네가 이 박녕쿨로 말미암아 성내는 것이 어찌 옳으냐 하시니 그가 대답하되 내가 성내어 죽기까지 할지라도 옳으니이다 하니라 여호와께서 이르시되 네가 수고도 아니하였고 재배도 아니하였고 하룻밤에 났다가 하룻밤에 말라 버린 이 박녕쿨을 아꼈거든 하물며 이 큰 성읍 니느웨에는 좌우를 분변하지 못하는 자가 십이만여 명이요 가축도 많이 있나니 내가 어찌 아끼지 아니하겠느냐 하시니라(욘 4:5-11).

하나님은 요나가 아직 마음을 회복해야 한다는 것을 아시고 그의 마음 상태를 드러내기 위해 시청각 교육을 하셨다. 하나님의 은혜에 대해 요나는 감격과 감사가 아닌 분노로 반응했다. 그는 자격 없는 자들에게 긍휼의 손길이 뻗쳤다는 사실에 분노했다. 요나의 마음은 하나님의 메시지, 방식, 인격과 완전히 어긋났다. 이는 그가 결국 하나님이 명령하신 곳으로 가서 시키신 일을 했지만, 마음속에서는 하나님의 사자라는 소명을 버렸다는 뜻이다. 리더가 맡은 사역을 잘 수행한다고 해서 그가 영적으로 하나님이 원하시는 상태일 것이라고 속단해서는 안 된다.

요나가 이 지경이니 하나님이 그의 저항과 분노에 결국 질리셨다고 생각하기가 쉽다. 하지만 요나가 성 밖에서 뿌루퉁해 있을 때, 하나님은 이번에도 피조물을 도구로 사용하셔서 그를 회복시키기 위한 역사를 다시 시작하셨다. 요나의 이야기가 열린 결말로 마무리된다는 점을 주목해야 한다. 요나는 계속 분을 내며 반항했지만, 하나님은 회복의 은혜로 그를 만나주고 계셨다. 요나서는 요약하거나 정리하는 내용이 아닌 하나님의 질문으로 끝난다. 이 질문은 은혜로우며 인내하시는 하나님이 요나의 마음에 깨달음을 주셔서 고백과 회개로 이끌기 위해 던지신 것이다.

모든 리더 공동체가 이런 하나님의 회복시키려는 마음을 드러내기를 기도한다. 회복은 죄의 파괴적인 현실을 축소하는 것이 아니라, 죄를 심각하게 받아들이는 동시에 회복시키는 은혜의 힘을 믿는 것이다. 회복은 마음을 변화시키고 삶을 재건하시는 하나님의 능력을 믿는 것이다. 또한 회복은 리더를 최대한 빨리 사역의 안장에 다시 앉히는 것이 아니라, 무너진 리더가 마음과 삶의 영적 건강을 회복하기를 바라는 것이다. 회복은 리더가 자리에서 물러나더라도 그에게서 등 돌리지 않고, 오히려 그에게 죄와 회복이 절실히 필요하다는 사실을 인정하며, 은혜로운 마음으로 더 가까이 다가가는 것이다. 회복은 자신이 하나님의 사자라는 소명을 진지하게 받아들여야 하는 또 다른 영역이다.

유혹에서 완전히 자유로운 리더는 없다. 완전히 성화되어 죄에서 자유로운 리더도 없다. 단 한 명도 없다. 리더도 영적으로 눈멀 수 있다. 모든 리더가 항상 하나님의 마음을 품고 살아가는 것은 아니다. 리더라고 해서 하나님이 부르신 일에서 언제나 기쁨을 느끼는 것도 아니고, 나쁜 태도로 은밀하게 죄를 숨길 수 있다. 또 리더라고 해서 항상 하나님께 순종하는 것도 아니고, 하나님께 받은 은혜를 항상 다른 이들에게 베푸는 것도 아니다. 리더도 길을 잃을 수 있다. 리더의 삶에도 죄가 나타날 수 있다는 사실, 사역이 영적 전쟁의 현장이라는 사실을 꼭 기억해야 한다. 따라서 모든 리더 공동체는 회복시키는 사역으로 부름받는 슬프고도 안타까운 순간을 준비해야 한다. 교회라는 조직을 보호하기 위해 거기 속한 리더와 구성원을 더는 쓸모없는 소모품처럼 여겨서는 안 된다. 회복의 구체적인 방안과 과정에 관해 생각할 점이 너무도 많다. 그래서 나는 이 주제에 관한 책을 쓰기로 했다.

모든 리더 공동체가 요나서에 아름답게 그려진 하나님의 마음을 품기를 소망한다. 그리고 다른 이들에게 베푸는 은혜가 자신에게도 필요하다는 사실을, 모든 리더가 솔직하고도 겸손하게 받아들이기를 소망한다. 우리는 모두 하나님의 은혜로 회복되었고, 지금도 같은 은혜로 회복되고 있으며, 마침내 하나님이 우리를 그분의 형상으로 완전히 회복시키시기 전까지 그 역사를 멈추지 않으실 것이다. 이 놀라운 사실에 대한 감사가 우리 마음에 가득 차기를 바란다. 그리고 죄의 늪에 빠진 동료 리더들을 볼 때, 그러한 감사를 바탕으로 반응하기를 소망한다.

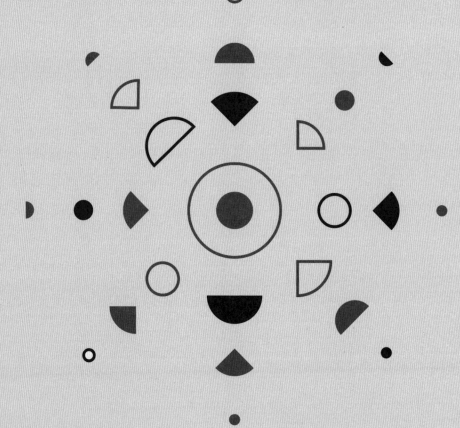

원리 11

복음의 공동체에 속한 리더만이
오랫동안 건강하게 사역할 수 있다.

11장

장기적인 사역

그 말을 들었을 때 나는 두려움과 낙심에 빠져 있었다. 지칠 대로 지쳐서 몸과 마음이 너덜너덜해져 있었다. 누구와도 말하고 싶지 않았다. 나는 도망치는 실패자였다. 사역 리더로서 삶을 이어간다는 것은 더는 상상조차 할 수 없었다. 한때는 열정도 있었고, 이루고자 갈망했던 꿈도 있었다. 하지만 열정은 당장 내려놓고 싶은 짐으로 변했다. 안전한 착륙지를 발견했고, 하루빨리 사역의 짐을 벗고 그곳에 착륙하고 싶었다. 이미 사람들에게 선언도 했다. 현재에는 마음을 닫고 미래를 향해서만 열어둔 상태였다. 꼭 나누어야 할 힘든 대화도 다 끝냈다. 이제 할 만큼 했다. 어색한 만남, 따가운 눈총이 느껴지는 만남을 더는 원치 않았다.

그가 내게 다가왔을 때 그저 간단하게 "안녕하세요, 목사님을 위해 기도하고 있습니다"라는 말을 할 것으로 예상했지만, 그는 그 이상, 아니 그것을 훨씬 더 뛰어넘는 말을 건넸다. "목사님, 목사님이 아직 덜 성숙한 줄 압니다. 하지만 저희는 목사님께 떠나시라고 요구하지 않았습니다." 잠시 뜸을 들이던 그는 다시 말을 이어갔다. "덜 성숙한 리더가 떠난다면 어느 교회가 성숙한 리더를 얻을 수 있겠습니까? 가지 마십시오." 그 순간, 그 말의 강력한 힘에 나는 얼어붙었다. 그것은 복음의 말이었다. 그것을 분명히 느낄 수 있었다. 그 말에는 오랜 세월 쌓인 인내와 지혜가 응축되어 있었다. 그가 한 말은 생각보다 훨씬 더 지혜로웠다. 그 짧은 문장에 사역 리더가 좋은 열매를 맺기 위한 열쇠가 장기적으로 사역하는 것임이 잘 드러났다. 복음의 씨앗이 자라려면 시간이 필요하고, 끝까지 소명을 다하기 위해서는 영적으로 성숙해야 한다. 교회라는 정원에 물을 뿌리고 잡초를 뽑는 것은 보통 고된 일이 아니기 때문이다.

그의 말을 듣는 즉시, 내가 도망칠 수 없고 도망쳐서도 안 된다는 것을 깨달았다. 나는 사임을 번복하고, 그 후로 그곳에서 몇 년 더 사역했다. 나와 가까이 지내는 사람은 대부분 이 이야기를 들었다. 이 일이 그때나 지금이나 내게 깊은 영향을 미치고 있기 때문이다. 나는 리더였지만 나를 이끌어줄 사람들이 필요했다. 나는 목회자였지만 나를 목회해줄 사람들이 필요했다. 나는 복음 선포자였지만 그 복음을 내게 선포해줄 사람들이 필요했다. 복음은 내게 강력하고도 효과적으로 찾아왔다. 그것은 내 힘으로는 도무지 밀어낼 수 없는 성령의 강력하고도 빠른 바람이었다. 그것은 분노하며 떠나가지 말고, 더 가까이 오라는 내 구주의 부드러운 초대였다. 그가 한 말은 내 삶과 사역의 궤적을 영원히 바꾸어놓은 한 문장에 지나지 않았다. 그러나 어느 날 오후, 용감하고도 시기적절하게 건넨 그 한 문장은 모든 것을 바꾸어놓았다.

그렇다. 모든 리더 공동체는 홀로 하는 사역은 없다는 점을 알아야 한다. 리더가 하는 모든 사역은 공동 작업이다. 모든 리더는 오랫동안 건강하게 사역하는 리더로 성장하기 위해 다른 리더들의 사역이 필요하다. 또 잘못된 선택을 내릴 때 경고해줄 다른 리더들이 필요하며, 스스로 진실을 직면할 수 없을 때 그것을 말해줄 다른 리더들이 필요하다. 그뿐 아니라 모든 리더는 사역을 오랫동안 잘 이끌기 위해 스스로 보지 못하는 죄를 보도록 도와줄 동료 리더들이 필요하다. 오랫동안 사역한다는 것은 영적으로 성숙해졌을 때 맺는 열매이며, 영적 성숙은 또 꾸준히 사역한 결과이기도 하다. 그리고 이것은 복음의 공동체에서 맺히는 열매다.

이사야 61장 1-3절은 장기적으로 사역하는 것의 중요성을 시각적으로 표현하고 있다.

> 주 여호와의 영이 내게 내리셨으니 이는 여호와께서 내게 기름을 부으사 가난한 자에게 아름다운 소식을 전하게 하려 하심이라 나를 보내사 마음이 상한 자를 고치며 포로 된 자에게 자유를, 갇힌 자에게 놓임을 선포하며 여호와의 은혜의 해와 우리 하나님의 보복의 날을 선포하여 모든 슬픈 자를 위로하되 무릇 시온에서 슬퍼하는 자에게 화관을 주어 그 재를 대신하며 기쁨의 기름으로 그 슬픔을 대신하며

찬송의 옷으로 그 근심을 대신하시고 그들이 의의 나무 곧 여호와께서 심으신 그 영광을 나타낼 자라 일컬음을 받게 하려 하심이라.

이 얼마나 생동감 넘치는 아름다운 언어인가! 여기서 가난한 자들에게 선포되는 복음은 무엇인가? 그것은 그들이 "의의 나무"가 된다는 것이다. 본문에서 나무는 왜 자라나고 강해지는가? 그 답은 바로 오랫동안 서 있기 때문이다. 여기 나오는 나무는 상수리나무다. 이 나무는 오랜 세월 뜨거운 태양, 강한 바람, 살을 에는 추위를 견뎌내면서 강하고 거대하게 자라난다. 계절과 해를 거듭할수록 강해진다. 시간이 지날수록 영양분이 가득한 땅속으로 더 깊이 뿌리를 내려, 거센 비바람에도 흔들리지 않게 된다. 상수리나무가 수 세대에 걸쳐 혹독한 자연환경을 견뎌낼 수 있는 이유는 큰 줄기와 두꺼운 껍질, 깊은 뿌리 덕분이다. 그런데 그런 줄기와 껍질과 뿌리가 자라려면 수 세대가 지나야 한다. 이런 장기적인 영적 강건함이 모든 자녀를 향한 하나님의 뜻이라면, 사역 리더에게는 얼마나 더 이것이 필요하겠는가.

상수리나무 그늘 아래의 축축한 땅에는 흔히 버섯이 자란다. 그런데 버섯은 그것이 잠시 우러러보는 상수리나무와 정반대되는 특징을 지녔다. 버섯은 하룻밤 사이에 자랐다가 이내 사라진다. 버섯은 강하지 않고 뿌리가 깊지 않다. 손으로 살짝만 잡아당겨도 쑥 뽑힌다. 단기간에 성장해서 금세 무너지는 것은 하나님이 추구하시는 상태가 아니다. 그렇기에 하나님은 이사야서의 묘사에서 버섯이 아닌 상수리나무를 선택하신 것이다. 하나님은 우리의 영원한 유익뿐 아니라 그분의 영원한 영광을 드러내시려고 상수리나무와 같은 장기적인 영적 성숙을 추구하신다.

따라서 모든 사역 리더 공동체는 오랫동안 사역하는 것을 중요하게 여기고, 이를 위해 계획을 세워야 한다. 이 말은 모든 사역 리더 공동체가 영적 성숙을 중시하고 그것을 위한 계획을 세워야 한다는 뜻이다. 모든 리더는 사역의 세찬 비바람과 냉혹한 눈발을 견뎌내도록 계속해서 성장해야 한다. 어떤 리더도 자신이 완벽히 성장했다고 생각하지 말아야 한다. 완벽한 리더는 어디에도 없다. 모든 리더는 오랫동안 사역하기를 바라야 하고, 영적 성숙이 장기적인 사역의 열쇠임을 알아야 한다. 또 모든 리더 공동체는 은사가 영적 성숙과 동일한 것이 아님을 분명히 강조해야 한다. 성경에 정통한 것을 영적 성숙과 동일하게 여겨서도 안 된다. 신학 지식이 풍부해지는 것이 영적으로 성숙해진다는 뜻이 아니다. 사역의 성공도 영적 성숙을 드러내는 지표가 아니다. 인기가 많다고 영적 성숙을 이루었다고 말할 수 없다. 전략적인 통찰을 갖춘 것이 영적 성숙의 지표가 아니다. 하나님은 의의 나무를 만들어내기 위해 역사하고 계신다. 따라서 모든 리더 공동체는 각 구성원이 의의 나무로 자라나도록 온 힘을 기울여야 한다.

나는 다양한 사역 리더의 자리에서 오랫동안 사역을 해왔다. 하지만 더는 사역을 하지 못할 지경에 이르렀다. 무엇을 어떻게 해야 할지 알 수 없었다. 삶은 통제 불능 상태에 빠져버린 것만 같았고,

미래는 희미한 안갯속에 있는 듯했다. 오랫동안 사역하면서 이토록 두렵기는 처음이었다. 나 자신이 한없이 약하게 느껴졌다. 내가 할 수 있는 일이 아무것도 없는 것 같았다. 지독한 외로움이 밀려왔지만, 내가 겪고 있는 상황을 다른 이들에게 마땅히 표현할 길이 없었다. 기대감에 부풀어 이불을 박차고 사역지로 달려간 지도 오래되었다. 한참을 이불 속에서 뭉그적거리다가 마지못해 일어났다. 그날 사역 현장에서 생길 일에 대한 기대감이 전혀 없었다. 그저 두렵기만 했다. 사역의 규모와 나의 약함을 생각하면 한없이 무기력해졌다. 힘이 넘치던 예전으로 시간을 돌리고 싶었다. 하지만 시간은 돌릴 수 없었고, 한때 내 안에 가득했던 힘은 온데간데없어졌다. 그런데 하나님께는 또 다른 계획이 있었다. 그것은 내 육체적인 약함보다 더 중요한 문제를 다루는 일이었다. 나는 육체적 전쟁을 벌이고 있었지만, 더 중요하게는 내면 깊숙한 곳에서 영적 전쟁도 일어나고 있었다. 사역을 계속하려면 개인적인 결심 이상의 무언가가 필요했다. 생명력과 사랑이 넘치고 용감하며 충성스럽고 성경적인 공동체가 절실했다. 하나님은 내게 그런 공동체의 복을 주셨다. 동료 리더들은 약해진 나를 만나주고, 의심에 빠진 나를 질책하며, 고난으로 신음하는 나를 위로해주었다. 사투를 벌이고 있지만 혼자서 싸우는 게 아니라는 사실을 깨달았다. 하나님은 위로가 필요할 때 곁에 있는 사람들을 통해 눈에 보이지 않는 그분의 임재를 가시적으로 보여주신다. 이처럼 복음의 공동체는 성육신적이어야 한다. 즉, 우리는 서로에게 하나님의 표정, 그분의 손길, 그분의 말 그리고 그분이 임재하시는 곳이 돼주어야 한다.

의의 나무가 되기 위해서는 삶과 사역 속의 거친 비바람을 견뎌내야 한다. 이 비바람은 뼈저린 사역 실패, 가슴을 아프게 하는 자녀의 반항, 동역자의 배신, 죄와의 싸움, 교회 안의 극심한 언쟁, 육체의 질병, 재정적 스트레스, 사랑하는 이의 죽음, 영적 낙심, 인격이나 자격에 대한 공격 등이 될 수 있다. 어떤 식으로든 모든 리더는 풍랑을 겪는다. 너무도 많은 리더가 이 타락한 세상에서 불어닥치는 인생의 풍랑에 넘어지고 무너지며 망가진다. 또 너무나 많은 리더가 사역을 오래 이어가지 못하고, 장기적인 사역의 열매를 거두지 못한다. 내가 말하는 장기적인 사역이란 단순히 오랫동안 버티는 것이 아니라, 계속 성장하고 성숙해지는 것을 의미한다. 꾸준히 성장하고 성숙해나갈 때 장기적으로 점점 더 많은 열매를 맺을 것이다. 장기적으로 사역하는 것은 단순히 오래가는 것이 아니다. 오랫동안 자리를 지키면서 장기적으로 복음의 열매를 맺는 것이다.

앞서 암시하기는 했지만 여기서 분명히 짚고 넘어가고 싶은 질문이 있다. 리더가 장기적으로 사역하는 것이 왜 그토록 중요한가? 나는 예수 그리스도의 교회가 세상 문화에 지나치게 많은 영향을 받았다고 생각한다. 집중 지속 시간이 짧아지고, 새로운 것을 추구하며, 즉각적으로 욕구를 충족하려 하고, 흥미를 쉽게 잃는 문화가 교회 안에도 자리 잡았다. 우리는 매번 새로운 형태의 예배를 추구하고, 새롭게 떠오르는 젊은 리더에게 너무 많은 관심을 쏟으며, 소셜 미디어에서 반짝 유행하는 것에 너무 많이 영향을 받는다. 우리는 즉각적인 결과와 성공을 낳는 전략에 필요 이상으로 관심을 둔다. 또 새로운 영역에서 사역을 시작할 길을 찾는 데 너무 바쁘다. 빠른 것은 좋아하고 느린 것은 경멸한다. 새로운 것은 숭상하고 옛것은 천시한다. 그리고 옛 진리보다 새로운 아이디어에 더 끌린다. 우리는 세월의 검증을 거친 옛 방식 대신 새로운 방식을 찾고, 길이 남을 유산보다 순간에 초점을 맞춘다. 우리가 속한 세상 문화에서는 사람들이 참을성이 없고, 시간이 오래 걸리는 과정을 좋아하지 않는다. 교회도 참을성을 잃기 시작한 것 같아 심히 걱정스럽다.

사역 리더에게 인내보다 더 중요한 영적 품성은 별로 없다는 말에 대부분 동의할 것이다. 먼저, 우리는 모든 것이 제 기능을 발휘하지 못하여, 모든 일을 힘겹게 해내야 하는 망가진 세상에서 살아간다. 또한 우리는 잘 따라오지 않고, 매일 한눈을 팔며, 시험당하고 자주 길을 잃는 사람들을 이끌고 있다. 게다가 인생의 풍파가 우리와 우리가 이끄는 사람들을 강타한다. 때로는 인생이 송두리째 흔들릴 만큼 거친 파도가 밀려온다. 마지막으로 가장 중요한 사실은, 우리가 무한히 인내하시는 분 그리고 근본적인 변화를 단번의 사건이 아닌 장기적인 과정으로 설계하신 분의 사신으로 부름받았다는 것이다. 칭의는 인생이 변화되는 극적인 사건인 동시에 마음과 삶이 장기적으로 변화되는 첫 단계이기도 하다.

위대한 구속 이야기를 돌아보면, 어떻게 우리에 대한 하나님의 인내하심에 놀라지 않을 수 있겠는가? 에덴동산에서 일어난 타락부터 빈 무덤의 승리에 이르기까지 수천 년이 걸렸다는 데 어떻게 놀라지 않을 수 있겠는가? 사실상 같은 경고와 환영의 메시지를 전하려고 계속 선지자를 보내주신 하나님의 인내하심에 어떻게 놀라지 않을 수 있겠는가? 또 예수님은 제자들이나 신약 서신에 나오는 문제투성이 교회들을 얼마나 참아주셨는가? 지금까지도 하나님이 심판을 단행하지 않으시고, 계속해서 자비를 베풀고 계신다는 사실이 우리에게 얼마나 큰 위로가 되는가? 우리가 매일 품는 소망이 구주의 참아주시는 은혜와 연결되어 있다는 사실을 어떻게 놓칠 수 있겠는가? 성경의 이야기와 우리의 개인적인 이야기는 모두 끝없이 신실하고 인내하시는 구속자를 보여준다.

하나님이 무한히 인내하지 않으셨다면, 하나님나라, 예수 그리스도의 교회, 하나님의 백성, 새 하늘과 새 땅의 백성은 없을 것이다. 하나님은 사랑으로 우리를 참아주신다. 하나님은 그리스도의 형상이 뿌리를 내리고 자랄 때까지 우리 안에서 똑같은 역사를 계속 반복하신다. 그분은 우리가 듣고 실천할 때까지 똑같은 말씀을 들려주신다. 약한 우리를 역겨워하지 않으시고 인내로 받아주신다. 또 방황하는 우리를 정죄가 아닌 인내와 구원하는 은혜로 대해주신다. 하나님은 우리가 넘어질 때 인내하시며 우리를 일으켜 세우신다. 우리가 자초해 얻은 상처인데도 그분은 인내로 그 상처를 싸매주신다. 그것뿐인가? 하나님은 제멋대로 가려는 우리를 인내로 막아서시고, 절대 우리를 포기하지 않으신다. 그분은 우리에게 등을 돌리고 가버리시는 분이 아니다. 이처럼 하나님은 우리 안에서 시작하신 일을 인내로 행하고 계시며, 그 일이 완성될 때까지 계속해서 인내하시며 이루어나가실 것이다. 그분의 일은 한 차례의 사건이 아닌 긴 과정이다. 구속은 장기적으로 이루어지는 작업이며 대대로 이어지는 과정이다. 그래서 구속에는 인내가 필요하다.

따라서 리더가 영적으로 성숙해져서 장기적인 사역의 열매를 맺으려면, 그가 성숙하도록 인내하며 도와줄 복음의 공동체가 필요하다. 이 공동체는 누군가의 미성숙함이 드러나도 충격에 빠져 그에게서 고개를 돌려서는 안 된다. 그가 영적으로 약함을 드러낼 때, 필요 이상으로 방어적으로 굴 때, 지나친 자신감에 빠질 때, 잠시 길을 잃었을 때, 도망치거나 실패할 때, 이 공동체는 변함없이 그의 곁을 지켜주어야 한다. 물론 죄를 인정하고 회개하지 않고 끝까지 고집을 부리는 리더는 그 자리에서 끌어내려야 한다. 하지만 이런 조치는 그가 회복하도록 오랫동안 애쓴 뒤에 이루어져야 한다. 리더가 오랫동안 사역을 잘 감당하기 위해서는, 영적으로 미성숙한 부분이 있는 리더라도 리더 공동체가 은혜롭게 인내할 줄 알아야 한다. 리더 공동체는 구원하고 변화시키는 하나님의 역사에 동참해야 한다.

영적으로 성숙한 리더십: 구체적인 묘사

영적으로 성숙한 리더 공동체는 구체적으로 어떤 모습인가? 고린도후서 4장 1-18절에 나오는 아름다운 묘사를 보자.

이끎

그러므로 우리가 이 직분을 받아 긍휼하심을 입은 대로 낙심하지 아니하고 이에 숨은 부끄러움의 일을 버리고 속임으로 행하지 아니하며 하나님의 말씀을 혼잡하게 하지 아니하고 오직 진리를 나타냄으로 하나님 앞에서 각 사람의 양심에 대하여 스스로 추천하노라 만일 우리의 복음이 가리었으면 망하는 자들에게 가리어진 것이라 그중에 이 세상의 신이 믿지 아니하는 자들의 마음을 혼미하게 하여 그리스도의 영광의 복음의 광채가 비치지 못하게 함이니 그리스도는 하나님의 형상이니라 우리는 우리를 전파하는 것이 아니라 오직 그리스도 예수의 주 되신 것과 또 예수를 위하여 우리가 너희의 종 된 것을 전파함이라 어두운 데에 빛이 비치라 말씀하셨던 그 하나님께서 예수 그리스도의 얼굴에 있는 하나님의 영광을 아는 빛을 우리 마음에 비추셨느니라

우리가 이 보배를 질그릇에 가졌으니 이는 심히 큰 능력은 하나님께 있고 우리에게 있지 아니함을 알게 하려 함이라 우리가 사방으로 우겨쌈을 당하여도 싸이지 아니하며 답답한 일을 당하여도 낙심하지 아니하며 박해를 받아도 버린 바 되지 아니하며 거꾸러뜨림을 당하여도 망하지 아니하고 우리가 항상 예수의 죽음을 몸에 짊어짐은 예수의 생명이 또한 우리 몸에 나타나게 하려 함이라 우리 살아 있는 자가 항상 예수를 위하여 죽음에 넘겨짐은 예수의 생명이 또한 우리 죽을 육체에 나타나게 하려 함이라 그런즉 사망은 우리 안에서 역사하고 생명은 너희 안에서 역사하느니라

기록된 바 내가 믿었으므로 말하였다 한 것같이 우리가 같은 믿음

의 마음을 가졌으니 우리도 믿었으므로 또한 말하노라 주 예수를 다시 살리신 이가 예수와 함께 우리도 다시 살리사 너희와 함께 그 앞에 서게 하실 줄을 아노라 이는 모든 것이 너희를 위함이니 많은 사람의 감사로 말미암아 은혜가 더하여 넘쳐서 하나님께 영광을 돌리게 하려 함이라

그러므로 우리가 낙심하지 아니하노니 우리의 겉사람은 낡아지나 우리의 속사람은 날로 새로워지도다 우리가 잠시 받는 환난의 경한 것이 지극히 크고 영원한 영광의 중한 것을 우리에게 이루게 함이니 우리가 주목하는 것은 보이는 것이 아니요 보이지 않는 것이니 보이는 것은 잠깐이요 보이지 않는 것은 영원함이라.

여기서 꽤 긴 구절을 인용한 것은 사역의 특징과 사역을 대하는 자세에 관한 바울의 묘사가 너무도 중요하고 아름답기 때문이다. 장기적인 열매로 이어지는 영적 성숙을 이보다 더 잘 묘사한 글은 찾아보기 힘들다. 바울의 사역에서 볼 수 있는 다음과 같은 세 가지 특징은 영적 성숙의 증거이자 오래 사역할 수 있는 열쇠다.

겸손
바울은 이 사역을 하게 된 이유가 단 하나라고 말한다. 바로 하나님의 긍휼이다. 바울은 불명예스럽고 음흉하며 교활한 방식을 버렸다고 고백한다. 사역 리더가 이런 태도와 행동을 보인다면, 그것은 복음의 성공과 다른 이들의 구원과 성장, 구주의 영광이 아닌 자기

힘과 명예, 지위, 통제력을 추구하는 것이다. 이는 교만에서 비롯한 태도와 행동이다. 바울은 자신을 질그릇, 그것도 금이 간 질그릇에 비유하는데, 그것으로 하나님 능력의 빛이 드러난다. 이 비유는 요즘 리더들에게서 흔히 보이고, 복음의 명성을 떨어뜨리며, 사람들에게 해를 끼치는, 마초적이고 고압적이며 강하고 공격적인 리더십을 신랄하게 비판하기 위해 쓰인 것이다. 사역 리더의 약함이 생명력 넘치는 사역의 삶에 방해가 되는 것만은 아니다. 리더는 그 약함때문에 매 순간 하나님께 달려가게 되고, 다른 사람들의 사역에 마음을 열게 된다. 그렇다면 오히려 약함은 사역에 꼭 필요한 요소가 된다. 마지막으로, 바울은 사역에 대한 비전의 중심에 자기 자신을 두지 않는다. 그는 "모든 것이 너희를 위함이니"(고후 4:15)라고 말하면서 다른 사람들의 유익이 자신의 동기요 목표라고 말한다.

용기

바울은 복음 사역에서 용감한 모습을 보인다. 그의 사역의 특징은 "오직 진리를 나타[내는 것]"(고후 4:2)이다. 그는 사람이나 상황을 두려워해서 복음의 책망과 위로와 부르심을 뒤로하고 타협하는 모습은 눈곱만큼도 보이지 않는다. 바울은 고난 앞에서도 죽음을 두려워하지 않고 용기를 보여주었다. 우리가 사역 리더로서 하는 일가운데 믿음이 아니라 두려움으로 하는 것이 얼마나 많은지 궁금하다. 마지막으로, 겸손이 용기와 만나면 얼마나 아름다운 모습이 나타나는지를 볼 수 있다. "우리 살아 있는 자가 항상 예수를 위하여 죽음에 넘겨짐은 예수의 생명이 또한 우리 죽을 육체에 나타나게 하려 함이라"(4:11). 이는 사역에 따르는 고난에 관한 불평이 아니다. 이는 자신에 대해 그리고 편안과 인정에 관한 모든 욕구에 대해 죽은 리더의 모습이다. 자아의 영광이 그리스도의 영광으로 대체되었다. 그래서 바울은 보통 사람 같으면 사역을 그만두었을 고난의 상황을 감내할 수 있었다. 하지만 여기서 끝이 아니다.

소망

소망이야말로 영적 성숙의 가장 중요한 특징이라고 생각한다. 바울이 소망을 두는 근거를 보면 이것을 확실히 알 수 있다. 그는 자신의 강한 성격, 언변, 냉철한 지성, 설득력, 지식, 화려한 전적에 자기 소망을 두지 않았다. 그에게 소망을 준다고 말하는 것은 다 구주의 임재, 능력, 약속, 은혜에서 비롯했다. 바울은 예수 그리스도의 복음으로 겸손해졌고, 예수 그리스도의 복음 덕분에 용기를 낼 수 있었다. 그는 예수 그리스도의 복음으로 말미암아 흔들리지 않는 소망을 품었다. 그의 소망은 모든 일이 은혜로만 가능하다는 사실에 근거한다. 그는 은혜의 복음을 정확히 이해하고 있었다. "하나님께서 예수 그리스도의 얼굴에 있는 하나님의 영광을 아는 빛을 우리 마음에 비추셨느니라"(고후 4:6). 바울은 하나님이 죽음을 생명으로 바꾸시며, 전능하신 능력을 자신에게 부어주신다고 말한다. 그는 외적으로는 쇠하여지지만 매일 새로워지는 긍휼을 입는다는 사실 안에서 안식을 얻었다. 또한 현재의 고난을 가볍고 일시적인 것으로 보게 해주는 영광스러운 운명에 대한 확신 안에서 쉬었다(4:17).

사역 리더들의 삶과 사역에서 나타나는 영적 성숙은 복음을 통해 겸손해지고, 복음을 통해 강해지며, 복음을 통해 변함없는 소망을 얻는 과정을 의미한다. 겸손과 용기와 소망은 우리의 천성이 아니다. 우리는 교만과 두려움 사이를 오락가락하는 존재로 타고났다. 우리가 하나님이 원하시는 모습으로 회복되어 맡은 사역을 잘 감당하려면 은혜가 필요하다. 우리는 그 은혜를 지키고, 다른 사람들에게 그것을 선포하는 자리로 부름받았다. 아울러 그 은혜로 자신의 마음을 꾸준히 바꿔나가야 한다. 이것은 다른 이들을 이끌기 위해 우리가 매일 우리 자신에게서 구원받아야 한다는 뜻이다. 은혜가 아니면 우리는 겸손해지지도 못하고, 용감할 수도 없으며, 소망을 품기도 어렵다. 우리는 모두 더 큰 성숙을 향해 나아가야 한다. 그래야 장기적인 열매를 맺을 수 있다. 이를 위해서는 신실하고 사랑이 가득한 복음의 공동체가 필요하다.

장기적으로 사역하기 위한 전략

그렇다면 리더 공동체의 구성원들이 꾸준히 성숙해지도록 격려하는 동시에, 모든 리더가 빠지기 쉬운 이기주의의 유혹에서 자신을 보호하는 방법은 무엇일까? 내가 오랫동안 적용해왔던 한 가지 모델을 제시하고 싶다. 나로서는 리더십 문화에 적용할 만한 더 새롭고 좋은 도구를 아직은 찾지 못했다. 이것은 바로 '성경적 직면'이라는 모델이다. '직면'이라고 하니 거부감이 생기는가? 그럴 필요 없다. 성경적 직면은 손가락질하고 얼굴을 붉히며 목소리를 높이고 비난하고 정죄하는 것이 아니다. 그보다 이것은 어떤 사람이 스스로 인정하고 성장하도록, 그가 보지 못했던 것을 볼 수 있도록 사랑으로 돕는 방법이다. 복음의 성장은 그런 방식으로 이루어진다. 스스로 보지 못하는 것을 통탄할 수 없고, 스스로 통탄하지 않는 것을 고백할 수 없으며, 고백하지 않은 것을 회개할 수 없기 때문이다.

성장을 낳는 사랑의 방법, 이 '성경적 직면'이라는 모델은 네 부분으로 이루어진다.

(1) 숙고: 우리가 봐야 할 것은 무엇이고, 동료 리더들도 그것을 보도록 어떻게 도울 수 있는가?

영적으로 눈머는 과정이 대개 그렇듯이, 우리는 자신을 정확히 보지 못할 때가 많다. 그래서 스스로 제대로 볼 수 있도록 다른 사람의 도움을 받아야 한다. 자신은 은혜에 의지하는 상태에서 졸업했다는 생각이나 나 자신은 내가 제일 잘 안다는 생각을 경계해야 한다. 하나님이 은혜로 우리를 받아주셨기에 우리는 겸손할 수 있고 다른 사람에게 마음을 열 수 있다. 그럴 때 우리는 보호받고 성장할 수 있다.

(2) 고백: 개인과 공동체가 하나님과 다른 사람들 앞에서 겸손하고도 솔직하게 고백해야 할 생각과 태도와 행동은 무엇인가?

은혜 안에서 성장하는 사역 리더 공동체는 고백이 있는 공동체다. 문제를 인정하기가 두려워서 혹은 인정하기에는 너무 교만해서 그것을 깊은 구석에 숨겨둔다면 절대 성장할 수 없다. 은혜로 충만한 공동체는 죄가 자라고 곪도록 방치하지 않는다. 그런 공동체는 의심스러운 상황, 패턴, 행동을 내버려둔 채 사역하지 않는다. 영적으로 건강한 리더 공동체 안에서는 솔직하게 고백하는 것이 이상하거나 어색하지 않다. 은혜의 문화 속에서는 매일같이 고백이 이루어진다.

(3) 결단: 개인과 공동체가 어떻게 새로운 생각과 태도, 말, 행동을 실천해야 하는가?

깨달음은 변화로 가는 첫 단계다. 하지만 깨닫는 것만으로는 변화가 일어나지 않는다. 고백은 변화를 이루려고 한 걸음을 내딛는 것이다. 하지만 고백 뒤에 하나님께 영광이 되는 새로운 삶을 살겠다는 결단이 따르지 않는다면, 그 고백은 진짜가 아니다. 문제를 제대로 파악하고 애통해하는 마음에서 나온 고백이라면 구원하고 변화시키는 은혜를 갈구할 수밖에 없다. 모든 리더 공동체는 매일 새롭게 결단하면서 하나님 은혜의 방향으로 계속해서 나아가야 한다.

(4) 변화: 개인과 공동체가 어떻게 이 새로운 결심을 일상과 사역에서 실천할 수 있는가?

우리는 일하는 방식, 서로 대하는 태도와 우리가 섬기는 사람들을 대하는 태도 그리고 우리가 관계 맺는 방식을 변화시키려고 하나님이 부르신다는 것을 항상 고려해야 한다. 하나님은 우리가 사역의 '일'에 관해 생각하고, 실제로 수행하는 방식을 어떻게 바꾸기를 바라시는가? 어떤 변화를 어떻게 이루어야 하는가? 변화를 단행하기 전에는 절대 변화가 찾아오지 않는다는 사실을 명심해야 한다. 하나님을 따른다고 말만 하는 게 실제로 따르는 것은 아니며, 기쁨과 겸손과 순종으로 그분을 따라야 한다. 우리가 변화할 마음을 품고, 실제로 변할 수 있도록 하나님이 은혜로 도와주시기를 기도한다.

장기적으로 사역하기 위한 실천적인 모델을 제시했다. 리더 공동체가 개인으로나 집단으로나 꾸준히 영적 성숙을 이루어갈 때 장기적인 열매가 맺힌다. 나는 지금 세상의 모든 리더 공동체를 향한 소망으로 불타오르고 있다. 구원하고 용서하며 변화시키는 하나님의 은혜를 분명히 믿기 때문이다. "생명과 경건에 속한 모든 것을 우리에게 주셨으니"(벧후 1:3)라는 말씀을 믿기에 나는 소망으로 가득하다. 우리는 '이미' 회심하고 사역의 소명을 받았지만 '아직' 본향으로 가는 중이다. '이미'와 '아직' 사이에서 우리는 하나님이 원하시는 모습으로 변화하고 있고, 해야 할 일을 해야 한다. 하나님은 그렇게 할 수 있도록 필요한 모든 것을 우리에게 이미 주셨다. 이 확실한 은혜의 복음으로 말미암아 나는 소망을 품고 이 글을 썼다. 이 책을 읽는 모든 이가 겸손과 용기를 주는 소망을 품고서 장기적으로 큰 열매를 맺게 되기를 소망한다.

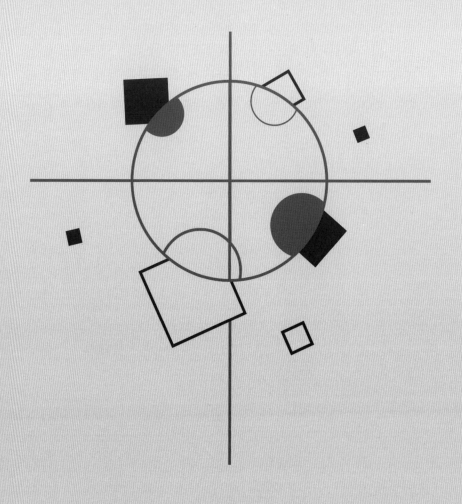

원리 12

하나님의 임재, 능력, 약속, 은혜라는 렌즈로
자신의 연약함, 실패, 죄를 봐야 한다.

12장

임재

내가 겪은 일은 일종의 쿠데타였다. 심지어 내가 신뢰하던 사람
들이 나 몰래 벌인 일이었다. 이 일은 내가 세운 기독교 학교에서 벌
어졌다. 나는 그 학교의 교육 철학을 정하고, 커리큘럼 개발에 참여
했으며, 교사를 채용하는 일도 도맡아 했다. 나는 학교를 사랑하는
공동체를 구축했고 그 공동체를 건강하게 세우는 데 온 힘을 쏟았
다. 나는 완벽한 리더가 아니었다. 젊었고 많은 실수를 했다. 시설과
재정 문제로 스트레스가 조금 있기는 했지만, 기독교 사립학교에 흔
히 있는 일이었다. 나는 약한 학교를 강하게 키우겠다는 목표로 똘
똘 뭉친 위원회를 이끌었다. 그러나 언제라도 학교의 리더 자리를
다른 사람에게 내어줄 준비가 되어 있었다. 전임목사로 사역하면서
두 가지 일을 다 제대로 해내기는 힘들다는 사실을 잘 알았기 때문
이다.

목요일 밤, 꿈도 꾸지 못했던 일이 일어났다. 이사회의 철저한 계획하에, 나를 이사회 회장은 물론이고 학교의 모든 리더십 자리에서 끌어내리려는 투표가 가결되었다. 나는 큰 충격과 상처를 받았다. 늦은 밤, 집으로 걸어 들어가던 순간을 평생 잊을 수 없을 것 같다. 내 표정이 어찌나 참담했던지 아내 루엘라는 나를 보자마자 무슨 일이 있었냐고 물었다. 그때 나도 모르게 불쑥 "학교에서 쫓겨났소"라고 말했다. 아내도 믿을 수 없다는 표정을 지었다. 나는 수년 동안 한 푼도 받지 않고 교장으로 섬겼다. 우리 아이들의 학비도 다른 아이들과 똑같이 냈다. 내가 동료 리더들에게 신임을 잃은 줄은 전혀 몰랐다. 우리 공동체 안에 분열이 심각했고, 이런 식으로 문제에 관해 이야기도 해보지 못하고 갑작스럽게 쫓겨나게 될 줄은 전혀 예상하지 못했다. 꿈에도 몰랐다.

이런 일을 겪으면 나처럼 원망하는 마음을 품기 쉽다. 이후 며칠 동안 나는 구주의 위대하심이나 그분의 은혜와 임재를 되새기는 대신, 내가 학교를 위해 얼마나 헌신하고 수고했는지를 떠올렸다. 내가 기여한 부분을 생각할수록 분통이 터졌다. '저들이 내가 해낸 수많은 일을 기억이나 하는가?' 나는 그렇게 묻고 또 물었다. 마치 내 것을 빼앗긴 듯한 상실감을 느꼈다. 그 학교는 내가 낳은 자식이었고, 뼈를 깎는 노력 끝에 맺은 결실이었다. 나는 스스로 거짓 복음을 설파하고 있었지만, 당시에는 그것을 전혀 깨닫지 못했다. 하지만 내 신실하신 구주는 진정한 복음을 기억나게 해주셨다. 그 복음은 내가 아닌 그리스도가 중심에 계신 복음이다.

나는 눈물을 흘리면서 그 학교가 내 것이 아니고 내 것이었던 적도 없다는 사실을 받아들이기 시작했다. 그곳을 일굴 때 받았던 비전과 은사는 모두 하나님이 주신 것이었다. 학교를 지원해주는 공동체도 하나님이 주신 것이었다. 건물을 세울 수 있었던 것은 하나님이 자원을 공급해주신 덕분이었다. 학부모들이 자녀를 우리 학교에 보내려고 희생을 감내할 수 있었던 것도 하나님이 그들의 마음속에 통찰과 믿음을 불어넣으신 덕분이었다. 학생들도 내가 아닌 주님께 속한 사람들이었다. 하나님은 그분의 영광을 위해 살도록 그 아이들을 창조하셨을 뿐만 아니라, 자녀를 신앙 안에서 키우려는 믿음의 가정에서 태어나도록 계획하셨다.

그 학교의 모든 것은 하나님이 임재하셔서 나타난 결과였다. 그 학교를 지금까지 온전히 이끌어온 핵심 리더가 있었는데, 그는 내가 아니었다. 나의 은사와 리더십만으로는 절대 그런 결과를 얻을 수 없었다. 나에게는 그 일에 필요한 지혜나 힘이나 통제력이 없었다. 그 학교는 내 통찰과 수고의 증거이기 이전에 하나님이 임재하시고 은혜를 부어주신 증거였다. 나는 부당하게 학교에서 방출되었지만, 하나님은 방출되지 않으셨다. 하나님은 여전히 그 학교에 임재하셨다. 그곳은 그분의 학교이지, 내 학교가 아니었다. 그 학교를 원하는 대로 할 권리는 오직 하나님께만 있었다.

그 학교를 섬기는 동안 내게 어떤 변화가 일어나고 있었다. 그 참담한 날이 오기 전에는 내가 그렇게 변하고 있었는지 전혀 몰랐다. 날마다 내가 무엇을 할 수 있는지, 무엇을 해야 하는지, 그것을 어떻게 할지, 누구와 협력할지, 자금은 어떻게 조달할지만 골몰히 생각하다가 '하나님의 임재 기억 상실증'에 걸린 것이다. 다시 말해, 일에만 몰두하다가 하나님 임재의 영광에 시선을 고정할 때만 진정한 격려와 보호를 받을 수 있다는 사실을 잊어버리고 말았다.

사역 자체에만 집중하다가 하나님의 임재를 망각하면, 리더와 리더 공동체에 나쁜 일이 일어난다. 신학적 자유주의로 흐르는 것을 말하는 것이 아니다. 입으로 고백하는 신학과 실제 삶과 사역으로 실천하는 신학 사이에 격차가 생길 때 발생하는 위험을 말하는 것이다. 입으로는 믿는다고 말하면서 행동이나 반응이나 감정에는 그것이 전혀 반영되지 않을 때가 있다. 바로 내가 그랬다. 내 신학은 토씨 하나 바뀌지 않았지만, 내 속은 자기중심적이고 자기의존적으로 바뀌었고, 하나님의 것을 내 것으로 보기 시작했다(물론 그 당시에 누군가가 "학교가 누구에게 속했습니까?"라고 물었다면, 나는 하나님이라고 답했을 것이다). 학교가 내 손에서 떠나자 하나님이 은혜 가운데 나를 만나주시고 그분이 임재하신다는 놀라운 현실을 떠올리게 해주시기 전까지 나는 감정적, 영적으로 밑바닥을 헤매고 있었다.

이런 경험을 해본 적이 없을지도 모르지만, 교회나 사역 단체의 리더라면 분명 사역 때문에 눈코 뜰 새 없이 바쁠 것이다. 그러면 자신이 중심이 되어 하나님의 임재 기억 상실증에 걸릴 위험이 있다. 하나님의 임재에 마음의 눈을 고정하지 않은 채 사역을 이끌면, 리더 자신이나 리더 공동체에 매우 위험하다. 눈앞의 피조물만 볼 뿐, 만물을 창조하시고 지금까지 온전히 다스리시는 분의 임재는 보지 못할 수 있다. 이와 비슷하게, 리더는 자기 사역만 바라볼 뿐, 사역의 모든 성과가 자신보다 크신 분의 작품이라는 사실을 망각하기가 쉽다.

사례 연구 1: 임재와 영광

하나님의 임재와 영광을 리더들이 서로 상기시켜주면 매우 효과적으로 서로를 보호해줄 수 있다. 이 점을 확인하기 위해 다니엘 4장에 기록된 느부갓네살 왕의 꿈 이야기를 사례 연구로 살펴보자. 물론 다니엘서의 중심 메시지는, 하나님이 우리의 유익과 그분의 영광을 위해 열국의 사건들과 인류 역사의 거대한 물줄기를 온전히 다스리시고, 구속 계획을 펼쳐가신다는 것이다. 하지만 다니엘서의 묘사가 그토록 세부적인 이유도 생각해볼 필요가 있다. 혹시 인간의 근본적인 문제점과 그것을 변화시키는 하나님의 은혜로운 역사를 보여주기 위함은 아닐까?

다음은 다니엘이 느부갓네살의 난해한 꿈을 해석하는 내용이 담긴 다니엘 4장의 일부다. 물론 이 이방의 왕은 사역 리더와 전혀 다르지만, 중요한 공통점이 하나 있다. 그것은 바로 자기 영광을 추구하려는 유혹이다. 이 유혹은 죄가 우리의 마음에서 완전히 뿌리 뽑힐 때까지 존재할 것이다. 죄의 핵심은 자기 영광이다. 바울은 고린도후서 5장 15절에서 예수님은 살아 있는 자들이 더는 자신을 위해 살지 않게 하려고 오셨다고 말씀하셨다. 느부갓네살은 모든 사람의 마음속에 도사리는 것을 보여주는 극단적인 사례다. 그런 의미에서 아래의 구절은 우리 모두의 죄를 드러내고 깨우치는 동시에 소망을 전해준다. 느부갓네살도 우리와 같은 인간이었다.

> 왕이여 그 해석은 이러하니이다 곧 지극히 높으신 이가 명령하신 것이 내 주 왕에게 미칠 것이라 왕이 사람에게서 쫓겨나서 들짐승과 함께 살며 소처럼 풀을 먹으며 하늘 이슬에 젖을 것이요 이와 같이 일곱 때를 지낼 것이라 그때에 지극히 높으신 이가 사람의 나라를 다스리시며 자기의 뜻대로 그것을 누구에게든지 주시는 줄을 아시리이다 또 그들이 그 나무뿌리의 그루터기를 남겨 두라 하였은즉 하나님이 다스리시는 줄을 왕이 깨달은 후에야 왕의 나라가 견고하리이다 그런즉 왕이여 내가 아뢰는 것을 받으시고 공의를 행함으로 죄를 사하고 가난한 자를 긍휼히 여김으로 죄악을 사하소서 그리하시면 왕의 평안함이 혹시 장구하리이다 하니라
>
> 이 모든 일이 다 나 느부갓네살 왕에게 임하였느니라 열두 달이 지난 후에 내가 바벨론 왕궁 지붕에서 거닐새 나 왕이 말하여 이르되 이 큰 바벨론은 내가 능력과 권세로 건설하여 나의 도성으로 삼고 이것으로 내 위엄의 영광을 나타낸 것이 아니냐 하였더니 이 말이 아직도 나 왕의 입에 있을 때에 하늘에서 소리가 내려 이르되 느부갓네살 왕아 네게 말하노니 나라의 왕위가 네게서 떠났느니라 네가 사람에게서 쫓겨나서 들짐승과 함께 살면서 소처럼 풀을 먹을 것이요 이

이꿈

와 같이 일곱 때를 지내서 지극히 높으신 이가 사람의 나라를 다스리시며 자기의 뜻대로 그것을 누구에게든지 주시는 줄을 알기까지 이르리라 하더라 바로 그때에 이 일이 나 느부갓네살에게 응하므로 내가 사람에게 쫓겨나서 소처럼 풀을 먹으며 몸이 하늘 이슬에 젖고 머리털이 독수리 털과 같이 자랐고 손톱은 새 발톱과 같이 되었더라

그 기한이 차매 나 느부갓네살이 하늘을 우러러보았더니 내 총명이 다시 내게로 돌아온지라 이에 내가 지극히 높으신 이에게 감사하며 영생하시는 이를 찬양하고 경배하였나니 그 권세는 영원한 권세요 그 나라는 대대에 이르리로다 땅의 모든 사람들을 없는 것같이 여기시며 하늘의 군대에게든지 땅의 사람에게든지 그는 자기 뜻대로 행하시나니 그의 손을 금하든지 혹시 이르기를 네가 무엇을 하느냐고 할 자가 아무도 없도다

그때에 내 총명이 내게로 돌아왔고 또 내 나라의 영광에 대하여도 내 위엄과 광명이 내게로 돌아왔고 또 나의 모사들과 관원들이 내게 찾아오니 내가 내 나라에서 다시 세움을 받고 또 지극한 위세가 내게 더하였느니라 그러므로 지금 나 느부갓네살은 하늘의 왕을 찬양하며 칭송하며 경배하노니 그의 일이 다 진실하고 그의 행하심이 의로우시므로 교만하게 행하는 자를 그가 능히 낮추심이라 (단 4:24-37).

모든 리더 공동체가 마음 깊이 새기고 항상 기억해야 할 사실이 있다. 그것은 하나님의 임재와 영광을 바라보며 모든 말과 행동을 거기에 맞추려고 애쓰지 않으면, 자기 영광을 위해 말하고 행동하

게 된다는 것이다. 모든 인간은 영광을 지향한다. 그런 성향은 우리를 하나님께 이끌기 위해 설계된 것이다. 영광의 종류는 각기 다르지만, 우리는 모두 영광을 위해 살아간다. 이 영광은 사역 리더들이 영적 전투를 벌이는 주요 영역이다. 리더들은 이 사실을 반드시 마음 깊이 새겨야 한다. 사역 리더들에게 실패보다 성공이 영적으로 더 위험하다. 힘이 전혀 없는 것보다 많은 힘이 있을 때 지배하고 싶은 유혹에 넘어가기가 더 쉽다. 비방보다 찬사가 영적으로 더 위험한 함정이다. 처음 시작해서 아무것도 모르는 상태보다 경험이 많은 상태가 더 위험할 수 있다.

항상 하나님의 임재와 영광을 바라보며 사역하고 사람들을 이끄는 것이 중요하다. 앞에 인용한 다니엘서 본문에 따르면, 그렇게 하지 않을 때 필연적으로 세 가지 상황이 발생한다. 27절은 첫 번째 상황을 경고한다. "그런즉 왕이여…공의를 행함으로 죄를 사하고 가난한 자를 긍휼히 여김으로 죄악을 사하소서." 하나님의 영광스러운 임재가 우리의 눈에 가득하고 마음을 지배하지 않으면, 하나님을 향한 순종과 다른 이들을 향한 사랑이 아닌 자신과 자기 영광을 위해 사역하게 된다. 27절의 틀이 두 개의 대계명이라는 점을 주목해야 한다. 다른 무엇보다 하나님을 사랑하고(공의를 행하라) 이웃을 내 몸처럼 사랑하는(가난한 자를 긍휼히 여기라) 것이다. 리더로서 우리가 매일 하나님의 임재와 영광에 감격하며 살아가면(여기서 나는 말로 고백하는 신학이 아닌 하나님의 임재와 영광이 매 순간 실질적으로 우리의 의식 속에 있는 상황을 말하는 것이다), 두 대계명의 틀 안에서 하나님의 영광과 다른 사람들의 유익을 위해 기쁘게 사역할 수 있다. 하지만 임재와 영광에 대한 기억 상실증에 걸리면 우리는 전혀 다른 동기로 행동할 것이다.

나는 사역 리더 공동체 안에 가득한 자기중심주의에 충격을 받았고, 내 마음속에도 그런 모습이 있음을 보고 깊은 슬픔을 느꼈다. 트위터, 페이스북, 인스타그램 게시물과 사진 곳곳에서 사역 리더들이 자기 영광을 추구하고 자기를 과시하는 모습을 쉽게 볼 수 있다. 설교자들이 정기적으로 요청하는 무리한 요구에서도 그런 면모가 보이며, 지역 리더 모임이나 전국 리더 모임에서 서로 자랑하며 어깨에 힘을 주는 모습에서도 자기중심적인 면이 드러난다. 이처럼 자신을 중시하는 태도가 우리 안에 너무 깊이 스며들어 있다. 우리는 하나님나라에서 누가 가장 큰 자가 될지를 놓고 언쟁을 벌였던 제자들과 같을 때가 너무도 많다.

하나님에 대한 충성과 이웃을 향한 사랑 없이 자신을 위해 사역하지 않도록 하나님의 임재와 영광을 끊임없이 기억해야 한다.

다니엘서 4장 24-37절은 하나님의 임재와 영광을 보지 않을 때 찾아올 수 있는 두 번째 위험을 경고한다. 그 경고는 30절에 나온다. "이 큰 바벨론은 내가 능력과 권세로 건설하여 나의 도성으로 삼고 이것으로 내 위엄의 영광을 나타낸 것이 아니냐?" 이 얼마나 충격적이고 영적으로 기만적인 말인가. 느부갓네살은 자기 힘으로 그 자리까지 올라간 것이 아니었다. 다니엘서 전체는 자기를 높이는 것에 대한 경고의 메시지다. 하지만 영적으로 이것을 대입해본다면,

이 메시지는 모든 사역 리더 공동체를 위한 은혜로운 경고다. 하나님의 임재와 영광을 바라보며 사역하지 않으면, 우리의 힘으로 세우고 만들고 통제할 수 없는 것에 대한 공을 가로채게 된다.

사역 리더들은 사역 결과에 대해 너무 많은 찬사를 받는다. 이것을 당연하게 받아들이고 싶은 유혹을 거부해야 한다. 사람은 실제보다 더 많은 힘과 지혜가 자신에게 있다고 생각하는 경향이 있다. 하지만 사역의 성공은 하나님이 누구이시며, 우리를 통해 은혜로 무슨 일을 행하실 수 있는지를 보여주는 증거다. 우리는 받은 은사를 통제할 능력이 없으며, 사람들의 마음을 하나님께로 돌릴 힘도 없다. 우리는 놀라운 권능과 영광을 지니신 은혜의 하나님 손에 들린 도구일 뿐 그 이상도 이하도 아니다. 우리가 세운 복음의 조직들은 그분의 능력과 은혜로 세워진 것이다. 따라서 그것들은 우리가 아닌 하나님의 임재와 은혜를 보여주는 기념비다. 로마서 11장 36절에서 강력하게 선포된 것처럼 말이다. "만물이 주에게서 나오고 주로 말미암고 주에게로 돌아감이라 그에게 영광이 세세에 있을지어다 아멘."

다니엘서에 나오는 세 번째 경고의 메시지는 느부갓네살의 굴욕에서 찾아볼 수 있다. 하나님이 그저 느부갓네살을 심판하실 생각이었다면 굳이 꿈과 해석이 필요하지는 않았을 것이다. 꿈과 해석은 하나님의 은혜로운 경고였다. 심지어 성경에서 가장 독한 경고도 은혜의 표현이었다. 경고는 사람들이 그것을 듣고 자신을 돌아보고 죄를 고백하며 회개할 수 있도록 하나님이 기회를 다시 주시는 것이다. 따라서 느부갓네살의 굴욕은 심판이 아니라 은혜였다. 그가 하나님의 영광 아래에 자신의 영광을 내려놓자 왕권은 전보다 더 강하게 회복되었다.

하나님은 절대 그분의 영광을 다른 영광 아래에 두지 않으신다. 오직 그분께만 돌아가야 하는 영광을 우리가 차지하는 것을 허락하지 않으신다. 그래서 하나님은 우리 영광이 참담하게 무너지는 굴욕의 순간으로 우리를 이끄신다. 바로 우리의 공든 탑이 와르르 무너지는 순간, 우리의 죄가 드러나거나 리더의 자리를 빼앗기는 순간 말이다. 그러나 사실 그 순간은 심판이 아니라 구원하는 긍휼을 보여주시는 때다. 알다시피 우리가 받아야 할 심판은 예수님이 대신 받으셨다. 하나님은 우리를 사랑하시기 때문에 우리를 낮추신다. 우리의 굴욕은, 우리를 다시금 그분께로 이끌어 그분이 정하신 지혜로운 사랑의 경계 안에서 살고 사역하게 만드는 사랑의 매다.

모든 리더 공동체는 매일같이 하나님의 임재와 영광에 흠뻑 젖어야 한다. 그것이 사역 문화의 일부로 자리 잡아야 한다. 늘 하나님의 영광을 되새기는 문화는 자기 영광에 빠지지 않도록 우리를 보호해주고, 우리 힘으로 이룰 수 없는 사역의 성공에 대한 공을 가로채지 않게 해준다.

사례 연구 2: 임재와 은혜

항상 하나님의 임재를 바라보는 데는 또 다른 측면이 있다. 그것은 사역 리더들이 보호하고 힘을 주는 은혜를 무한히 공급받을 수 있다는 사실을 끊임없이 기억해야 한다는 점이다. 그것은 그 은혜의 근원이 그들을 떠나지도 버리지도 않겠다고 약속하셨기 때문이다. 이스라엘 백성이 블레셋 군대와 일전을 치르기 위해 엘라의 계곡에 진을 쳤던 순간으로 당신을 데려가고 싶다. 알다시피 하나님은 이 땅을 이스라엘 자손에게 주기로 약속하셨고, 그 약속대로 그들을 이 땅까지 이끄셨다. 블레셋 거인을 무찌른 성경 이야기는 하나님이 백성을 지키실 뿐 아니라, 그 누구도 그분의 원대한 구속의 계획을 막을 수 없다는 사실을 또다시 일깨워준다. 아울러 그분의 계획 앞에서 이스라엘 백성이 보인 반응도 우리에게 중요한 깨달음을 준다.

"이스라엘 모든 사람이 그 사람을 보고 심히 두려워하여 그 앞에서 도망하며"(삼상 17:24). 이것이 이스라엘 군대의 리더들이 처음 골리앗을 보고 그의 도발을 들은 뒤에 보인 반응이다. 그들은 즉시 겁에 질려 도망쳤다. 그것도 40일 내내 그렇게 했다. 그들이 어떻게 반응했는지 읽으면 뭔가 단단히 잘못되었다는 것을 알 수 있다. 그들이 겁에 질린 것은 단순히 골리앗이라는 존재 때문만이 아니었다. 더 근본적인 원인은 신학적인 기억 상실증이었다. 그들은 전능하신 하나님의 군대였다. 하나님이 그들과 함께하시고 그들 편에 서 계셨다. 이 땅의 그 어떤 힘도 하나님을 통제하거나 그분의 길을 막거나 그분을 패배하게 할 수 없다. 이스라엘의 리더들이 두려움에 빠진 것은 골리앗이 크고 강력했기 때문만이 아니라 중요한 사실을 잊어버렸기 때문이다. 이스라엘의 리더들은 하나님의 강력하고도 은혜로운 임재를 잊어버렸다. 아울러 하나님이 어떤 분이신지, 그분의 자녀로서 자신들이 무엇을 받았는지를 잊어버렸다. 수직적인 기억 상실증은 언제나 정체성 혼란으로 이어진다.

그들은 하나님의 은혜를 잊어버렸다. 하나님이 그들을 선택하시고, 노예 신분에서 구원해내셨으며, 광야에서 보호해주시고, 젖과 꿀이 흐르는 땅을 주시며, 그들을 위해 싸우셨다는 사실을 잊어버렸다. 그로 인해 그 순간 잘못된 계산을 했다. 사실 이 상황은 보통의 병사들이 블레셋 전사와 싸우는 것이 아니었다. 오히려 하찮은 블레셋인이 전능하신 하나님께 맞서는 것이었다. 그렇다면 이 전투에서 누가 이길 것으로 예상하는가?

한편 다윗은 아버지 이새의 심부름으로 형들에게 먹을 것을 전해주러 전장에 왔다가 눈앞의 상황에 답답함을 금할 수 없었다. 그래서 그는 이렇게 말했다. "이 블레셋 사람을 죽여 이스라엘의 치욕을 제거하는 사람에게는 어떠한 대우를 하겠느냐 이 할례 받지 않은 블레셋 사람이 누구이기에 살아 계시는 하나님의 군대를 모욕하겠느냐"(삼상 17:26). 그러고서 다윗은 계곡을 건너가 무시무시한 전사에게 맞서겠다고 자원한다.

다윗이 자원한 것은 상황 판단 능력이 흐려졌기 때문이 아니다. 자신의 능력을 과신했기 때문도 아니다. 자기 자신으로 꽉 차 있었기 때문도 아니다. 뒤에 한 말은 그가 용기를 낼 수 있었던 이유를 알려준다. "그로 말미암아 사람이 낙담하지 말 것이라…주의 종이 사자와 곰도 쳤은즉 살아 계시는 하나님의 군대를 모욕한 이 할례 받지 않은 블레셋 사람이리이까 그가 그 짐승의 하나와 같이 되리이다"(17:32, 36). 다윗은 경험을 통해 하나님의 임재와 능력의 은혜를 깊이 확신했다. 그는 하나님이 약속을 지키실 줄 믿어 의심치 않았다. 이는 하나님이 그 계곡에서도 자신과 함께하실 것이며, 그렇기에 자신의 힘으로는 불가능한 일을 하나님의 능력으로 해낼 수 있다고 확신했다는 뜻이다. "여호와께서 나를 사자의 발톱과 곰의 발톱에서 건져내셨은즉 나를 이 블레셋 사람의 손에서도 건져내시리이다"(17:37). 다윗은 이렇게 말한 것과 같다. "나는 이미 위험한 순간에 하나님의 능력을 생생하게 체험했다." 노련한 전사들도 벌벌 떠는 상황에서, 다윗이 용기를 낼 수 있었던 유일한 이유는 그가 하나님의 임재와 능력의 은혜를 기억했다는 것이다. 이후 골리앗의 패배는 다윗의 용기를 보여주는 사건이기 이전에 이스라엘을 위한 하나님의 임재와 능력을 보여주는 증거다.

말할 필요가 없을지도 모르겠지만, 그래도 말해야겠다. 효과적이고 장기적으로 사역하려면 용기가 필요하다. 리더의 길을 걷다 보면 반대에 부딪고, 비난, 오해, 자격에 대한 의심을 받을 수밖에 없다. 때로는 가장 가까웠던 관계에 긴장감이 감돌고, 가족으로 인한 짐이 어깨를 무겁게 짓누른다. 육체적인 질병이나 약함 때문에 사역을 지속하는 것이 불가능해질 때도 있다. 하나님이 맡기신 일을 제대로 감당하기에는 자신이 너무 약하고 무능력해 보이고, 원수의 조롱과 유혹을 받기도 한다. 때로는 아무리 노력해도 가시적인 열매를 전혀 맺지 못하는 상황을 맞이할 때도 있다. 그러면 쉬운 길로 가거나 아예 사역을 그만두고 싶은 유혹이 밀려온다. 인정받지 못하는 상황에서 홀로 외로움에 떠는 순간도 찾아온다. 그리고 때로는 가정과 복음 사역 사이의 균형을 잡는 일이 너무 버겁게 느껴진다. 둘 다 제대로 해내지 못하는 것 같을 때가 있다.

우리 구주의 대사가 된다는 것은 무엇과도 비교할 수 없는 크나큰 영광이다. 그러니 사역 리더의 역할을 맡으면 기뻐해야 마땅하다. 꿈인지 생시인지 몰라 볼을 꼬집으며 감격스러워해야 한다. 또 다른 섬김의 하루를 기대하며 아침에 이불을 박차고 나가야 마땅하다. 매일 복음과 나란히 서며, 전 세계적인 복음 사역 운동에서 리더 역할을 맡는 것은 실로 놀라운 일이다. 하지만 사역 리더로 부름받은 자들에게 고난도 기다리고 있다는 사실도 잊지 말아야 한다. 예수님은 제자들을 두고 떠나시면서 그들도 그분처럼 고난을 겪을 것이라고 말씀하셨다. 바울은 우리가 그리스도를 믿을 뿐 아니라 그분을 위한 고난을 받도록 선택되었다고 말한다(빌 1:29). 리더의 삶에 원치 않고 예기치 않은 고난이 찾아올 때, 하나님 임재의 기억 상실증에 걸려 있다면, 실로 무기력하고 참담한 상황이 펼쳐질 수밖에 없다.

고난의 순간에 하나님 임재의 은혜를 잊어버리고, 그분이 우리를 위해 능력을 발휘하신다는 사실을 잊어버리면, 원수의 잔인한 거짓말에 속아 넘어갈 수밖에 없다. 원수는 우리가 '혹시 …하면 어쩌지?' 하면서 걱정에 빠지기를 원한다. 원수는 우리가 소명에 의심을 품기를 원한다. 원수는 우리 안에 혼란을 낳고 우리와 동료 리더들

사이가 분열되기를 바란다. 원수는 우리의 마음과 삶을 차지하기 위해 수시로 우리를 공격한다.

사역 리더들은 혈과 육을 상대로 싸우는 것이 아니라 강력한 영적 힘과 싸우고 있다는 사실을 끊임없이 기억해야 한다. 그리고 우리를 공격하는 존재가 무엇인지를 기억하는 동시에, 우리와 함께 계시고 우리 편에 서신 분의 임재와 영광과 은혜를 기억해야 한다. 모든 리더는 스스로 견디거나 이겨낼 수 없는 상황을 만난다. 그런데 하나님은 우리를 떠나거나 버리는 것을 고려조차 하지 않으실 것이라고 약속해주셨다. 사역 리더로서 하나님의 임재는 우리의 소명이요 확신이며 피난처다. 그분의 임재는 우리가 용기를 낼 수 있는 이유다. 또 하나님의 임재는 우리를 겸손하게 하고 하나님을 의존하는 자리로 이끈다. 그분이 임재하신다는 사실은 우리가 사역을 계속할 수 있는 원동력이 된다. 그런 면에서 사역 리더 공동체는 하나님의 임재를 함께 연습하는 공동체다.

내가 이 책을 쓴 것은 예수 그리스도의 교회를 사랑하고, 사역 리더의 길에 자기 삶과 은사를 쏟아붓기로 한 모든 이를 너무도 아끼기 때문이다. 나는 젊은 리더들과 시간을 보내고 싶다. 그들이 사역을 잘 감당하도록 격려하고, 다가올 위험을 잘 헤쳐 나가도록 격려해주고 싶다. 그뿐만 아니라 오랫동안 기쁨으로 섬기고 고난을 견뎌온 경험 많은 목사와 나란히 앉는 순간도 언제나 좋다. 나는 교회를 사랑하기 때문에 교인들을 목회하고 사역을 이끄는 리더 공동체의 영적 건강에 깊은 관심이 있다. 이 책은 사역 리더 공동체를 위한 전략 지침서라기보다는 그들이 영적 건강을 잘 가꾸고 유지해서 장기적인 열매를 맺도록 돕기 위한 것이다. 무엇보다 이 책은 교회의 주인이신 분, 그분을 대표하기 위해 부름받은 사신들을 위한 그분의 사랑 그리고 그들의 모든 필요를 영광스럽고도 신실한 은혜로 채워주시는 그분의 손길에 관한 책이다. 이 책을 통해 내가 어떤 사역 리더십을 일깨워주고 싶었는지 아는가? 사도 바울이 쓴 글로 답하고 싶다.

우리가 하나님과 함께 일하는 자로서 너희를 권하노니 하나님의 은혜를 헛되이 받지 말라 이르시되

내가 은혜 베풀 때에 너에게 듣고 구원의 날에 너를 도왔다 하셨으니 보라 지금은 은혜 받을 만한 때요 보라 지금은 구원의 날이로다

우리가 이 직분이 비방을 받지 않게 하려고 무엇에든지 아무에게도 거리끼지 않게 하고 오직 모든 일에 하나님의 일꾼으로 자천하여 많이 견디는 것과 환난과 궁핍과 고난과 매 맞음과 갇힘과 난동과 수고로움과 자지 못함과 먹지 못함 가운데서도 깨끗함과 지식과 오래 참음과 자비함과 성령의 감화와 거짓이 없는 사랑과 진리의 말씀과 하나님의 능력으로 의의 무기를 좌우에 가지고 영광과 욕됨으로 그러했으며 악한 이름과 아름다운 이름으로 그러했느니라 우리는 속이는 자 같으나 참되고 무명한 자 같으나 유명한 자요 죽은 자 같으나 보라 우리가 살아 있고 징계를 받는 자 같으나 죽임을 당하지 아니하고 근심하는 자 같으나 항상 기뻐하고 가난한 자 같으나 많은 사람을

부요하게 하고 아무것도 없는 자 같으나 모든 것을 가진 자로다

고린도인들이여 너희를 향하여 우리의 입이 열리고 우리의 마음이
넓어졌으니(고후 6:1-11).

하나님이 바울과 같은 태도를 당신 마음속에 만들어주시고, 당
신이 그분의 이름으로 사람들을 이끄는 내내 필요한 모든 은혜를
부어주시기를 간절히 기도한다.

이끎